高等职业教育土木建筑类专业新形态教材

建设工程法规

主　编　吴　思　郑杰珂
副主编　蔡伟光　丁　林
参　编　曹双平　陈　耕　傅　佳
　　　　王彦琦　洪　丹　王　颖
主　审　张建华

北京理工大学出版社
BEIJING INSTITUTE OF TECHNOLOGY PRESS

内 容 提 要

本书依据建设相关法律法规，结合专业相关执业资格考试内容，全面系统地阐述了建设法规的相关知识，力求做到内容全面、通俗易懂。全书共 8 个模块，包括：建设工程法律法规认知、与建设活动相关法律制度、建设工程许可法律制度、建设工程发承包法律制度、建设工程合同和相关合同管理法律制度、建设工程安全生产管理法律制度、建设工程质量管理法律制度、建设工程争议处理法律制度。本书收录了多个案例，读者学习后能够综合掌握建设工程法律法规基本制度与法律框架要求。

本书可作为高等院校土建类专业及其他相关专业教材，也可作为相关从业人员岗位培训教材及相关工程技术人员的参考用书。

版权专有　侵权必究

图书在版编目（CIP）数据

建设工程法规 / 吴思，郑杰珂主编. -- 北京：北京理工大学出版社，2023.8
ISBN 978-7-5763-2804-2

Ⅰ.①建…　Ⅱ.①吴…②郑…　Ⅲ.①建筑法－中国　Ⅳ.①D922.297

中国国家版本馆CIP数据核字（2023）第163432号

出版发行 /	北京理工大学出版社有限责任公司
社　　址 /	北京市丰台区四合庄路6号院
邮　　编 /	100070
电　　话 /	（010）68914775（总编室）
	（010）82562903（教材售后服务热线）
	（010）68944723（其他图书服务热线）
网　　址 /	http://www.bitpress.com.cn
经　　销 /	全国各地新华书店
印　　刷 /	河北鑫彩博图印刷有限公司
开　　本 /	787 毫米 ×1092 毫米　1/16
印　　张 /	16
字　　数 /	375 千字
版　　次 /	2023 年 8 月第 1 版　2023 年 8 月第 1 次印刷
定　　价 /	55.00 元

责任编辑 / 江　立
文案编辑 / 江　立
责任校对 / 周瑞红
责任印制 / 王美丽

图书出现印装质量问题，请拨打售后服务热线，本社负责调换

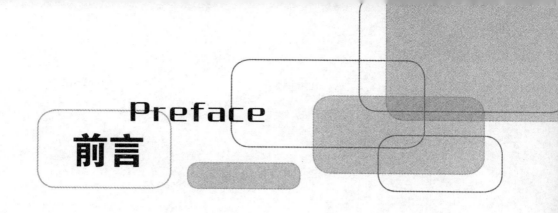

前言

　　法律是治国之重器，良法是善治之前提。习近平总书记在党的二十大报告中指出，全面依法治国是国家治理的一场深刻革命，必须更好发挥法治固根本、稳预期、利长远的保障作用，在法治轨道上全面建设社会主义现代化国家。

　　随着建设工程行业的飞速发展，相关的法律、法规和规范已经深入建设工程领域各项工作中，国家政策的日臻完善也引导工程建设企业必须并入正规化、法制化的轨道。各高等院校已将建设法规课程纳入教学计划，成为土建类专业学生就业前必须学习的一门重要课程；同时，各资格考试和上岗取证也将法规考试列为必不可少的一项。

　　本书以现行的法律法规为依据，采取不同的叙述方式解构知识，融入大量应用案例，增加二维码资源，以课程思政教学改革为突破，在专业知识体系中融入思政教育元素。以培养学生综合素质为基础，以提高职业技能为本位，突出应用性、实用性，以提高学生分析问题和解决问题的能力。

　　本书由重庆建筑科技职业学院吴思和郑杰珂担任主编，重庆大学蔡伟光和苏交科重庆检验检测有限公司丁林担任副主编，重庆建筑科技职业学院曹双平、陈耕、傅佳、王彦琦、洪丹和王颖参与编写，是重庆建筑科技职业学院和苏交科重庆检验检测有限公司共同编写的一本校企合作教材。全书由泰和泰（重庆）律师事务所张建华主审，在编写过程中得到了泰和泰（重庆）律师事务所的大力支持。

　　本书引用了大量有关专业文献和资料，未在书中一一注明出处，在此对有关文献作者和资料的整理者表示感谢。

　　由于编者水平有限，书中难免存在错误和不足之处，诚恳读者批评指正。

编　者

目录

模块一 建设工程法律法规认知

单元一 建设工程法规的概念与特征 ... 2
一、建设工程法规的概念 ... 2
二、建设工程法规的特征 ... 3
三、建设工程法律关系 ... 4

单元二 建设工程法律法规体系 ... 6
一、法的形式 ... 6
二、法的效力层级 ... 8

单元三 建设工程法律责任 ... 9
一、建设工程民事责任 ... 10
二、建设工程行政责任 ... 10
三、建设工程刑事责任 ... 10

模块二 与建设活动相关法律制度

单元一 相关民事法律制度 ... 16
一、建设工程法人制度 ... 16
二、建设工程代理制度 ... 17
三、建设工程物权制度 ... 19
四、建设工程债权制度 ... 20

单元二 建设用地法律制度 ... 22
一、中国土地制度概述 ... 22
二、建设用地使用权 ... 23

单元三 相关劳动法律制度 ... 24
一、劳动合同制度 ... 24

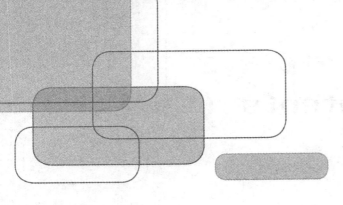

| 二、劳动保护的规定 | 27 |
| 三、劳动争议的解决 | 28 |

单元四　建筑节能与环境保护法律制度　29
　　一、建设工程环境保护相关制度 29
　　二、建设工程节能减排相关制度 31

模块三　建设工程许可法律制度

单元一　建设工程施工许可制度　38
　　一、施工许可证和开工报告的适用范围 38
　　二、建设许可申请主体和法定批准条件 39
　　三、施工许可证的管理 41

单元二　建设相关企业从业资格制度　42
　　一、勘察、设计单位企业资质 42
　　二、监理单位企业资质 43
　　三、施工单位企业资质 44

单元三　建设相关人员从业资格制度　48
　　一、设计人员执业资格制度 48
　　二、总监理工程师执业资格制度 48
　　三、建造师执业资格制度 49

模块四　建设工程发承包法律制度

单元一　建设工程招标投标概述　56
　　一、建设工程招标范围 56
　　二、建设工程招标方式 57

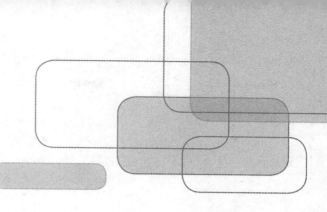

Contents

单元二　建设工程招标法律制度　60
　一、招标基本程序 …………………………………… 60
　二、招标文件的相关规定 …………………………… 65

单元三　建设工程投标法律制度　69
　一、投标人的相关规定 ……………………………… 69
　二、投标文件的相关规定 …………………………… 70
　三、投标人不正当竞争行为规定 …………………… 71

单元四　建设工程的开标、评标和定标　75
　一、开标的相关规定 ………………………………… 75
　二、评标的相关规定 ………………………………… 77
　三、定标与签订合同 ………………………………… 79

单元五　建设工程招标投标的法律责任　83
　一、招标人违法应承担的法律责任 ………………… 83
　二、招标代理机构违法应承担的法律责任 ………… 84
　三、投标人违法应承担的法律责任 ………………… 84
　四、评标委员会成员违法应承担的法律责任 ……… 85

单元六　建设工程承包制度　87
　一、建设工程总承包的相关规定 …………………… 88
　二、建设工程共同承包的相关规定 ………………… 90
　三、建设工程分包的相关规定 ……………………… 91

模块五　建设工程合同和相关合同管理法律制度

单元一　建设工程勘察、设计合同管理　99
　一、建设工程勘察合同文本构成和履行 ………… 100

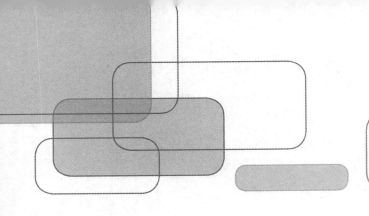

　　二、建设工程设计合同文本构成和履行 ·················· 104

单元二　建设工程施工合同管理　　109

　　一、施工合同标准文本 ··· 109
　　二、施工合同有关各方管理职责 ······························· 110
　　三、施工合同订立 ·· 111
　　四、施工合同履行管理 ··· 117

单元三　建设工程材料设备采购合同管理　　130

　　一、材料设备采购合同特点及分类 ···························· 130
　　二、材料采购包装、标记、运输和交付 ···················· 133
　　三、设备采购的全过程交付 ······································ 134

模块六　建设工程安全生产管理法律制度

单元一　建设工程安全生产许可制度　　146

　　一、安全生产许可证的申请 ······································ 146
　　二、安全生产许可证的管理 ······································ 147

单元二　建设工程安全生产责任制度　　149

　　一、施工单位安全生产责任 ······································ 149
　　二、建设、勘察、设计、工程监理单位的安全生产责任 ······ 151

单元三　建设工程安全教育培训制度　　153

　　一、企业人员安全生产教育培训 ······························· 153
　　二、安全教育培训方式 ··· 154

单元四　建设工程安全生产劳动保护制度　　155

　　一、劳动保护制度概述 ··· 155

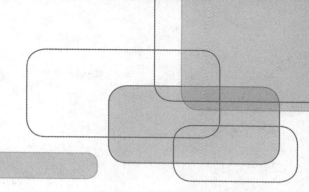

Contents

  二、施工作业人员安全生产的权利与义务 ·············· 157
  三、施工现场安全防范措施 ·············· 158
  四、工伤保险 ·············· 159

单元五　生产安全事故应急救援与调查处理　161

  一、生产安全事故应急救援 ·············· 161
  二、生产安全事故调查处理 ·············· 163
  三、生产安全事故应急救援预案的规定 ·············· 165

模块七　建设工程质量管理法律制度

单元一　建设工程质量标准化制度　172

  一、工程建设标准的分类 ·············· 172
  二、工程建设标准的实施 ·············· 175

单元二　施工单位的质量责任和义务　178

  一、依法承揽工程的责任 ·············· 178
  二、建立质量保证体系的责任 ·············· 178
  三、分包单位保证工程质量的责任 ·············· 179
  四、按图施工的责任 ·············· 179
  五、对建筑材料、建筑构配件和设备进行检验的责任 ·············· 179
  六、见证取样的责任 ·············· 179

单元三　其他建设相关单位的质量责任和义务　181

  一、建设单位质量责任和义务 ·············· 181
  二、勘察、设计单位质量责任和义务 ·············· 185
  三、监理单位责任和义务 ·············· 187
  四、政府部门质量监督责任和义务 ·············· 189

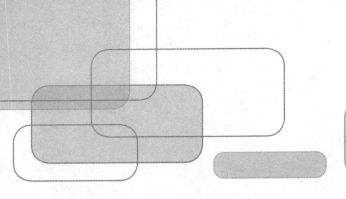

单元四　建设工程质量竣工验收制度　　**192**

　　一、竣工验收的主体和法定条件 ······················ 192
　　二、建设工程档案的移交 ························· 193
　　三、规划、环保、消防等验收规定 ··················· 194
　　四、工程竣工结算与质量争议的相关规定 ··············· 196

单元五　建设工程质量保修制度　　**201**

　　一、建设工程质量保修书 ························· 201
　　二、质量责任的损失赔偿 ························· 202

模块八　建设工程争议处理法律制度

单元一　建设工程争议处理概述　　**212**

　　一、建设工程争议的概念 ························· 212
　　二、建设工程争议的分类 ························· 212
　　三、建设工程纠纷的处理方式 ······················ 213

单元二　建设工程民事争议的处理　　**214**

　　一、和解的相关规定 ··························· 214
　　二、调解的相关规定 ··························· 215
　　三、仲裁的相关规定 ··························· 216
　　四、诉讼的相关规定 ··························· 219

单元三　建设工程行政争议的处理　　**226**

　　一、行政复议制度 ···························· 226
　　二、行政诉讼制度 ···························· 233

参考文献　　**244**

模块一

建设工程法律法规认知

知识目标

1. 掌握建设工程法规的概念与特征。
2. 熟悉法的形式及效力层级。
3. 掌握建设工程法律关系的概念。
4. 熟悉建设工程法律责任。

能力目标

1. 能够识别法的形式及效力层级。
2. 能够区分建设法律关系主体、建设法律关系客体和建设法律关系内容。
3. 能够明确建设工程法律责任。

素养目标

1. 树立正确的人生观和价值观。
2. 培养会思考、懂分析的学习能力。
3. 具备仔细、严谨的学习态度。

案例引入

A市B区一栋在建建筑物发生整体倒覆事故,导致1名工人身亡。经调查分析,此次事故为一起责任事故,其直接原因为:施工方在事发建筑前方开挖基坑,土方紧贴建筑物堆积在该建筑物北侧,在短时间堆土过高,最高处达10米左右,3 000吨左右的土堆产生了极大的侧向力;与此同时,紧邻该建筑物南侧的地下车库基坑开挖深度4.6米,大楼两侧的压力差使土体产生水平位移,导致楼房产生10厘米左右的位移,对PHC桩(预应力高强混凝土)产生很大的偏心弯矩,最终破坏桩基,引起楼房整体倒覆。

依据相关法律、法规,相关单位及责任人应负以下责任:

1. 对相关单位的责任认定与处罚

建设单位、总包单位,对事故发生应负有主要责任;土方开挖单位,对事故发生应负有直接责任;基坑围护及桩基工程施工单位,对事故发生应负有一定责任;监理单位,对事故发生应负有重要责任;工程监测单位对事故发生应负有一定责任。依据相关法律、法规规定,对上述单位分别给予经济罚款,其中对建设单位和总包单位,均处以法定最高限额罚款。对总包单位建筑施工企业资质证书及安全生产许可证予以吊销。待事故善后处理工作完成后,吊销建设单位房地产开发企业资质证书。吊销监理单位工程监理资质证书。

2. 对相关人员的责任认定和处理

通过调查和责任认定,依据相关法律、法规,下列有关责任人员被追究责任。其中有6人被刑事拘留,7人被取保候审。

建设单位法定代表人张某、总包单位法定代表人王某等7名责任人员,对事故发生负有直接责任,涉嫌重大责任事故罪,被移送司法机关追究刑事责任。

监理单位法定代表人王某、土方开挖单位法定代表人陈某等8名责任人员,对事故发生负有相关责任,被处以吊销执业证书、罚款、解除劳动合同等处罚。

A市B区副区长、镇长等公职人员,对辖区内建设工程安全生产工作负有领导责任,分别被给予行政警告、行政记过、行政记大过处分。

课前思考

1. 为什么要懂法?
2. 什么是建设工程法规?
3. 什么是法律关系?法律关系中的三要素分别是什么?
4. 建设工程法律责任有哪些形式?

知识拓展:《以法治视野谋划建筑央企高质量发展》

单元一 建设工程法规的概念与特征

法是由国家制定或认可的,以权利义务为调整机制并通过国家强制力保证实施调整行为关系的社会规范。

法的本质是统治阶级意志的体现,是指统治者为了实现统治并管理国家的目的,经过一定立法程序,所颁布的一切规范的总称。

一、建设工程法规的概念

建设工程法规也称建设法规,是国家法律体系的重要组成部分,由国家权力机关或其授权的行政机关制定,旨在调整国家及其有关机构、企事业单位、社会团体、公民之间在建设活动中发生的各种社会关系的法律规范的统称。

根据《中华人民共和国建筑法》(以下简称《建筑法》)的规定:"在中华人民共和国境内从事建筑活动,实施对建筑活动的监督管理,应当遵守本法"。建设工程法规的调解对象则是从事建筑活动、实施对建筑活动的监督管理过程中发生的各种社会关系，主要表现为以下三个方面。

1. 建设活动中的行政管理关系

建设活动中的行政管理关系即国家及其住房城乡建设主管部门同建设单位、施工单位、设计单位、建筑材料和设备的生产供应单位及建设监理等中介服务单位之间的管理与被管理关系。在建设活动中，这种关系需要有相应的法律、法规来规范和调整。

2. 建设活动中的经济协作关系

建设活动中的经济协作关系是一种平等自愿、互利互助的横向协作关系，是在工程建设活动中，参与建设的各方经济主体，为了自身生产和生活需要，相互之间建立以实现经济利益为目的的协作关系。各家单位之间协作中所产生的权利和义务关系需要建设工程法规的约束和调整。

3. 从事建设活动的主体内部民事关系

从事建设活动的主体内部民事关系是指在建设活动中所产生的国家、单位、公民之间，涉及土地征用、房屋拆迁、从业人员及相关人员的人身和财产的损害、财产及相关权利的转让等关于公民个人权利问题的民事权利和义务关系，这种关系也必须由建设工程法规及相关民法等法律加以规范和调整。

二、建设工程法规的特征

（一）一般法律特征

根据建设工程法规的调整对象可知，建设工程法规大多属于行政法和经济法范畴。它是以法律的手段对行政、经济、民事等社会关系加以约束、规范和调整的法规与准则。其具备一般法规的特征：

（1）规范性。法律首先是指一种行为规范，所以规范性就是它的首要特性。规范性是指法律为人们的行为提供模式、标准、样式和方向。

（2）概括性。法律同时还具有概括性，是人们从大量实际、具体的行为中高度抽象出来的一种行为模式，它的对象是一般的人，是反复适用多次的。

（3）普遍性。法律还具有普遍性，即法律所提供的行为标准是按照法律规定所有公民一概适用的，不允许有法律规定之外的特殊，即要求"法律面前人人平等"。

（4）严谨性。法律规范不同于其他规范的另一个重要特征是它的严谨性。它有特殊的逻辑构成。构成一个法律的要素有法律原则、法律概念和法律规范。每个法律规范都由行为模式和法律后果两个部分构成。行为模式是指法律为人们的行为所提供的标准和方向；法律后果是指行为人具有法律意义的行为在法律上所应承受的结果。

（5）强制性。法律是由国家强制力保证实施的。法律是一种国家意志，它的实施就由国家来保障。法律是人民的盾牌，用以保护人民的生命、财产等，使其能够自由、安全、幸福的生活。

（二）特别法律特征

建设工程法规的制定来自大量的科学论证与工程实践检验，是建筑业执业人员普遍遵守的科学规范。所以，建设工程法规还具备有别于其他法规的特征。

1. 行政性

行政性是建设法规区别于其他法律的主要特征。每次建筑活动都涉及投入资金量大，需要耗费大量人力、物力、财力、土地等资源的问题，持续时间长且影响力大，同时，建设产品的质量又关系着人民的生命和财产安全。因此，国家对建筑活动的监督和管理较为严格。在建设法律规范中，调整方式的特点主要体现为行政的强制性，调整方式有授权、命令禁止、许可、免除、确认、计划、撤销等。

2. 经济性

建筑业是国民经济的重要物质生产行业，是国家的重要支柱产业之一。建筑活动的管理水平、效果、效益直接影响到我国国民经济的发展程度。同时，建设法规是经济法的重要组成部分，因此必然带有经济性特征。

3. 政策性

建设工程法规涉及建设领域的各种社会经济关系，以法律的形式引导建筑业的发展方向，维护建筑业市场秩序，确认了我国社会主义市场经济法制下建筑业的基本方针，是国家意志的直接体现，具有较强的政策性特征。

4. 技术性

技术性是建设法规十分重要的特征。工程建设与人们生存、进步、发展息息相关，建设产品的质量与人民生命财产安全密切相关，这就需要大量有关技术方面的标准、规范、规程来对工程建设的方方面面进行规范，这些被称为技术规范，如《装配式混凝土结构技术规程》（JGJ 1—2014）等。

三、建设工程法律关系

法律关系是指由法律规范调整一定社会关系而形成的权利与义务关系。建设工程法律关系是法律关系中的一种，是指由建筑法律规范所确认和调整的，在建设管理和建设活动中所产生的权利和义务关系，如建设工程承包合同关系、建设活动中的行政管理关系、建设活动中的经济协作关系、建设活动中的民事关系。

（一）建设法律关系的构成要素

任何法律关系都是由法律关系主体、法律关系客体和法律关系内容三个要素构成的，缺少其中任何一个要素都不能构成法律关系。建设工程法律关系的构成要素是建设工程法律关系不可缺少的组成部分，由建设法律关系主体、建设法律关系客体和建设法律关系内容三个要素构成。

1. 建设法律关系主体

建设法律关系主体是指在建设活动中依法独立享有权利、承担义务的当事人。工程建设法律关系主体既是建设权利的享有者，又是建设义务的承担者，是工程建设法律关系中最活跃的要素。在我国，依法能够参加工程建设法律关系的主体范围非常广泛，包括自然人、法人和其他组织。

2. 建设法律关系客体

建设法律关系客体是指参加建设法律关系的主体享有的权利和承担的义务所共同指向的对象，包括物、行为和智力成果等。

3. 建设法律关系内容

建设法律关系内容即建设活动参与者具体享有的权利和应当承担的义务。建设权利是指建设法律关系主体在法定范围内，根据国家建设管理要求和自己业务活动的需要，有权进行各种工程建设活动；建设义务是指工程建设法律关系主体必须按法律规定或约定应负的责任。

[例 1-1] 某建筑公司与某高职院校签订了一个施工承包合同，由建筑公司承建一座造型独特的图书馆。合同约定开工日期为 2021-4-8，竣工日期为 2022-7-8。每月 28 日，按照当月所完成的工程量，学校向建筑公司支付工程进度款。本案例的法律关系构成是什么？

解：本案例的法律主体：建筑公司、开发公司；法律客体：图书馆、工程款。法律内容包括：建筑公司按期开工、按期竣工并提交合格工程，拿到工程进度款；开发公司按合同约定支付工程进度款，并拿到质量合格的图书馆。

（二）建设工程法律关系的产生、变更和终止

（1）建设工程法律关系的产生是指建设工程法律关系的主体之间形成了一定的权利和义务关系。如法律主体甲与法律主体乙签订了钢材购买合同，其主体双方就产生了相应的权利和义务，即受法律规定调控的法律关系就此产生。

（2）建设工程法律关系的变更是指建设工程法律关系的三个要素发生变化。主体变更有主体数目发生变化和主体的改变两种表现形式。主体数目发生变化表现为主体的数目增加或减少；主体改变也称为合同转让，由另一个新主体代替原主体享有权利，承担义务。客体变更是指法律关系中权利义务所指向的事物发生变化。客体变更可以是其范围变更，也可以是其性质变更。法律关系主体与客体的变更必然导致相应的权利和义务的变更，即内容的变更。

（3）建设工程法律关系的终止是指建设工程法律关系主体之间的权利和义务不复存在，彼此丧失了约束力。建设工程法律关系的终止有自然终止和协议终止。自然终止即法律关系所规范的权利义务顺利履行，从而使法律关系达到完结；协议终止是指法律关系主体之间协商解除某类建筑工程法律关系规范的权利和义务，致使该法律关系归于消灭。

引起建设法律关系产生、变更和终止的原因，即法律事实。法律事实是指引起建设工程法律关系产生、变更和消灭的客观现象与事实。它可分为事件和行为两类。事件是指不以当事人的意志为转移而产生的自然现象，如地震导致工程施工延期，致使建设工程合同不能履行；行为是指人的有意识的活动，包括积极的作为和消极的不作为。通常表现为合法行为、违法行为、合同行为、司法行为等。

小试牛刀

1. 建设工程法规的调解对象是从事建筑活动。实施对建筑活动的监督管理过程中发生的各种社会关系，不包括（　　）。

   A. 建设活动中的行政管理关系

   B. 建设活动中的协商合作关系

   C. 建设活动中的经济协作关系

D. 从事工程建设活动的主体内部民事关系

2. 甲公司因修建办公楼与乙施工单位签订了施工合同，合同约定由乙根据甲提供的施工图纸进行施工，工程竣工时按照国家有关验收规范和设计图纸进行验收。请问：本案中建设法律关系三要素分别是什么？

答案：本案中法律关系的主体是甲和乙；客体是施工的办公楼；内容是主体双方各自应当享受的权利和应当承担的义务，具体而言是甲按照合同的约定，承担按时交付图纸，足额支付工程款的义务，在按合同约定支付工程款后，甲就有权要求建筑公司按时交付质量合格的办公楼。乙的权利是获取工程款，在享受该项权利后，就应当承担义务，即按时交付质量合格的办公楼，并承担保修义务。

单元二 建设工程法律法规体系

建设工程法律法规体系是指根据《中华人民共和国立法法》的规定，制定和公布施行的有关建设工程的各项法律、行政法规、地方性法规、自治条例、单行条例、部门规章和地方政府规章的总称。

一、法的形式

（一）我国建设工程法规体系的构成

1. 宪法

宪法是我国的根本大法，是国家的总章程，在我国的法律体系中具有最高的法律地位和法律效力，是我国最主要的法律渊源。宪法明确了国家基本建设的方针与原则，直接规范和调整建筑业的活动。

2. 建设工程法律

建设工程法律是指由全国人民代表大会及其常务委员会通过的规范工程建设活动的法律规范，由国家主席签署主席令予以公布。法律的效力低于宪法，但高于其他法，如《建筑法》《中华人民共和国招标投标法》（以下简称《招标投标法》）、《中华人民共和国民法典》（以下简称《民法典》）。

3. 建设工程行政法规

建设工程行政法规是指由中华人民共和国国务院（以下简称国务院）根据宪法和法律制定的规范工程建设活动的各项法规，由总理签署国务院令予以公布。其效力低于建设工程法律，在全国范围内有效，如《建设工程安全生产管理条例》《建设工程质量管理条例》等。

4. 建设工程部门规章

建设工程部门规章是指中华人民共和国住房和城乡建设部（以下简称住房和城乡建设部）按照国务院规定的职权范围，独立或同国务院有关部门联合根据法律和国务院的行政法规、决定、命令，制定的规范工程建设活动的各项规章。属于住房和城乡建设部制定的由部长签署住房和城乡建设部令予以公布，如《注册监理工程师管理规定》《建筑业企业资质管理规定》等。

5. 地方性建设法规

地方性建设法规是指省、自治区、直辖市及省、自治区人民政府所在地的市和经国务院批准的较大的市的人民代表大会及其常务委员会，在其法定权限内制定的法律规范性文件。地方性建设法规具有地方性，只在本辖区内有效，其效力低于宪法、法律和行政法规，如《重庆市建筑管理条例》等。

6. 地方性建设行政规章

地方性建设行政规章是指由省、自治区、直辖市及省会城市和经国务院批准的较大城市的人民政府，根据法律和国务院的行政法规，制定并颁布的建设方面的地方政府规章，效力低于法律、行政法规，低于同级或上级地方性法规，如《重庆市查处违法建筑若干规定》（重庆市人民政府令第282号）。

7. 技术法规

技术法规是指国家制定或认可的，在全国范围内有效的技术规程、规范、标准、定额、方法等技术文件，如预算定额、设计规范等。

8. 国际条约

国际条约是两个或两个以上国家之间规定相互之间权利和义务的各种协定，如1988年《建筑业安全卫生公约》、1981年《职业安全和卫生及工作环境公约》。

（二）我国的建设工程法规

我国已制定、颁布并现行有效的建设工程法律4部、行政法规60多部、行政规章400多项，覆盖了建设活动的各个行业、各个领域及工程建设的全过程，使建设活动各个方面有法可依。

1.《建筑法》

《建筑法》于1997年11月1日第八届全国人民代表大会常务委员会第二十八次会议通过，2011年4月22日第十一届全国人民代表大会常务委员会第二十次会议《关于修改〈中华人民共和国建筑法〉的决定》第一次修正，2019年4月23日第十三届全国人民代表大会常务委员会第十次会议《关于修改〈中华人民共和国建筑法〉等八部法律的决定》第二次修正。该法包括总则、建筑许可、建筑工程发包与承包、建筑工程监理、建筑安全生产管理、建筑工程质量管理、法律责任、附则共八章八十五条。

2.《中华人民共和国城乡规划法》

《中华人民共和国城乡规划法》（以下简称《城乡规划法》）由中华人民共和国第十届全国人民代表大会常务委员会第三十次会议于2007年10月28日通过，自2008年1月1日起施行。根据2015年4月24日第十二届全国人民代表大会常务委员会第十四次会议《关于修改〈中华人民共和国港口法〉等七部法律的决定》第一次修订；根据2019年4月23日第十三届全国人民代表大会常务委员会第十次会议《关于修改〈中华人民共和国建筑法〉等八部法律的决定》第二次修订。该法共计七章七十条，包括总则、城乡规划的制定、城乡规划的实施、城乡规划的修改、监督检查、法律责任和附则。《城乡规划法》是加强城乡规划管理、协调城乡空间布局、改善人居环境、促进城乡经济社会全面协调可持续发展的重要法律依据。

3. 《招标投标法》

《招标投标法》于 1999 年 8 月 30 日第九届全国人民代表大会常务委员会第十一次会议通过，根据 2017 年 12 月 27 日第十二届全国人民代表大会常务委员会第三十一次会议《关于修改〈中华人民共和国招标投标法〉、〈中华人民共和国计量法〉的决定》修正。该法包括总则，招标，投标，开标、评标和中标，法律责任和附则共计六章。《招标投标法》规范了招标投标活动，保护国家利益、社会公共利益和招标投标活动当事人的合法权益，对提高经济效益，保证项目质量提供了重要的法律保障和依据。

4. 《建设工程勘察设计管理条例》

《建设工程勘察设计管理条例》于 2000 年 9 月 25 日中华人民共和国国务院令第 293 号公布，根据 2015 年 6 月 12 日《国务院关于修改〈建设工程勘察设计管理条例〉的决定》第一次修订，根据 2017 年 10 月 7 日《国务院关于修改部分行政法规的决定》第二次修订。该条例内容包括总则、资质资格管理、建设工程勘察设计发包与承包、建设工程勘察设计文件的编制与实施、监督管理、罚则、附则共七章四十六条。

5. 《建设工程质量管理条例》

《建设工程质量管理条例》于 2000 年 1 月 30 日中华人民共和国国务院令第 279 号发布，根据 2017 年 10 月 7 日《国务院关于修改部分行政法规的决定》第一次修订，根据 2019 年 4 月 23 日《国务院关于修改部分行政法规的决定》第二次修订。该条例包括总则，建设单位的质量责任和义务，勘察、设计单位的质量责任和义务，施工单位的质量责任和义务，工程监理单位的质量责任和义务，建设工程质量保修，监督管理，罚则，附则。《建设工程质量管理条例》是根据《建筑法》为加强对建设工程质量的管理、保证建设工程质量而制定的。

6. 《中华人民共和国注册建筑师条例实施细则》

《中华人民共和国注册建筑师条例实施细则》（中华人民共和国建设部令第 167 号）于 2008 年 1 月 8 日经建设部第 145 次常务会议讨论通过，自 2008 年 3 月 15 日起施行。该条例共八章五十一条，其内容包括总则、考试、注册、执业、继续教育、监督检查、法律责任、附则。

二、法的效力层级

法的效力层级是指每部规范性法律文本在法律体系中的纵向等级。下位阶的法律必须服从上位阶的法律，所有的法律必须服从最高位阶的法律。

1. 纵向效力层级

在我国，宪法具有最高的法律效力，之后依次是法律、行政法规、部门规章和地方性法规、地方政府规章、行政规范性文件。

2. 横向效力层级

同一机关制定的法律法规，特别规定与一般规定不一致的，适用特别规定。

3. 时间效力层级

同一机关制定的法律新旧不一致的，适用新规定。

> 小试牛刀

1. 下列规范性文件中，法律效力最高的是（　　）。
   A.《上海市建筑管理条例》
   B.《建筑业企业资质管理规定》
   C.《工程建设项目施工招标投标办法》
   D.《安全生产许可证条例》
2.《建设工程质量管理条例》属于（　　）。
   A. 法律　　　　B. 行政法规　　　　C. 部门规章　　　　D. 司法解释
3. 关于法的效力层级的说法，下列正确的有（　　）。
   A. 自治条例和单行条例依法对法律、行政法规、地方性法规作变通规定的，在本自治地方适用自治条例和单行条例的规定
   B. 宪法是国家的根本大法，具有最高的法律效力
   C. 法律之间对同一事项的新的一般规定与旧的特别规定不一致，不能确定如何适用时，由全国人民代表大会常务委员会裁决
   D. 省、自治区、直辖市的人民代表大会及其常务委员会制定的地方性法规，报全国人民代表大会常务委员会和国务院备案
   E. 行政法规的法律效力仅次于宪法

单元三　建设工程法律责任

建设工程法律责任是指建设法律关系中的主体由于违反建设工程法律法规相关规范的行为而依法应当承担的法律后果。建设工程法律责任的一般构成包括四个条件，它们之间相互联系、相互作用、缺一不可：第一，有损害事实发生。损害事实就是指违法行为，对法律所保护的社会关系和社会秩序造成了一定程度的侵害。第二，存在建设违法行为或违规行为，如果没有违法违规行为，就无须承担相应的法律责任。第三，违法行为与损害事实之间有因果关系，即一定损害事实是该违法行为所引起的必然结果，也就是说此违法行为正是引起损害事实的原因。第四，违法者主观上存在过错。所谓过错，是指行为人对其行为及由此引起的损害事实所持有的主观态度，包括故意和过失。如果行为在主观上既没有故意也没有过失，则行为人对损害结果不必承担法律责任。如某建筑企业在施工中因遇到特大台风而停工，延误了工期，在这种情况下，停工行为和延误工期造成损失的结果并非出自施工者的故意与过失，属于不可抗力因素，因而，建筑企业不应承担法律责任。

法律责任通常表现为三种形式，即建设工程民事责任、建设工程行政责任与建设工程刑事责任，详见表1-1。

表1-1　法律责任的基本形式

民事责任	违约责任	继续履行，采取补救措施，赔偿损失，违约金，定金
	侵权责任	停止侵害，排除妨碍，消除危害，返还财产，恢复原状，修理、重做、更换，消除影响恢复名誉，赔礼道歉

续表

行政责任	行政处罚	警告，罚款，没收违法所得，责令停产停业，暂扣或吊销许可证，取消投标资格
	行政处分	警告，记过，记大过，降级，撤职，开除
刑事责任	主刑	管制，拘役，有期徒刑，无期徒刑，死刑
	附加刑	罚金，剥夺政治权利，没收财产，驱逐出境

一、建设工程民事责任

建设工程民事责任是指民事主体违反民事法律规范规定的义务所应承担的法律后果。其目的主要是恢复受害人的权利和补偿权利人的损失。我国根据民事责任的承担原因，将民事责任主要划分为违约责任和侵权责任两类。其主要包括以下几项：

(1) 停止侵害；
(2) 排除妨碍；
(3) 消除危险；
(4) 退还财产；
(5) 恢复原状；
(6) 修理、重作、更换；
(7) 赔偿损失；
(8) 支付违约金；
(9) 消除影响、恢复名誉；
(10) 赔礼道歉。

二、建设工程行政责任

建设工程行政责任是指有违反有关行政管理的法律规范的规定，但尚未构成犯罪的行为依法应当受到的法律制裁。行政责任主要包括行政处罚和行政处分。

1. 行政处罚

行政处罚是指由国家行政机关或授权的企事业单位、社会团体，对公民和法人违反行政管理法律、法规的行为所实施的制裁，主要有警告、罚款、没收违法所得、没收非法财物，责令停产停业，暂扣或者吊销许可证、执照，行政拘留等。

2. 行政处分

行政处分是指由国家机关、企事业单位对其工作人员违反行政法规或政纪的行为所实施的制裁，主要有警告、记过、记大过、降职、降薪、撤职、留用察看、开除等。

三、建设工程刑事责任

建设工程刑事责任是依据国家刑事法律的规定，行为人实施了刑法所禁止的行为而必须承担的法律后果。刑事责任是法律责任中最强烈的一种。负刑事责任意味着应受刑事处罚。刑罚可分为主刑和附加刑。主刑包括管制、拘役、有期徒刑、无期徒刑、死刑；附加刑包括罚金、剥夺政治权利、没收财产、驱逐出境。

综上可知，不适当的工程建设行为，其后果可能会触及以上三种责任中的一种或几种。因此，建筑业从业人员必须知法懂法，很好地掌握建设工程法律责任的相关内容，规范自己的建设行为，避免一切可能产生的不良后果。

小试牛刀

1. 下列属于行政处罚的是（　　）。
   A. 没收财产　　　B. 恢复原状　　　C. 撤职　　　D. 责令停产停业
2. 下列法律责任中，属于民事责任承担方式的是（　　）。
   A. 警告　　　B. 吊销许可证　　　C. 停止侵害　　　D. 责令停产停业
3. 关于刑事责任的说法，下列错误的是（　　）。
   A. 拘役是刑罚主刑的一种
   B. 罚款是刑罚附加刑的一种
   C. 主刑和附加刑既可以合并适用，也可以独立适用
   D. 没收财产是刑罚附加刑的一种

实例分析

基本案情

原告：甲电信公司

第一被告：丙建筑设计院　　　　第二被告：乙建筑承包公司

甲电信公司因建办公楼与乙建筑承包公司签订了工程总承包合同。其后，经甲同意，乙分别与丙建筑设计院和丁建筑工程公司签订了工程勘察设计合同和工程施工合同。勘察设计合同约定：由丙对甲的办公楼及其附属工程提供设计服务，并按勘察设计合同的约定交付有关的设计文件和资料。施工合同约定：由丁根据丙提供的设计图纸进行施工，工程竣工时依据国家有关验收规定及设计图纸进行质量验收。合同签订后，丙按时将设计文件和有关资料交付丁，丁依据设计图纸进行施工。工程竣工后，甲会同有关质量监督部门对工程进行验收，发现工程存在严重质量问题，是由于设计不符合规范所致。原来丙未对现场进行仔细勘察即自行进行设计，导致设计不合理，给甲带来了重大损失。丙以与甲没有合同关系为由拒绝承担责任，乙又以自己不是设计人为由推卸责任，甲遂以丙为被告向法院起诉。

法院受理后，追加乙为共同被告，判决乙与丙对工程建设质量问题承担连带责任。

问题一：本案例中的法律主体及相互关系是什么？

问题二：对出现的质量问题，以上法律主体将如何承担责任？

如何解决？

分析一：

法律主体有甲、乙、丙三个。甲电信公司为建设单位，是工程的投资方；乙是工程总承包单位，与甲有合同关系；丙是建筑设计院，与乙有合同关系，就建设工程承担勘察和

设计任务。

在本案例中，甲是发包人，乙是总承包人，丙和丁是分包人。《建筑法》第二十九条规定："建筑工程总承包单位可以将承包工程中的部分工程发包给具有相应资质条件的分包单位；但是，除总承包合同中约定的分包外，必须经建设单位认可。施工总承包的，建筑工程主体结构的施工必须由总承包单位自行完成。建筑工程总承包单位按照总承包合同的约定对建设单位负责；分包单位按照分包合同约定对总承包单位负责。总承包单位和分包单位就分包工程对建设单位承担连带责任。禁止总承包单位将工程分包给不具备相应资质条件的单位。禁止分包单位将其承包的工程再分包。"

分析二：

对工程质量问题，乙作为总承包人应承担责任，而丙和丁也应该依法分别向发包人甲承担责任。总承包人以不是自己勘察设计和建筑安装的理由企图不对发包人承担责任，以及分包人以与发包人没有合同关系为由不向发包人承担责任。

在本案例中，《建筑法》第二十八条规定："禁止承包单位将其承包的全部建筑工程转包给他人，禁止承包单位将其承包的全部建筑工程肢解以后以分包的名义转包给他人。"本案例中乙作为总承包人不自行施工，而将工程全部转包他人，虽经发包人同意，但违反法律禁止性规定，其与丙和丁所签订的两个分包合同均是无效合同。住房城乡建设主管部门应按照《建筑法》和《建设工程质量管理条例》的有关规定，对其进行行政处罚。

你知道了吗？

什么是建设工程法规？

答：建设工程法规也称建设法规，是指由国家立法机关或其授权的行政机关制定的，调整国家及其有关机构、企事业单位、社会团体、公民之间在建设活动中所发生的各种社会关系的法律规范的总称。

考场练兵

一、单项选择题

1. 下列建设规范性文件中，由国务院制定的是（　　）。
   A.《安全生产法》　　　　　　　　B.《建筑业企业资质管理规定》
   C.《工程建设项目施工招标投标方法》　D.《安全生产许可证条例》

2. 行政法规之间对同一事项的新的一般规定与旧的特别规定不一致，不能确定如何适用时，由（　　）裁决。
   A. 最高人民法院　　　　　　　　B. 国务院
   C. 全国人民代表大会　　　　　　D. 全国人民代表大会常务委员会

3. 关于建设工程刑事责任的说法，下列正确的是（　　）。
   A. 刑事责任是法律责任中最严重的，不包括没收财产
   B. 造成直接经济损失50万元，应当追究刑事责任
   C. 强令他人违章冒险作业，造成重大伤亡事故的，应当承担刑事责任

D. 投标人相互串通投标报价，损害招标人利益的，应当单处罚金
4. 关于工程事故犯罪的案例中，下列说法正确的是（　　）。
   A. 桥梁施工中，施工企业不按图纸施工，钻孔灌注桩配筋不足、混凝土强度不够，竣工前夕，桥梁突然下沉坍塌，造成直接经济损失500万元。施工单位构成重大责任事故罪
   B. 吊车司机王某在无信号工在场时违章操作，擅自吊运钢筋，因吊钩松脱，钢筋坠落，造成正好路过的工人李某死亡。本案例中，王某构成重大责任事故罪，但施工单位不负刑事责任
   C. 某建筑工地脚手架存在严重安全隐患，监理工程师向现场负责人周某提出停止施工要求，但周某没有及时采取措施，导致施工中脚手架局部倒塌，造成2名工人重伤，直接经济损失30万元的安全事故。此事件中，周某的行为构成重大劳动安全事故罪
   D. 施工单位在公共场所施工没有设置明显标志造成一名行人重伤，主管部门责令施工单位停工整顿，由此造成工期延误2个月

二、多项选择题

1. 下列属于行政处分情形的有（　　）。
   A. 停止侵害　　　B. 记大过　　　C. 罚金　　　D. 责令停产停业
   E. 降级
2. 下列国家机关中，有权制定地方性法规的有（　　）。
   A. 省、自治区、直辖市的人民代表大会及其常委会
   B. 省、自治区、直辖市的人民政府
   C. 省级人民政府所在地的市级人民代表大会及其常委会
   D. 省级人民政府所在地的市级人民政府
   E. 国务院各部委
3. 根据《民法典》规定，（　　）之间对同一事项的规定不一致时，由国务院裁定。
   A. 地方性法规与地方政府规章
   B. 部门规章与部门规章
   C. 部门规章与地方性法规
   D. 地方政府规章与部门规章
   E. 同一机关制定的新的一般规定与旧的特别规定

三、案例分析

某建筑公司与某学校签订一座教学楼施工合同，明确施工单位要保质保量保工期完成学校的教学楼施工任务。工程竣工后，承包方向学校提出竣工报告。学校为了不影响学生上课，还没组织验收就直接投入使用，在使用过程中，校方发现教学楼存在质量问题，要求施工单位修理。施工单位认为工程未经验收，学校提前使用出现质量问题，施工单位不应承担责任。问题：

(1) 本案例中的建设法律关系三要素分别是什么？
(2) 具体分析该工程质量问题的责任及责任承担方式，为什么？

学习笔记

重难点归纳

模块二

与建设活动相关法律制度

知识目标

1. 掌握建设工程法人、代理、物权和债权制度。
2. 掌握建设用地法律制度。
3. 熟悉相关劳动法律制度。
4. 熟悉节能与环境保护法律制度。

能力目标

1. 能够对建设工程中产生的基本民事法律关系进行分析和处理。
2. 能够对施工现场不合法的行为做出判断,并采取一定的措施。
3. 能够维护劳动者权益,解决劳动纠纷。

素养目标

1. 培养求真、务实的工作能力和沟通能力。
2. 养成法律意识,依法依规从事建设活动。
3. 引导学生在工程建设工作中,要遵循"绿色低碳"的环保理念,践行"绿水青山就是金山银山"的发展之路。

案例引入

A施工单位承担了某建设单位的施工总承包业务。该施工单位将工程的装饰装修分包给具备专业承包资质的B施工单位。A在施工现场派驻了包括甲在内的项目管理班子,B则以乙为项目经理组成了项目经理部。施工任务完成后,分包方B以总包方A尚欠工程款为由向仲裁委员会申请仲裁,主要依据是有甲签字确认的所增加的工程量。A施工单位认为甲并不是该项目的项目经理,不承认甲签字的效力。经查实,甲既不是合同中约定的A施工单位的授权负责人,也没有A施工单位的授权委托书。但合同中约定的授权负责人基本没有去过该项目现场。事实上,该项目一直由甲实际负责,且有A施工单位曾经认可甲签字付款的情形。

在本案例中，A施工单位应当承担付款责任。因为总承包方的管理原因，让分包单位B认为甲具有签字付款的权力，致使本案例付款纠纷出现。《民法典》第一百七十条明确规定："执行法人或者非法人组织工作任务的人员，就其职权范围内的事项，以法人或者非法人组织的名义实施的民事法律行为，对法人或者非法人组织发生效力。"

课前思考

1. 什么是法人？法人和自然人的区别是什么？
2. A误将要偿付给B的材料款转给了C，该怎么办？
3. 某住宅小区的建设用地使用权即将到期，该怎么办？
4. 甲单位能否以担保为名扣留劳动者A的身份证原件？

拓展阅读：民法典的时代意义

单元一　相关民事法律制度

2020年5月28日，第十三届全国人民代表大会第三次会议表决通过了《民法典》。这部法律自2021年1月1日起施行。《民法典》在国家法律体系中的地位仅次于宪法。《民法典》是市场经济的基本法，是市民生活的基本行为准则，是法官裁判民商事案件的基本依据。

一、建设工程法人制度

（一）法人的概念和条件

1. 法人的概念

《民法典》第五十七条规定："法人是具有民事权利能力和民事行为能力，依法独立享有民事权利和承担民事义务的组织。"

2. 法人成立的条件

《民法典》第五十八条规定："法人应当依法成立。法人应当有自己的名称、组织机构、住所、财产或者经费。法人成立的具体条件和程序，依照法律、行政法规的规定。设立法人，法律、行政法规规定须经有关机关批准的，依照其规定。"

《民法典》第五十九条规定："法人的民事权利能力和民事行为能力，从法人成立时产生，到法人终止时消灭。"

《民法典》第六十条规定："法人以其全部财产独立承担民事责任。"

《民法典》第六十一条规定："依照法律或者法人章程的规定，代表法人从事民事活动的负责人，为法人的法定代表人。法定代表人以法人名义从事的民事活动，其法律后果由法人承受。法人章程或者法人权力机构对法定代表人代表权的限制，不得对抗善意相对人。"

（二）法人的分类

《民法典》将法人分为营利法人、非营利法人和特别法人3大类。

1. 营利法人

以取得利润并分配给股东等出资人为目的成立的法人为营利法人，营利法人经依法登记成立。营利法人包括有限责任公司、股份有限公司和其他企业法人等。

依法设立的营利法人，由登记机关发给营利法人营业执照。营业执照签发日期为营利法人的成立日期。

2. 非营利法人

为公益目的或者其他非营利目的成立的，不向出资人、设立人或者会员分配所取得利润的法人为非营利法人。具备非营利法人的条件：为适应经济社会发展需要，提供公益服务设立的事业单位，经依法登记成立，取得事业单位法人资格；依法不需要办理法人登记的，从成立之日起，具有事业单位法人资格。非营利法人包括事业单位、社会团体、基金会、社会服务机构等。

3. 特别法人

机关法人农村集体经济组织法人、城镇农村的合作经济组织法人、基层群众性自治组织法人为特别法人。有独立经费的机关和承担行政职能的法定机构从成立之日起，具有机关法人资格，可以从事为履行职能所需要的民事活动。

（三）企业法人和项目经理部

在建设工程领域，很多重要的建设相关者都是法人，如勘察单位、设计单位、施工单位、监理单位。建设单位可以是法人，也可以是非法人的其他组织。

项目经理部是施工企业法人常设的一次性生产组织。施工企业应当确定项目经理部的职责、任务、组织形式。大中型施工项目应当在施工现场设立项目经理部，小型项目可以不设项目经理部。但所有的项目都必须有一个经施工企业法人授权的项目经理。

[例2-1] A施工企业在某项目设立项目部，并授权甲担任项目经理。在施工过程中，甲签字购买的钢筋质量合格，但未按时支付材料价款，材料供应商应当以谁作为被告起诉？

解：材料供应商应以A施工单位作为被告进行起诉。甲是A授权委托的项目经理，由于项目经理部不具有独立法人资格，无法独立承担民事责任，因此，其行为的法律后果由企业法人承担。

二、建设工程代理制度

《民法典》第一百六十一条规定："民事主体可以通过代理人实施民事法律行为。依照法律规定、当事人约定或者民事法律行为的性质，应当由本人亲自实施的民事法律行为，不得代理。"

《民法典》第一百六十二条规定："代理人在代理权限内，以被代理人名义实施的民事法律行为，对被代理人发生效力。"代理关系如图2-1所示。

（一）代理的分类

代理包括委托代理和法定代理。委托代理人按照被代理人的委托行使代理权；法定代理人依照法律的规定行使代理权。

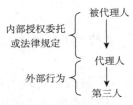

图 2-1 代理关系

委托代理授权采用书面形式的，授权委托书应当载明代理人的姓名或名称、代理事项、权限和期限，并由被代理人签名或者盖章。

代理人需要转委托第三人代理的，应当取得被代理人的同意或追认。转委托代理经被代理人同意或追认的，被代理人可以就代理事务直接指示转委托的第三人，代理人仅就第三人的选任以及对第三人的指示承担责任。转委托代理未经被代理人同意或追认的，代理人应当对转委托的第三人的行为承担责任；但是，在紧急情况下代理人为了维护被代理人的利益需要转委托第三人代理的除外。

[例 2-2] 招标人委托招标代理机构招标，确定施工单位为中标人，并签订合同。问：在该建设法律关系中，被代理人、代理人和第三人分别是谁？

解： 本案中招标人为被代理人，招标代理机构为代理人，施工单位为第三人。

（二）无权代理

《民法典》第一百七十一条规定："行为人没有代理权、超越代理权或者代理权终止后，仍然实施代理行为，未经被代理人追认的，对被代理人不发生效力。相对人可以催告被代理人自收到通知之日起 30 日内予以追认。被代理人未作表示的，视为拒绝追认。行为人实施的行为被追认前，善意相对人有撤销的权利。撤销应当以通知的方式作出。行为人实施的行为未被追认的，善意相对人有权请求行为人履行债务或者就其受到的损害请求行为人赔偿。但是，赔偿的范围不得超过被代理人追认时相对人所能获得的利益。相对人知道或者应当知道行为人无权代理的，相对人和行为人按照各自的过错承担责任。"

（三）表见代理

《民法典》第一百七十二条规定："行为人没有代理权、超越代理权或者代理权终止后，仍然实施代理行为，相对人有理由相信行为人有代理权的，代理行为有效。"

[例 2-3] 甲公司业务员王某被开除后，为报复甲公司，用盖有甲公司公章的空白合同书与乙公司订立一份购销合同。乙公司并不知情，并按时将货送至甲公司所在地。甲公司拒绝接收，引起纠纷。关于该案例，该如何处理？

解： 在该案例中，虽然甲未委托王某进行材料订购，但甲存在失误，且该失误导致乙有足够的理由相信王某具备代理权，故形成表见代理，表见代理无权但有效。所以甲需接受货物，并向乙支付货款。甲的损失可以向王某追偿。

（四）委托代理终止

《民法典》第一百七十三条规定："有下列情形之一的，委托代理终止：

（1）代理期限届满或者代理事务完成；

（2）被代理人取消委托或者代理人辞去委托；

（3）代理人丧失民事行为能力；

(4) 代理人或者被代理人死亡；

(5) 作为代理人或者被代理人的法人、非法人组织终止。"

（五）不当或违法代理的责任

《民法典》第一百六十四条规定："代理人不履行或者不完全履行职责，造成被代理人损害的，应当承担民事责任。代理人和相对人恶意串通，损害被代理人合法权益的，代理人和相对人应当承担连带责任。"第一百六十七条规定："代理人知道或者应当知道代理事项违法仍然实施代理行为，或者被代理人知道或者应当知道代理人的代理行为违法未作反对表示的，被代理人和代理人应当承担连带责任。"

三、建设工程物权制度

物权是指直接支配物并排除他人非法干涉的权利。物权在整个法律制度中，具有核心性。物权关系是最基本的民事法律关系，是所有其他民事法律关系的出发点和归属。

在建设工程活动中涉及的许多权利都是源于物权。建设单位对建设工程项目的权利来自物权中最基本的权利——所有权，施工单位的施工活动是为了形成《民法典》意义上的物——建设工程。

（一）物权的分类

物权可分为所有权、用益物权和担保物权。

1. 所有权

《民法典》第二百四十条规定："所有权人对自己的不动产或者动产，依法享有占有、使用、收益和处分的权利。"第二百四十一条规定："所有权人有权在自己的不动产或者动产上设立用益物权和担保物权。用益物权人、担保物权人行使权利，不得损害所有权人的权益。"

2. 用益物权

《民法典》第三百二十三条规定："用益物权人对他人所有的不动产或者动产，依法享有占有、使用和收益的权利。"第三百二十六条规定："用益物权人行使权利，应当遵守法律有关保护和合理开发利用资源、保护生态环境的规定。所有权人不得干涉用益物权人行使权利。"

用益物权包括土地承包经营权、建设用地使用权、宅基地使用权、居住权和地役权。

[例 2-4] 某甲房地产开发公司拍得某市区河畔一块土地，准备以"观景"为理念设计并建造一所高层观景商品住宅楼。但该地交通不便，为了方便住宅楼业主出行，甲和该地块相邻的服装厂双方约定：服装厂允许甲在其厂区修建道路，并在 30 年内允许住宅楼居民通过厂区进出，作为补偿，甲每年向服装厂支付 20 万元。3 年后，服装厂将其土地使用权转让给乙公司，乙公司在该土地上动工修建大型厂房，毁坏通行道路并拒绝居民通行。甲公司得知后，便要求乙公司立即停止兴建。但遭到拒绝，于是甲向法院提起诉讼，请求法院判决乙公司恢复通行道路并同时要求服装厂承担违约责任。

解： 根据《民法典》第三百七十二条规定："地役权人有权按照合同约定，利用他人的不动产，以提高自己的不动产的效益。"第三百七十四条规定："地役权自地役权合同生效时设立。当事人要求登记的，可以向登记机构申请地役权登记；未经登记，不得对抗善意第三人。"

故该案例中，甲地产开发公司和服装厂就该地块设立了地役权，《民法典》第三百八十二条规定："需役地以及需役地上的土地承包经营权、建设用地使用权等部分转让时，转让部分涉及地役权的,受让人同时享有地役权"。第三百八十三条规定:"供役地以及供役地上的土地承包经营权、建设用地使用权等部分转让时,转让部分涉及地役权的,地役权对受让人具有法律约束力"。所以,该地役权对乙公司具备约束力,甲有权要求乙公司恢复通行道路并同时要求制衣厂承担违约责任。

3. 担保物权

《民法典》第三百八十六条规定:"担保物权人在债务人不履行到期债务或者发生当事人约定的实现担保物权的情形,依法享有就担保财产优先受偿的权利,但是法律另有规定的除外。"

担保物权包括抵押权、质权和留置权。

(二)物权的设立、变更、转让和消灭

1. 不动产的物权

不动产物权的设立、变更、转让和消灭,经依法登记,发生效力;未经登记,不发生效力,但是法律另有规定的除外。依法属于国家所有的自然资源,所有权可以不登记。不动产登记,由不动产所在地的登记机构办理。

不动产物权的设立、变更、转让和消灭,依照法律规定应当登记的,自记载于不动产登记簿时发生效力。

当事人之间订立有关设立、变更、转让和消灭不动产物权的合同,除法律另有规定或者当事人另有约定外,自合同成立时生效;未办理物权登记的,不影响合同效力。

[例2-5] 甲继承了一套房屋,在办理产权登记前以一纸协议将房屋出卖并交付给乙。甲办理产权登记后,又将该房屋出卖给丙并办理了所有权转移登记。

问:①甲与乙、甲与丙之间的房屋买卖合同是否有效?②此案如何处理?

解:①合同自合同成立时生效,未办理物权登记的,不影响合同效力。因此,甲与乙、甲与丙之间的房屋买卖合同均有效。

②甲和丙之间已办理了过户登记,物权已设立,因此丙取得该房屋的所有权。因甲与乙之间的房屋买卖合同有效,而甲无法向乙履行合同,故应承担违约责任。

2. 动产的物权

动产物权的设立和转让,自交付时发生效力,但是法律另有规定的除外。船舶、航空器和机动车等的物权的设立、变更、转让和消灭,未经登记,不得对抗善意第三人。

动产物权设立和转让前,权利人已经占有该动产的,物权自民事法律行为生效时发生效力。

动产物权设立和转让前,第三人占有该动产的,负有交付义务的人可以通过转让请求第三人返还原物的权利代替交付。

动产物权转让时,当事人又约定由出让人继续占有该动产的,物权自该约定生效时发生效力。

四、建设工程债权制度

《民法典》第一百一十八条规定:"民事主体依法享有债权。债权是因合同、侵权行为、无因管理、不当得利以及法律的其他规定,权利人请求特定义务人为或者不为一定行为的权利。"

(一) 合同之债

《民法典》第一百一十九条规定："依法成立的合同，对当事人具有法律约束力。"

合同是当事人之间关于设立、变更、终止民事权利义务关系的协议。合同依法成立后，就会在当事人之间产生权利义务关系，即债权债务关系。因合同而发生的债，称为合同之债。

建设工程领域产生债务债权关系最主要的依据就是合同。以施工合同为例，它会使建设单位和施工单位之间产生合同之债：相对于工程款而言，建设单位是债务人；相对于施工任务而言，施工单位是债务人。

(二) 侵权之债

《民法典》第一百二十条规定："民事权益受到侵害的，被侵权人有权请求侵权人承担侵权责任。"

侵权行为是侵害他人人身或财产权利的不法行为。因实施侵权行为给他人造成损害的，依法应当承担侵权的民事责任。侵权行为人的民事责任也是通过债的方式实现的。

《民法典》第一千二百五十二条规定："建筑物、构筑物或者其他设施倒塌、塌陷造成他人损害的，由建设单位与施工单位承担连带责任，但是建设单位与施工单位能够证明不存在质量缺陷的除外。建设单位、施工单位赔偿后，有其他责任人的，有权向其他责任人追偿。因所有人、管理人、使用人或者第三人的原因，建筑物、构筑物或者其他设施倒塌、塌陷造成他人损害的，由所有人、管理人、使用人或者第三人承担侵权责任。"第一千二百五十三条规定："建筑物、构筑物或者其他设施及其搁置物、悬挂物发生脱落、坠落造成他人损害，所有人、管理人或者使用人不能证明自己没有过错的，应当承担侵权责任。所有人、管理人或者使用人赔偿后，有其他责任人的，有权向其他责任人追偿。"

(三) 无因管理之债

《民法典》第一百二十一条规定："没有法定的或者约定的义务，为避免他人利益受损失而进行管理的人，有权请求受益人偿还由此支出的必要费用。"

无因管理之债不同于合同之债，它不是基于当事人双方的意愿产生的，而是由法律直接规定的。无因管理的当事人之间并不存在建立债权债务关系的行为目的，而是因无因管理的事实的出现而在当事人之间产生债权债务关系。无因管理之债的成立使为他人利益管理他人事务的管理人得以从受事务管理的本人那里得到补偿，而不致其因为他人的利益对他人事务的管理而受到损失。

(四) 不当得利之债

《民法典》第一百二十二条规定："因他人没有法律根据，取得不当利益，受损失的人有权请求其返还不当利益。"

不当得利不同于合同，它并不是双方意思表示一致的结果。不当得利之债也不是当事人双方主动追求的法律目的，而是法律基于不当得利的法律事实而直接赋予当事人的权利义务，并不以当事人的意志为转移。不当得利也不同于无因管理，它并不是当事人一方为维护他人的利益主动实施的合法行为，而是基于各种原因出现的一种不正常现象。

[例2-6] 施工单位误将本应支付给A供应商的材料款转账给B供应商，试分析：A供应商能否请求B供应商返还？

解：该案例中施工单位和 A 材料供应商之间产生了合同之债，A 有权要求施工单位按合同支付材料款。施工单位和 B 供应商之间因为误转款产生了不当得利之债，施工单位有权要求 B 退回货款。A 和 B 之间无债务债权关系，A 无权要求 B 返还货款。

小试牛刀

1. 某项目在施工过程中发生火灾，邻近的甲单位主动组织人员灭火，这一行为减少了施工单位的损失 8 万元，甲单位因此支付了 1 万多元的费用。下列说法中正确的是（　　）。
    A. 由于这是甲方的自发行为，没有得到施工单位的授权与委托，所以甲单位自行承担这 1 万元的损失
    B. 因甲单位的援救使施工单位减少了 8 万元的损失，所以施工单位应支付 8 万元给甲单位
    C. 甲单位有权要求施工单位支付 1 万元
    D. 甲单位必须获得施工单位的追认授权，才能要求施工单位支付 1 万元
2. 关于建设工程债的产生，下列说法正确的有（　　）。
    A. 建设工程债产生的根据有合同、侵权、无因管理和不当得利
    B. 明知无给付义务而进行债务清偿的，受损失的人可以请求得利人返还取得的利益
    C. 施工现场的施工噪声可能产生侵权之债
    D. 无因管理人因管理事务受到损失的，可以请求受益人给予适当补偿
    E. 建筑物、构筑物或者其他设施倒塌、坍塌造成他人损害的，由建设单位与施工企业承担按份责任

单元二　建设用地法律制度

土地是任何建筑物的基础，是土地上建筑物、构筑物的本质组成部分。如果对土地没有使用的权利，就无权在该土地上修建建筑物或构筑物。因此，土建工程的修建必须建立在已经取得相应的土地使用权的基础上。

一、中国土地制度概述

《中华人民共和国土地管理法》（以下简称《土地管理法》）第二条规定："中华人民共和国实行土地的社会主义公有制，即全民所有制和劳动群众集体所有制。全民所有，即国家所有土地的所有权由国务院代表国家行使。任何单位和个人不得侵占、买卖或者以其他形式非法转让土地。土地使用权可以依法转让。国家为了公共利益的需要，可以依法对土地实行征收或者征用并给予补偿。国家依法实行国有土地有偿使用制度。但是，国家在法律规定的范围内划拨国有土地使用权的除外。"

（一）土地的所有权和使用权

《土地管理法》第九条规定："城市市区的土地属于国家所有。农村和城市郊区的土地，

除由法律规定属于国家所有的以外,属于农民集体所有;宅基地和自留地、自留山,属于农民集体所有。"

农民集体所有和国家所有依法由农民集体使用的耕地、林地、草地,以及其他依法用于农业的土地,采取农村集体经济组织内部的家庭承包方式承包,不宜采取家庭承包方式的荒山、荒沟、荒丘、荒滩等,可以采取招标、拍卖、公开协商等方式承包,从事种植业、林业、畜牧业、渔业生产。家庭承包耕地的承包期为 30 年,草地的承包期为 30～50 年,林地的承包期为 30～70 年;耕地承包期届满后再延长 30 年,草地、林地承包期届满后依法相应延长。

(二)争议解决

土地所有权和使用权争议由当事人协商解决;协商不成的由人民政府处理。

单位之间的争议由县级以上人民政府处理;个人之间、个人与单位之间的争议由乡级人民政府或者县级以上人民政府处理。

当事人对有关人民政府的处理决定不服的,可以自接到处理决定通知之日起 30 日内,向人民法院起诉。

在土地所有权和使用权争议解决前,任何一方不得改变土地利用现状。

二、建设用地使用权

《民法典》第三百四十四条规定:"建设用地使用权人依法对国家所有的土地享有占有、使用和收益的权利,有权利用该土地建造建筑物、构筑物及其附属设施。"

建设用地使用权可以在土地的地表、地上或地下分别设立。设立建设用地使用权,应当符合节约资源、保护生态环境的要求,遵守法律、行政法规关于土地用途的规定,不得损害已经设立的用益物权。

(一)建设用地使用权的设立方式

《民法典》第三百四十七条规定:"设立建设用地使用权,可以采取出让或者划拨等方式。工业、商业、旅游、娱乐和商品住宅等经营性用地以及同一土地有两个以上意向用地者的,应当采取招标、拍卖等公开竞价的方式出让。"通过招标、拍卖、协议等出让方式设立建设用地使用权的,当事人应当采用书面形式订立建设用地使用权出让合同。

设立建设用地使用权的,应当向登记机构申请建设用地使用权登记。建设用地使用权自登记时设立。登记机构应当向建设用地使用权人发放权属证书。

(二)建设用地使用权的转让、互换、出资或赠与

《民法典》第三百五十三条规定:"建设用地使用权人有权将建设用地使用权转让、互换、出资、赠与或者抵押,但是法律另有规定的除外。"

建设用地使用权转让、互换、出资、赠与或者抵押的,当事人应当采用书面形式订立相应的合同。使用期限由当事人约定,但是不得超过建设用地使用权的剩余期限。

建设用地使用权转让、互换、出资或者赠与的,应当向登记机构申请变更登记。

土地上附着有建筑物、构筑物及其附属设施的,随着建设用地使用权的流转一并处分。同样,建筑物、构筑物及其附属设施转让、互换、出资或赠与的,该建筑物、构筑物及其附属设施占用范围内的建设用地使用权一并处分。

(三) 建设用地使用权期限

建设用地使用权出让合同中包括建设用地使用权期限。

建设用地使用权期限届满前，因公共利益需要提前收回该土地的，应当依据相关规定对该土地上的房屋及其他不动产给予补偿，并退还相应的出让金。

住宅建设用地使用权期限届满的，自动续期。续期费用的缴纳或减免，依照法律、行政法规的规定办理。

非住宅建设用地使用权期限届满后的续期，依照法律规定办理。该土地上的房屋以及其他不动产的归属，有约定的，按照约定；没有约定或者约定不明确的，依照法律、行政法规的规定办理。

建设用地使用权消灭的，出让人应当及时办理注销登记。登记机构应当收回权属证书。

小试牛刀

1. 建设用地使用权自（　　）时设立。
   A. 占用　　　B. 登记　　　C. 申请　　　D. 使用
2. 关于建设用地使用权的说法，下列正确的有（　　）。
   A. 建设用地使用权可以在土地的地表、地上或地下分别设立
   B. 建设用地使用权，可以采取出让或划拨等方式
   C. 建设用地使用权人应当合理利用土地，不得改变土地用途
   D. 建设用地使用权只能存在于国家所有的土地上
   E. 建设用地使用权消灭的，该土地使用权人应当及时办理注销登记

单元三　相关劳动法律制度

劳动关系是指劳动者与用人单位依法签订劳动合同而在劳动者与用人单位之间产生的法律关系。劳动者接受用人单位的管理，从事用人单位安排的工作，成为用人单位的成员，从用人单位处领取劳动报酬和受劳动保护。

由于存在劳动关系，劳动者和用人单位都要受劳动法律的规范与约束。

一、劳动合同制度

(一) 劳动合同的订立

《中华人民共和国劳动合同法》（以下简称《劳动合同法》）第七条规定："用人单位自用工之日起即与劳动者建立劳动关系。用人单位应当建立职工名册备查。"第十条规定："建立劳动关系，应当订立书面劳动合同。已建立劳动关系，未同时订立书面劳动合同的，应当自用工之日起一个月内订立书面劳动合同。用人单位与劳动者在用工前订立劳动合同的，劳动关系自用工之日起建立。"

劳动合同由用人单位与劳动者协商一致，并经用人单位与劳动者在劳动合同文本上签

字或盖章生效。劳动合同文本由用人单位和劳动者各执一份。

《中华人民共和国劳动法》(以下简称《劳动法》)第十八条规定:"下列劳动合同无效:违反法律、行政法规的劳动合同;采取欺诈、威胁等手段订立的劳动合同。无效的劳动合同,从订立的时候起,就没有法律约束力。确认劳动合同部分无效的,如果不影响其余部分的效力,其余部分仍然有效。劳动合同的无效,由劳动争议仲裁委员会或者人民法院确认。"

(二) 劳动合同的种类

劳动合同可分为固定期限劳动合同、无固定期限劳动合同和以完成一定工作任务为期限的劳动合同。

1. 固定期限劳动合同

《劳动合同法》第十三条规定:"固定期限劳动合同是指用人单位与劳动者约定合同终止时间的劳动合同。用人单位与劳动者协商一致,可以订立固定期限劳动合同。"

2. 无固定期限劳动合同

《劳动合同法》第十四条规定:"无固定期限劳动合同,是指用人单位与劳动者约定无确定终止时间的劳动合同。

用人单位与劳动者协商一致,可以订立无固定期限劳动合同。有下列情形之一,劳动者提出或同意续订、订立劳动合同的,除劳动者提出订立固定期限劳动合同外,应当订立无固定期限劳动合同:

(1) 劳动者在该用人单位连续工作满10年的;

(2) 用人单位初次实行劳动合同制度或者国有企业改制重新订立劳动合同时,劳动者在该用人单位连续工作满10年且距法定退休年龄不足10年的;

(3) 连续订立二次固定期限劳动合同,且劳动者没有《劳动合同法》第三十九条和第四十条第一项、第二项规定的情形,续订劳动合同的。

用人单位自用工之日起满一年不与劳动者订立书面劳动合同的,视为用人单位与劳动者已订立无固定期限劳动合同。"

3. 以完成一定工作任务为期限的劳动合同

《劳动合同法》第十五条规定:"以完成一定工作任务为期限的劳动合同,是指用人单位与劳动者约定以某项工作的完成为合同期限的劳动合同。用人单位与劳动者协商一致,可以订立以完成一定工作任务为期限的劳动合同。"

[例2-7] 劳动者4月5日上班报道,8月15日签订劳动合同。劳动关系自什么时候开始建立?劳动合同何时生效?劳动者能否要求单位在5月5日至8月15日期间支付双倍工资?

解:根据《劳动合同法》规定,劳动关系建立在4月5日,劳动合同于8月15日生效,劳动者可以要求单位在5月5日至8月15日期间支付双倍工资。

(三) 劳动合同的内容

《劳动合同法》第十七条规定:"劳动合同应当具备以下条款:

(1) 用人单位的名称、住所和法定代表人或者主要负责人;

(2) 劳动者的姓名、住址和居民身份证或者其他有效身份证件号码;

（3）劳动合同期限；

（4）工作内容和工作地点；

（5）工作时间和休息休假；

（6）劳动报酬；

（7）社会保险；

（8）劳动保护、劳动条件和职业危害防护；

（9）法律、法规规定应当纳入劳动合同的其他事项。

劳动合同除前款规定的必备条款外，用人单位与劳动者可以约定试用期、培训、保守秘密、补充保险和福利待遇等其他事项。"

（四）劳动合同的解除和终止

1. 协商解除劳动合同

用人单位与劳动者协商一致，可以解除劳动合同。

2. 劳动者提前通知解除劳动合同

劳动者提前 30 日以书面形式通知用人单位，可以解除劳动合同。劳动者在试用期内提前 3 日通知用人单位，可以解除劳动合同。

3. 劳动者单方解除劳动合同

《劳动合同法》第三十八条规定："用人单位有下列情形之一的，劳动者可以解除劳动合同：

（1）未按照劳动合同约定提供劳动保护或者劳动条件的；

（2）未及时足额支付劳动报酬的；

（3）未依法为劳动者缴纳社会保险费的；

（4）用人单位的规章制度违反法律、法规的规定，损害劳动者权益的；

（5）因本法第二十六条第一款规定的情形致使劳动合同无效的；

（6）法律、行政法规规定劳动者可以解除劳动合同的其他情形。

用人单位以暴力、威胁或者非法限制人身自由的手段强迫劳动者劳动的，或者用人单位违章指挥、强令冒险作业危及劳动者人身安全的，劳动者可以立即解除劳动合同，不需事先告知用人单位。"

4. 用人单位单方解除劳动合同

《劳动合同法》第三十九条规定："劳动者有下列情形之一的，用人单位可以解除劳动合同：

（1）在试用期间被证明不符合录用条件的；

（2）严重违反用人单位的规章制度的；

（3）严重失职，营私舞弊，给用人单位造成重大损害的；

（4）劳动者同时与其他用人单位建立劳动关系，对完成本单位的工作任务造成严重影响，或者经用人单位提出，拒不改正的；

（5）被依法追究刑事责任的。"

5. 无过失性辞退

《劳动合同法》第四十条规定："有下列情形之一的，用人单位提前 30 日以书面形式通知劳动者本人或者额外支付劳动者一个月工资后，可以解除劳动合同：

（1）劳动者患病或者非因工负伤，在规定的医疗期满后不能从事原工作，也不能从事由用人单位另行安排的工作的；

（2）劳动者不能胜任工作，经过培训或者调整工作岗位，仍不能胜任工作的；

（3）劳动合同订立时所依据的客观情况发生重大变化，致使劳动合同无法履行，经用人单位与劳动者协商，未能就变更劳动合同内容达成协议的。"

6. 用人单位不得解除劳动合同的情形

《劳动合同法》第四十二条规定："劳动者有下列情形之一的，用人单位不得依照本法第四十条、第四十一条的规定解除劳动合同：

（1）从事接触职业病危害作业的劳动者未进行离岗前职业健康检查，或者疑似职业病病人在诊断或者医学观察期间的；

（2）在本单位患职业病或者因工负伤并被确认丧失或者部分丧失劳动能力的；

（3）患病或者非因工负伤，在规定的医疗期内的；

（4）女职工在孕期、产期、哺乳期的；

（5）在本单位连续工作满 15 年，且距法定退休年龄不足 5 年的；

（6）法律、行政法规规定的其他情形。"

二、劳动保护的规定

（一）工作时间和休息休假

国家实行劳动者每日工作时间不超过八小时、平均每周工作时间不超过四十四小时的工时制度。用人单位应当保证劳动者每周至少休息一日，用人单位由于生产经营需要，经与工会和劳动者协商后可以延长工作时间，一般每日不得超过一小时；因特殊原因需要延长工作时间的，在保障劳动者身体健康的条件下延长工作时间每日不得超过 3 小时，但是每月不得超过 36 小时。抢修抢险不受加班时长限制。

[例 2-8] 王某于 2022 年 6 月入职某施工单位，双方订立的劳动合同约定试用期为 3 个月，试用期月工资为 8 000 元，工作时间执行该施工单位规章制度相关规定，工作时间为早 9 时至晚 9 时，每周工作 6 天。2 个月后，王某以工作时间严重超过法律规定上限为由拒绝超时加班安排，该施工单位即以王某在试用期间被证明不符合录用条件为由与其解除劳动合同。王某向劳动人事争议仲裁委员会（简称仲裁委员会）申请仲裁。王某拒绝违法超时加班安排，该施工单位能否与其解除劳动合同？

解： 在本案例中，该施工单位规章制度中"工作时间为早 9 时至晚 9 时，每周工作 6 天"的内容，严重违反法律关于延长工作时间上限的规定，应认定为无效。王某拒绝违法超时加班安排，是维护自己合法权益，不能据此认定其在试用期间被证明不符合录用条件。故仲裁委员会依法裁决该施工单位支付王某违法解除劳动合同赔偿金。

（二）加班报酬

安排劳动者延长工作时间的，支付不低于工资的 150% 的工资报酬；休息日安排劳动者工作又不能安排补休的，支付不低于工资 200% 的工资报酬；法定休假日安排劳动者工作的，支付不低于工资 300% 的工资报酬。

（三）劳动安全卫生

用人单位必须建立、健全劳动安全卫生制度，严格执行国家劳动安全卫生规程和标准，对劳动者进行劳动安全卫生教育，防止劳动过程中的事故，减少职业危害。

从事特种作业的劳动者必须经过专门培训并取得特种作业资格。劳动者在劳动过程中必须严格遵守安全操作规程。劳动者对用人单位管理人员违章指挥、强令冒险作业，有权拒绝执行；对危害生命安全和身体健康的行为，有权提出批评、检举和控告。

（四）女职工和未成年工特殊保护

1. 女职工特殊保护

禁止安排女职工从事矿山井下、国家规定的第四级体力劳动强度的劳动和其他禁忌从事的劳动。

不得安排女职工在经期从事高处、低温、冷水作业和国家规定的第三级体力劳动强度的劳动。

不得安排女职工在怀孕期间从事国家规定的第三级体力劳动强度的劳动和孕期禁忌从事的活动。对怀孕7个月以上的女职工，不得安排其延长工作时间和夜班劳动。

女职工生育享受不少于90天的产假。

不得安排女职工在哺乳未满一周岁的婴儿期间从事国家规定的第三级体力劳动强度的劳动和哺乳期禁忌从事的其他劳动，不得安排其延长工作时间和夜班劳动。

2. 未成年工特殊保护

未成年工是指年满16周岁未满18周岁的劳动者。

不得安排未成年工从事矿山井下、有毒有害、国家规定的第四级体力劳动强度的劳动和其他禁忌从事的劳动。

用人单位应当对未成年工定期进行健康检查。

（五）社会保险和福利

国家发展社会保险事业，建立社会保险制度，设立社会保险基金，使劳动者在年老、患病、工伤、失业、生育等情况下获得帮助和补偿。社会保险水平应当与社会经济发展水平和社会承受能力相适应。社会保险基金按照保险类型确定资金来源，逐步实行社会统筹。用人单位和劳动者必须依法参加社会保险，缴纳社会保险费。

三、劳动争议的解决

用人单位与劳动者发生劳动争议，当事人可以依法申请调解、仲裁、提起诉讼，也可以协商解决。调解原则适用于仲裁和诉讼程序。

《劳动法》第七十九条规定："劳动争议发生后，当事人可以向本单位劳动争议调解委员会申请调解；调解不成，当事人一方要求仲裁的，可以向劳动争议仲裁委员会申请仲裁。当事人一方也可以直接向劳动争议仲裁委员会申请仲裁。对仲裁裁决不服的，可以向人民法院提起诉讼。"第八十一条规定："劳动争议仲裁委员会由劳动行政部门代表、同级工会代表、用人单位方面的代表组成。劳动争议仲裁委员会主任由劳动行政部门代表担任。"

提出仲裁要求的一方应当自劳动争议发生之日起 60 日内向劳动争议仲裁委员会提出书面申请。仲裁裁决一般应在收到仲裁申请的 60 日内作出。对仲裁裁决无异议的，当事人必须履行。

劳动争议当事人对仲裁裁决不服的，可以自收到仲裁裁决书之日起 15 日内向人民法院提起诉讼。一方当事人在法定期限内不起诉又不履行仲裁裁决的，另一方当事人可以申请人民法院强制执行。

小试牛刀

1. 下列情形中，用人单位可以解除劳动合同的有（　　）。
   A. 在本单位患职业病或者因工负伤并被确认丧失或者部分丧失劳动能力的
   B. 患者或者非因工负伤，在规定的医疗期内的
   C. 劳动者被依法追究刑事责任的
   D. 女职工在孕期、产期、哺乳期的
2. 根据《劳动合同法》，劳动合同无效或部分无效的情形有（　　）。
   A. 劳动者死亡，或者被人民法院宣告死亡或者失踪的
   B. 用人单位被吊销营业执照、责令关闭、撤销的
   C. 以欺诈、胁迫的手段，使对方在违背真实意思的情况下订立劳动合同的
   D. 劳动者被依法追究刑事责任的

单元四　建筑节能与环境保护法律制度

环境保护坚持保护优先、预防为主、综合治理、公众参与、损害担责的原则。建筑施工企业应当遵守有关环境保护和安全生产法律、法规的规定，采取控制和处理施工现场的各种粉尘、废气、废水、固体废物，以及噪声、振动对环境的污染和危害的措施。

一、建设工程环境保护相关制度

（一）噪声污染防治的相关规定

《中华人民共和国噪声污染防治法》（以下简称《噪声污染防治法》）中明确指出：建筑施工噪声，是指在建筑施工过程中产生的干扰周围生活环境的声音。

《噪声污染防治法》第四十条规定："建设单位应当按照规定将噪声污染防治费用列入工程造价，在施工合同中明确施工单位的噪声污染防治责任。施工单位应当按照规定制定噪声污染防治实施方案，采取有效措施，减少振动、降低噪声。建设单位应当监督施工单位落实噪声污染防治实施方案。"

1. 施工场界噪声排放标准

《建筑施工场界环境噪声排放标准》（GB 12523—2011）规定：昼间施工场界噪声排放不得超过 70 分贝，夜间施工场界噪声排放不得超过 55 分贝。夜间噪声最大声级超过限值

的幅度不得高于 15 分贝。当场界距离噪声敏感建筑物较近，其室外不满足测量条件时，可在噪声敏感建筑物室内测量，并将相应的限值减 10 分贝作为评价依据。

根据《噪声污染防治法》，"昼间"是指 6：00 至 22：00 之间的时段；"夜间"是指 22：00 至次日 6：00 之间的时段。

2. 噪声敏感建筑物集中区域的噪声防治

噪声敏感建筑物是指医院、学校、机关、科研单位、住宅等需要安静环境的建筑物。

《噪声污染防治法》第二十六条规定："建设噪声敏感建筑物，应当符合民用建筑隔声设计相关标准要求，不符合标准要求的，不得通过验收、交付使用；在交通干线两侧、工业企业周边等地方建设噪声敏感建筑物，还应当按照规定间隔一定距离，并采取减少振动、降低噪声的措施。"

《噪声污染防治法》第四十三条规定："在噪声敏感建筑物集中区域，禁止夜间进行产生噪声的建筑施工作业，但抢修、抢险施工作业，因生产工艺要求或者其他特殊需要必须连续施工作业的除外。

因特殊需要必须连续施工作业的，应当取得地方人民政府住房和城乡建设、生态环境主管部门或者地方人民政府指定的部门的证明，并在施工现场显著位置公示或者以其他方式公告附近居民。"

（二）扬尘污染防治

《中华人民共和国大气污染防治法》第六十九条规定："建设单位应当将防治扬尘污染的费用列入工程造价，并在施工承包合同中明确施工单位扬尘污染防治责任。施工单位应当制定具体的施工扬尘污染防治实施方案。从事房屋建筑、市政基础设施建设、河道整治以及建筑物拆除等施工单位，应当向负责监督管理扬尘污染防治的主管部门备案。施工单位应当在施工工地设置硬质围挡，并采取覆盖、分段作业、择时施工、洒水抑尘、冲洗地面和车辆等有效防尘降尘措施。建筑土方、工程渣土、建筑垃圾应当及时清运；在场地内堆存，应当采用密闭式防尘网遮盖。工程渣土、建筑垃圾应当进行资源化处理。施工单位应当在施工工地公示扬尘污染防治措施、负责人、扬尘监督管理主管部门等信息。暂时不能开工的建设用地，建设单位应当对裸露地面进行覆盖；超过 3 个月的，应当进行绿化、铺装或者遮盖。"

（三）固体废弃物污染防治

县级以上地方人民政府环境卫生主管部门负责建筑垃圾污染环境防治工作，建立建筑垃圾分类处理制度和建筑垃圾全过程管理制度，规范建筑垃圾产生、收集、贮存、运输、利用、处置行为，推进综合利用，加强建筑垃圾处置设施、场所建设，保障处置安全，防止污染环境。

《中华人民共和国固体废物污染环境防治法》第六十三条规定："工程施工单位应当编制建筑垃圾处理方案，采取污染防治措施，并报县级以上地方人民政府环境卫生主管部门备案。工程施工单位应当及时清运工程施工过程中产生的建筑垃圾等固体废物，并按照环境卫生主管部门的规定进行利用或者处置，不得擅自倾倒、抛撒或者堆放工程施工过程中产生的建筑垃圾。"

二、建设工程节能减排相关制度

《民用建筑节能条例》指出：国家鼓励和扶持在新建建筑和既有建筑节能改造中采用太阳能、地热能等可再生能源。

（一）新建建筑节能

《民用建筑节能条例》第十一条规定："国家推广使用民用建筑节能的新技术、新工艺、新材料和新设备，限制使用或者禁止使用能源消耗高的技术、工艺、材料和设备。国务院节能工作主管部门、建设主管部门应当制定、公布并及时更新推广使用、限制使用、禁止使用目录。"

城乡规划主管部门依法对民用建筑进行规划审查，对不符合民用建筑节能强制性标准的，不得颁发建设工程规划许可证。施工图设计文件审查机构应当按照民用建筑节能强制性标准对施工图设计文件进行审查；经审查不符合民用建筑节能强制性标准的，县级以上地方人民政府建设主管部门不得颁发施工许可证。

1. 建设单位的节能责任

建设单位不得明示或暗示设计单位、施工单位违反民用建筑节能强制性标准进行设计、施工，不得明示或暗示施工单位使用不符合施工图设计文件要求的墙体材料、保温材料、门窗、采暖制冷系统和照明设备。按照合同约定由建设单位采购墙体材料、保温材料、门窗、采暖制冷系统和照明设备的，建设单位应当保证其符合施工图设计文件要求。

建设单位组织竣工验收，应当对民用建筑是否符合民用建筑节能强制性标准进行查验；对不符合民用建筑节能强制性标准的，不得出具竣工验收合格报告。

2. 施工单位的节能责任

施工单位应当对进入施工现场的墙体材料、保温材料、门窗、采暖制冷系统和照明设备进行查验；不符合施工图设计文件要求的，不得使用。

3. 监理单位的节能责任

工程监理单位发现施工单位不按照民用建筑节能强制性标准施工的，应当要求施工单位改正；施工单位拒不改正的，工程监理单位应当及时报告建设单位，并向有关主管部门报告。

墙体、屋面的保温工程施工时，监理工程师应当按照工程监理规范的要求，采取旁站、巡视和平行检验等形式实施监理。

未经监理工程师签字，墙体材料、保温材料、门窗、采暖制冷系统和照明设备不得在建筑上使用或安装，施工单位不得进行下一道工序的施工。

（二）既有建筑节能

既有建筑节能改造应当根据当地经济、社会发展水平和地理气候条件等实际情况，有计划、分步骤地实施分类改造。县级以上地方人民政府建设主管部门应当对本行政区域内既有建筑的建设年代、结构形式、用能系统、能源消耗指标、寿命周期等组织调查统计和分析，制订既有建筑节能改造计划，明确节能改造的目标、范围和要求，报本级人民政府批准后组织实施。

实施既有建筑节能改造，应当符合民用建筑节能强制性标准，优先采用遮阳、改善通风等低成本改造措施。既有建筑围护结构的改造和供热系统的改造，应当同步进行。

(三) 建筑用能系统运行节能

建筑所有权人或使用权人应当保证建筑用能系统的正常运行，不得人为损坏建筑围护结构和用能系统。县级以上地方人民政府建设主管部门应当对本行政区域内供热单位的能源消耗情况进行调查统计和分析，并制定供热单位能源消耗指标；对超过能源消耗指标的，应当要求供热单位制定相应的改进措施，并监督实施。

小试牛刀

1. 在城市市区噪声敏感建筑物集中区域内，禁止夜间进行产生环境噪声污染的建筑施工作业，但（　　）除外。
   A. 经监理单位同意的　　　　　B. 经居委会同意的
   C. 抢险作业　　　　　　　　　D. 抢工期作业
2. 关于施工现场大气污染防治的说法，下列正确的有（　　）。
   A. 小型工程的工程造价可以不列支防治扬尘污染的费用
   B. 暂时不能开工的施工工地，施工企业应当对裸露地面进行覆盖
   C. 施工合同可以不明确施工企业扬尘污染防治责任
   D. 工程渣土可以不进行资源化处理

实例分析

物权登记是否影响合同效力？

基本案情

A公司与江安市土地管理局订立《国有建设用地使用权出让合同》，约定A公司在取得土地使用证后3个月内进行土地交接，将土地交给A使用。A公司随即对土地进行了场地平整等工作，并支付相关费用65万元。之后，江安市土地管理局以改变土地规划为由，要求A公司退回土地使用权。此时，尚未完成土地使用权登记。江安市土地管理局认为，由于尚未进行土地使用权登记，合同还没有生效。A公司则向法院提起诉讼，要求继续履行合同，办理建设用地使用权登记手续。

合同是否生效？

双方签订的《国有建设用地使用权出让合同》已经生效，《民法典》第五百零二条第1款规定：依法成立的合同，自成立时生效，但是法律另有规定或者当事人另有约定的除外。也就是说，合同的生效，原则上与合同的成立是一致的，合同成立就产生效力。

物权是否设立？

A公司的建设用地使用权尚未设立。《民法典》第三百四十九条规定："设立建设用地使用权的，应当向登记机构申请建设用地使用权登记，建设用地使用权自登记时设立。登记机构应当向建设用地使用权人发放权属证书。"由于双方尚未完成土地使用权登记，因此A公司的建设用地使用权尚未设立。

如何解决？

如果土地规划确实改变，江安市土地管理局可以要求A公司按照新的规划要求使用土地。如果A公司不能按照新规划要求使用土地，有权要求解除合同，江安市土地管理局应当赔偿A公司的损失。如果A公司可以按照新规划要求使用土地，则有权要求继续履行合同，江安市土地管理局应当为其办理建设用地使用权登记手续。

你知道了吗？

1. A误将要偿付给B的材料款转给了C，该怎么办？

答：B可以依据合同之债要求A偿付材料款，A可以依据不当得利之债要求C退还材料款。

法律依据：《民法典》第九百八十五条规定："得利人没有法律根据取得不当利益的，受损失的人可以请求得利人返还取得的利益。"

2. 某住宅小区的建设用地使用权即将到期，该怎么办？

答：住宅建设用地使用权到期可以根据当时的地价水平补缴土地出让金自动续期，再次申请土地使用权。

法律依据：《中华人民共和国城镇国有土地使用权出让和转让暂行条例》第十二条规定："土地使用权出让最高年限按下列用途确定：居住用地70年；工业用地50年；教育、科技、文化、卫生、体育用地50年；商业、旅游、娱乐用地40年；综合或者其他用地50年。"

《民法典》第三百五十九条规定："住宅建设用地使用权限期间届满的，自动续期。非住宅建设用地使用权期间届满后的续期，依照法律规定办理。该土地上的房屋及其他不动产的归属，有约定的，按照约定；没有约定或者约定不明确的，依照法律、行政法规的规定办理。"

考场练兵

一、单项选择题

1. 关于法人应当具备条件的说法，正确的是（　　）。
   A. 须经有关机关批准　　　　　　　B. 有技术负责人
   C. 承担有限民事责任　　　　　　　D. 应当有自己的名称和组织机构

2. 关于项目经理部的说法，下列正确的是（　　）。
   A. 项目经理部是施工企业的常设下属机构
   B. 施工项目不论规模大小，均应当设立项目经理部
   C. 项目经理部可以独立承担民事责任
   D. 施工企业应当明确项目经理部的职责

3. 关于表见代理的说法，下列正确的是（　　）。
   A. 表见代理属于无权代理，对本人不发生法律效力
   B. 表见代理中，由行为人和本人承担连带责任

C. 表见代理对本人产生有权代理的效力
D. 第三人明知行为人无代理权仍与之实施民事法律行为,属于表见代理

4. 关于不动产物权的说法,下列正确的是(　　)。
   A. 依法属于国家所有的自然资源,所有权可以不登记
   B. 不动产物权的转让未经登记不得对抗善意第三人
   C. 不动产物权的转让在合同成立时发生效力
   D. 未办理物权登记的,不动产物权转让合同无效

5. 关于债的说法,下列正确的是(　　)。
   A. 债的内容是债的主体之间的权利义务
   B. 债权人是特定的,债务人是不特定的
   C. 债权是权利人请求义务人为一定行为的权利
   D. 债的客体具有相对性

6. 关于建设工程债的说法,下列正确的是(　　)。
   A. 施工合同债是发生在建设单位和施工企业之间的债
   B. 在材料设备买卖合同中,材料设备的买方只能是施工企业
   C. 在施工合同中,对于完成施工任务,施工企业是债权人,建设单位是债务人
   D. 在施工合同中,对于支付工程款,建设单位是债权人,施工企业是债务人

7. 施工单位没有按照劳动合同约定支付劳动者报酬,则劳动者(　　)。
   A. 可以解除合同,但是应该提前30天通知用人单位
   B. 可以不告知施工单位而立即解除合同
   C. 可以随时通知施工单位解除合同
   D. 需要与施工单位协商后才可解除合同

8. 用人单位如果变更名称、法定代表人、主要负责人或者投资人等事项,则下列说法正确的是(　　)。
   A. 不影响劳动合同的履行　　　　B. 劳动合同无效
   C. 劳动合同可变更　　　　　　　D. 劳动合同效力待定

9. 关于女职工特殊劳动保护的规定,下列说法正确的是(　　)。
   A. 不得安排女职工从事国家规定的第三级体力劳动强度的劳动
   B. 禁止安排未育女职工从事有毒有害的劳动
   C. 用人单位应当对女职工定期进行健康检查
   D. 安排怀孕6个月的女工李某从事夜班工作

10. 某建筑工程拟进行主体结构混凝土浇筑施工,为保证作业连续性要求,施工单位需要夜间施工,应符合的要求是(　　)。
    A. 夜间21：00施工噪声不超过55分贝
    B. 作业时间不得超过夜间22点
    C. 应取得夜间施工许可证
    D. 不得使用国家明令淘汰的噪声污染严重的施工设备

二、多项选择题
1. 关于法人的分类的说法,下列正确的有(　　)。

A. 法人分为营利法人和非营利法人
B. 有独立经费的机关属于非营利法人
C. 营业执照签发日期为营利法人的成立日期
D. 提供公益服务设立的事业单位，从成立之日，具有事业单位法人资格
E. 有独立经费的机关从成立之日起，具有机关法人资格

2. 建设用地使用权人将建设用地使用权转让、互换、出资、赠与或者抵押，应当符合的规定有（　　）。
A. 应当向登记机构申请变更登记
B. 当事人应当采取书面形式订立相应的合同
C. 当事人可以采取书面或口头形式订立相应的合同
D. 附着于该土地上的建筑物、构筑物及其附属设施分开处分
E. 使用期限由当事人约定，但不得超过建设用地使用权的剩余期限

3. 甲施工企业误将应当支付给乙材料供应商的货款支付给丙材料供应商，关于甲、乙和丙之间债的发生根据及其处理的说法，下列正确的有（　　）。
A. 丙应当将货款返还给乙
B. 甲向乙支付货款属于合同之债
C. 丙获得货款后属于无因管理之债
D. 乙和丙之间没有债权和债务关系
E. 丙获得货款构成不当得利之债

4. 在劳动合同履行过程中，劳动者不需事先告知用人单位，可以立即与用人单位解除劳动合同的情形有（　　）。
A. 在试用期内
B. 用人单位濒临破产
C. 用人单位未依法缴纳社会保险费
D. 用人单位违章指挥、强令冒险作业危及劳动者人身安全
E. 用人单位以暴力、威胁手段强迫劳动者劳动

5. 根据《劳动合同法》，用人单位可以随时解除劳动合同的情形有（　　）。
A. 劳动者被依法追究刑事责任
B. 劳动者严重违反用人单位规章制度
C. 被起诉有大量欠债
D. 经常生病不能从事岗位工作
E. 劳动者在试用期内被证明不符合录用条件

6. 在城市市区噪声敏感建筑物集中区域内，未取得有关部门的证明即可夜间进行产生环境噪声污染的建筑施工作业有（　　）。
A. 抢修作业
B. 保密工程作业
C. 抢险作业
D. 生产工艺上要求必须连续进行的作业
E. 产生环境噪声污染较轻的作业

三、案例分析

自2022年2月22日起，A市共收到市长热线办（12345）转办"某中学噪声扰民"工单8个，经核实该工地2022年3月11日、3月14日谎称需连续浇筑大面积混凝土，以欺诈的手段骗取了夜间施工许可，实际是进行夜间土方开挖、转运施工。2022年4月14日

23时37分，A市生态环境局执法人员对该工地进行了夜间突击检查，发现其正在进行土方开挖、转运施工。该项目位于A市某中学内，项目周边是居民聚居区。施工过程中挖掘机、运土车辆产生明显噪声，因钢制车辆冲洗平台固定不牢固，运土车在通过时产生的噪声较大。

问题：本案例中施工单位有何违法行为？该如何查处？

学习笔记

重难点归纳

模块三

建设工程许可法律制度

知识目标

1. 掌握建设工程施工许可证制度。
2. 掌握建设工程相关单位从业资质管理制度。
3. 掌握建设工程专业技术人员职业资格管理制度。

能力目标

1. 能够独立判断是否需要申请施工许可证。
2. 能够独立进行施工许可证的延期申请及停复工报告。
3. 能够独立申请从业单位的资质。

素养目标

1. 培养严谨、条理、求真、务实的工作能力。
2. 具备分析、集成和创新的能力及较强的工作责任心。
3. 增强互助互利和团队协作精神。
4. 作为建筑行业从业者,应树立守法意识,培养正确的职业素养,做到诚信、敬业。

案例引入

地处 A 市中心的 3 栋地标楼,建成后却不能使用。原因是这些楼按工程规划应建成沿街 6 层局部 7 层,最终却建成了 3 栋 32 层的点式高层。大楼不断"长高""长胖"带来的严重后果是地面沉降缝宽达 10 cm。

滴水可以穿石,质量面前无小事,面对这样的高楼大厦谁也笑不出来。按照我国相关法律规定,建筑物修建之前有规划、施工中有检查、售楼时有审查,这可以控制建筑产品建设违规,可这个"虚胖"的"危楼"为什么就建成了呢?

让我们跟着这 3 栋楼的建设程序看一看监管是如何失控的。没有施工许可证,却允许开工建设;施工中用的是另一套 25 层高楼的未经审批的图纸;规划局和城管局曾联合下达停工通知书,可施工并未停止;开发商私自将楼盘向东扩出 2 米,A 市规划局却做出了不影响城市规划的结论;交了 25 万元罚款,2 000 多平方米的违法建筑就变成了合法建筑。

根据《建筑法》和《建筑工程施工许可办法》规定:"我国建设单位开工前应该向工程所在地县级以上人民政府住房城乡建设主管部门申请施工许可证。"

最终 A 市检察院查处并提起公诉的 A 市规划局建设规划处处长张某滥用职权案,以及 A 市规划局建设规划处副处长陈某玩忽职守案,经该区法院审理,均作出有罪判决。

课前思考

1. 为什么要实行施工许可制度?
2. 什么工程可以豁免施工许可?为什么?
3. 建造农村住宅,施工人员是否需要资质?

拓展阅读:建筑工程施工许可管理办法

单元一 建设工程施工许可制度

建设工程施工许可制度关系着公民生命财产和国家财产安全,国家的从严管理、事前管控,对规范建筑市场,保证建筑工程质量和建筑安全生产,维护社会经济秩序具有非常重要的意义。

《建筑法》第七条明确规定:"建筑工程开工前,建设单位应当按照国家有关规定向工程所在地县级以上人民政府住房城乡建设主管部门申请领取施工许可证;但是,国务院住房城乡建设主管部门确定的限额以下的小型工程除外。按照国务院规定的权限和程序批准开工报告的建筑工程,不再领取施工许可证。"

一、施工许可证和开工报告的适用范围

根据《建筑法》的规定,我国目前对建设工程开工的审批存在办理"施工许可证"和批准"开工报告"两种形式。

(一)施工许可证的适用范围

1. 施工许可证的相关规定

2021 年住房和城乡建设部修改后发布的《建筑工程施工许可管理办法》第二条规定:"在中华人民共和国境内从事各类房屋建筑及其附属设施的建造、装修装饰和与其配套的线路、管道、设备的安装,以及城镇市政基础设施工程的施工,建设单位在开工前应当依照本办法的规定,向工程所在地的县级以上地方人民政府住房城乡建设主管部门(以下简称发证机关)申请领取施工许可证。"

2. 不需要办理施工许可证的建设项目

(1)国务院住房城乡建设主管部门确定的限额以下的小型工程。《建筑法》规定,国务院住房城乡建设主管部门确定的限额以下的小型工程,无须申领施工许可证。

《建筑工程施工许可管理办法》中进一步规定:"工程投资额在 30 万元以下或者建筑面

积在 300 平方米以下的建筑工程，可以不申请办理施工许可证。"

省、自治区、直辖市人民政府住房城乡建设主管部门可以根据当地的实际情况，对限额进行调整，并报国务院住房城乡建设主管部门备案。

（2）抢险救灾、临时性建筑等工程。《建筑法》规定，抢险救灾工程及其他临时性房屋建筑、农民自建低层住宅的建筑活动，不适用本法。鉴于这类建筑的特殊性，建设开工之前可不申请办理施工许可证。

（3）按照国务院规定的权限和程序批准开工报告的建筑工程。开工报告是有别于施工许可证的另一种建设工程施工许可制度，实行开工报告批准制度的建设工程，必须符合国务院相关规定。目前实行的开工许可双轨制，建设单位按照要求办理施工许可证或开工报告即可，无须重复办理。

（4）其他特殊性质的工程。军事房屋建筑工程施工许可的管理，按国务院、中央军事委员会制定的办法执行。

依法核定作为文物保护的纪念建筑物和古建筑等的修缮，依照文物保护的有关法律规定执行。

无论是军事工程还是文物保护工程都具有其不同于一般建筑产品的特殊性。军事工程建设活动的具体管理办法应由国务院和中央军委制定。文物保护工程建设活动应按照文物保护相关法律进行管理。

（二）开工报告的适用范围

开工报告制度是我国沿用已久的一种建设工程开工管理制度，开工报告审查的内容主要包括：

（1）资金到位情况；

（2）投资项目市场预测；

（3）设计图纸是否满足施工要求；

（4）现场条件是否具备"三通一平"等的要求。

需要说明的是，国务院规定的开工报告制度，不同于建设监理中的开工报告工作。根据《建设工程监理规范》（GB/T 50319—2013）的规定，承包商即施工单位在工程开工前应按合同约定向监理工程师提交开工报告，经总监理工程师审定通过后，即可开工。虽然在字面上都是"开工报告"，但两者之间有诸多不同：

（1）性质不同：前者是政府主管部门的一种行政许可制度；后者则是建设监理过程中的监理单位对施工单位开工准备工作的认可；

（2）主体不同：前者是建设单位向政府主管部门申报；后者则是施工单位向监理单位提出；

（3）内容不同：前者主要是建设单位应具备的开工条件；后者则是施工单位应具备的开工条件。

二、建设许可申请主体和法定批准条件

（一）建设许可申请主体

按照国务院规定的权限和程序批准开工报告的建筑工程，不再领取施工许可证。

《建筑法》规定，"未取得施工许可证或者开工报告未经批准，擅自施工的，责令改正，对不符合开工条件的责令停止施工，可以处以罚款。"《建设工程质量管理条例》规定，"建设单位未取得施工许可证或者开工报告未经批准，擅自施工的，责令停止施工，限期改正，处工程合同价款1%以上2%以下的罚款。"施工许可证的申领见表3-1。

表3-1 施工许可证的申领

项目	内容
时间	建筑工程开工前
申请单位	建设单位
核发单位	工程所在地县级以上人民政府住房城乡建设主管部门

（二）施工许可证法定批准条件

《建筑法》第八条规定：申请领取施工许可证，应当具备下列条件：

(1) 已经办理该建筑工程用地批准手续；
(2) 依法应当办理建筑工程规划许可证的，已经取得建筑工程规划许可证；
(3) 需要拆迁的，其拆迁进度符合施工要求；
(4) 已经确定建筑施工企业；
(5) 有满足施工需要的施工图纸及技术资料；
(6) 有保证工程质量和安全的具体措施。

建设行政主管部门应当自收到申请之日起七日内，对符合条件的申请颁发施工许可证。具体要求如下。

1. 已经办理该建筑工程用地批准手续

《中华人民共和国土地管理法实施条例》第二十一条规定："抢险救灾、疫情防控等急需使用土地的，可以先行使用土地。其中，属于临时用地的，用后应当恢复原状并交还原土地使用者使用，不再办理用地审批手续；属于永久性建设用地的，建设单位应当在不晚于应急处置工作结束6个月内申请补办建设用地审批手续。"

2. 依法应当办理建设工程规划许可证的，已经取得建设工程规划许可证

《城乡规划法》第四十条规定："在城市、镇划区内进行建筑物、构筑物、道路、管线和其他工程建设的，建设单位或者个人应当向市、县人民政府城乡规划主管部门或者省、自治区、直辖市人民政府确定的镇人民政府申请办理建设工程规划许可证。申请办理建设工程规划许可证，应当提交使用土地的有关证明文件、建设工程设计方案等材料……"

《城乡规划法》第四十一条规定："在乡、村庄规划区内进行乡镇企业、乡村公共设施和公益事业建设的，建设单位或者个人应当向乡、镇人民政府提出申请，由乡、镇人民政府报城市、县人民政府城乡规划主管部门核发乡村建设规划许可证。"

3. 需要拆迁的，其拆迁进度符合施工要求

《民法典》第二百四十三条规定："为了公共利益的需要，依照法律规定的权限和程序可以征收集体所有的土地和组织、个人的房屋以及其他不动产。"征收和拆迁进度应满足建设施工的进度需求。

对实行监理的工程，由监理单位填写场地已具备施工条件的证明，并加盖公章确认。

4. 已经确定建筑施工企业

建筑施工企业是具体负责实施建筑施工作业的单位，其人员素质、管理水平、资金数量、技术装备和施工业绩等都直接影响到其施工工程的进度、质量与安全。

在工程开工前，建设单位必须已依法通过招标发包或直接发包的方式确定具备同该工程建设规模和技术要求等相适应的资质条件的建筑施工企业。

5. 有满足施工需要的资金安排、施工图纸及技术资料

施工图纸和技术资料是进行工程施工作业的技术依据，也是在施工过程中保证建筑工程质量的重要因素。因此，为了保证工程质量，在开工前必须有满足施工需要的施工图纸和技术资料。

6. 有保证工程质量和安全的具体措施

建筑工程的质量状况直接关系到人身和财产安全，是至关重要的大问题，在工程施工作业中必须将保证工程质量放在首位。工程质量监督手续可以施工许可证或开工报告合并办理。

（三）施工许可证的颁发

发证机关应当自收到申请之日起 7 日内，对符合条件的建设单位颁发施工许可证。对于证明文件不全或失效的，应当当场或 5 日内一次告知建设单位需要补正的全部内容。对于不符合发证条件的，应当自收到申请之日起 7 日内书面通知建设单位，并说明理由。

三、施工许可证的管理

《建筑法》第九条规定："建设单位应当自领取施工许可证之日起 3 个月内开工。因故不能按期开工的，应当向发证机关申请延期；延期以两次为限，每次不超过 3 个月。既不开工又不申请延期或者超过延期时限的，施工许可证自行废止。"

《建筑法》第十条规定："在建的建筑工程因故中止施工的，建设单位应当自中止施工之日起一个月内，向发证机关报告，并按照规定做好建筑工程的维护管理工作。建筑工程恢复施工时，应当向发证机关报告；中止施工满一年的工程恢复施工前，建设单位应当报发证机关核验施工许可证。"

《建筑法》第十一条规定："按照国务院有关规定批准开工报告的建筑工程，因故不能按期开工或者中止施工的，应当及时向批准机关报告情况。因故不能按期开工超过六个月的，应当重新办理开工报告的批准手续。"

［例 3-1］2022 年 1 月 15 日，某建设单位为其工程领取了施工许可证，因未能按期开工，建设单位于 2022 年 3 月 10 日、5 月 10 日两次向发证机关报告了工程准备的进展情况，直到 2022 年 7 月 1 日开工建设。该建设单位的做法是否正确？

解： 该建设单位的做法不正确。根据《建筑法》相关规定，建设单位应最迟于 2022 年 4 月 15 日和 2022 年 7 月 15 日办理延期手续，而该建设单位仅有 3 月 10 日和 5 月 10 日报告了工程进展情况，未办理延期手续。既不开工又不申请延期或者超过延期时限的，施工许可证自行废止。

建设工程法规

> **小试牛刀**

1. 根据《建筑法》及相关法规,建设单位应当办理施工许可证的工程是（   ）。
   A. 国务院批准开工报告的工程
   B. 建筑面积 200 m² 以上的农民自建低层住宅
   C. 城镇市政基础设施工程
   D. 工程投资额在 20 万元以上的工程
2. 有关行政主管机关对建设工程项目开工报告审查的内容,不包括（   ）。
   A. 资金到位情况   B. 投资项目市场预测
   C. 设计图纸和现场条件符合施工要求   D. 已经取得施工许可证
3. 关于施工许可证适用范围的说法,下列正确的是（   ）。
   A. 实行开工报告批准制度的建设工程,不再领取施工许可证
   B. 工程投资额在 50 万元以下的建筑工程,可以不申请办理施工许可证
   C. 房屋建筑配套的线路、管道、设备的安装工程,无须申请办理施工许可证
   D. 建筑面积超过 300 m² 的临时性房屋建筑需办理施工许可证

单元二　建设相关企业从业资格制度

　　从事建筑活动的建筑施工企业、勘察单位、设计单位和工程监理单位,按照其拥有的注册资本、专业技术人员、技术装备和已完成的建筑工程业绩等资质条件,划分为不同的资质等级,经资质审查合格,取得相应等级的资质证书后,方可在其资质等级许可的范围内从事建筑活动。

　　从事建筑活动的建筑施工企业、勘察单位、设计单位和工程监理单位,应当具备下列条件:
　　(1) 有符合国家规定的注册资本;
　　(2) 有与其从事的建筑活动相适应的具有法定执业资格的专业技术人员;
　　(3) 有从事相关建筑活动所应有的技术装备;
　　(4) 法律、行政法规规定的其他条件。

一、勘察、设计单位企业资质

　　建设工程勘察、工程设计资质标准和各资质类别、级别企业承担工程的具体范围由国务院建设主管部门商国务院有关部门制定。

(一) 建设工程勘察单位从业资格

工程勘察资质有以下两个方面。

1. 工程勘察综合资质

工程勘察综合资质是指涵盖所有工程勘察专业的工程勘察资质。工程勘察综合资质只

设甲级。

具有工程勘察综合资质的企业，可承担各类建设工程项目的岩土工程、工程测量和勘探测试业务，其规模不受限制。

2. 工程勘察专业资质

工程勘察专业资质分为岩土工程、工程测量和勘探测试 3 类，设有甲级、乙级。具有工程勘察专业资质的企业，可承担本专业建设工程项目的工程勘察业务。专业甲级资质业务规模不受限制，专业乙级资质可承担乙级、丙级规模项目。

（二）建设工程设计单位从业资格

工程设计资质包括以下四个方面。

1. 工程设计综合资质

工程设计综合资质是指涵盖所有行业、专业和事务所的工程设计资质。工程设计综合资质只设甲级。

具有工程设计综合资质的企业，可承担各行业、专业建设工程项目的设计业务，其规模不受限制；在承担工程项目设计业务时，需根据项目实际配备专业技术人员。

2. 工程设计行业资质

工程设计行业资质是指涵盖某个行业中的全部专业的工程设计资质。工程设计行业资质设有 14 个类别，设有甲级、乙级（部分资质只设甲级）。

具有工程设计行业资质的企业，可承担本行业建设工程项目的设计业务。行业甲级资质业务规模不受限制；行业乙级资质可承担本行业中、小型规模项目。

3. 工程设计专业资质

工程设计专业资质是指某个行业资质标准中的某个专业的工程设计资质，其中包括可在各行业内通用，且可独立进行技术设计的通用专业工程设计资质。工程设计专业资质设有 67 个类别，设有甲级、乙级（部分资质只设甲级）。

具有工程设计专业资质的企业，可承担本专业建设工程项目的设计业务。专业甲级资质业务规模不受限制；专业乙级资质可承担本专业中、小型规模项目。

4. 建筑工程设计事务所资质

建筑工程设计事务所资质是指由专业设计人员依法成立，从事建筑工程专业设计业务的工程设计资质。建筑工程设计事务所资质设有 3 个类别，不分等级。

具有建筑工程设计事务所资质的企业，可承担建筑工程项目相应专业设计业务，业务规模不受限制。

二、监理单位企业资质

工程监理企业资质分为综合资质和专业资质。其中，综合资质不分等级；专业资质分为甲级、乙级。

专业资质设有 10 个类别，分别是建筑工程专业、铁路工程专业、市政公用工程专业、电力工程专业、矿山工程专业、冶金工程专业、石油化工工程专业、通信工程专业、机电工程专业、民航工程专业。

建筑工程专业资质分为甲级、乙级。其中，甲级资质可承担各类建筑工程及其配套工程的监理；乙级资质可承担下列建筑工程的监理：

（1）高度100米以下的工业、民用建筑工程；
（2）高度120米以下的构筑物工程；
（3）建筑面积15万平方米以下的建筑工程；
（4）投资额1.5亿元以下的建筑工程。

三、施工单位企业资质

建筑业企业资质分为施工综合资质、施工总承包资质、专业承包资质和专业作业资质4个序列。其中施工综合资质不分类别和等级；施工总承包资质设有13个类别，分为2个等级（甲级、乙级）；专业承包资质设有18个类别，一般分为2个等级（甲级、乙级，部分专业不分等级）；专业作业资质不分类别和等级；详见表3-2。

（一）资质标准

1. 施工综合资质标准

施工综合资质不分等级，取得施工综合资质的企业可承担各类工程的施工总承包、项目管理业务。

2. 施工总承包序列资质标准

建筑工程施工总承包资质分为甲级、乙级。施工总承包序列设有13个类别，分别是建筑工程施工总承包、公路工程施工总承包、铁路工程施工总承包、港口与航道工程施工总承包、水利水电工程施工总承包、电力工程施工总承包、矿山工程施工总承包、冶金工程施工总承包、石油化工工程施工总承包、市政公用工程施工总承包、通信工程施工总承包、机电工程施工总承包、民航工程施工总承包。

3. 专业承包序列资质标准

专业承包序列设有18个类别，分别是地基基础工程专业承包、起重设备安装工程专业承包、预拌混凝土专业承包、建筑机电工程专业承包、消防设施工程专业承包、防水防腐保温工程专业承包、桥梁工程专业承包资质、隧道工程专业承包、模板脚手架专业承包、建筑装修装饰工程专业承包、古建筑工程专业承包、公路工程类专业承包、铁路电务电气化工程专业承包、港口与航道工程类专业承包、水利水电工程类专业承包、输变电工程专业承包、核工程专业承包、通用专业承包。部分分甲、乙级，部分不分等级。

（二）业务范围

1. 施工总承包工程

施工总承包工程应由取得施工综合资质或相应施工总承包资质的企业承担。取得施工综合资质和施工总承包资质的企业可以对所承接的施工总承包工程的各专业工程全部自行施工，也可以将专业工程依法进行分包。对设有资质的专业工程进行分包时，应分包给具有相应专业承包资质的企业。取得施工综合资质和施工总承包资质的企业将专业作业分包时，应分包给具有专业作业资质的企业。

2. 专业工程

设有专业承包资质的专业工程单独发包时，应由取得相应专业承包资质的企业承担。

取得专业承包资质的企业可以承接具有施工综合资质和施工总承包资质的企业依法分包的专业工程或建设单位依法发包的专业工程。取得专业承包资质的企业应对所承接的专业工程全部自行组织施工，专业作业可以分包，但应分包给具有专业作业资质的企业。

3. 专业作业

取得专业作业资质的企业可以承接具有施工综合资质、施工总承包资质和专业承包资质的企业分包的专业作业。

4. 其他业务

取得施工综合资质和施工总承包资质的企业，可以从事资质证书许可范围内的相应工程总承包、工程项目管理等业务。

表 3-2 施工企业的资质序列、类别、等级和业务范围

资质序列	类别	资质等级	业务范围
综合资质	无类别	无等级	施工总承包
施工总承包资质	13类	甲、乙两级	施工总承包
专业承包资质	18类	部分甲、乙两级；部分不分级	专业分包
专业作业资质	无类别	无等级	劳务分包

（三）建筑业企业资质管理相关规定

1. 资质申请

根据《建筑业企业资质管理规定》，企业可以申请一项或多项建筑业企业资质，企业首次申请或增项申请资质，应当申请最低等级资质，并应当提交以下材料：

（1）建筑业企业资质申请表及相应的电子文档；

（2）企业法人营业执照副本；

（3）企业章程；

（4）企业负责人和技术、财务负责人的身份证明、职称证书、任职文件及相关资质标准要求提供的材料；

（5）建筑业企业资质申请表中所列注册执业人员的身份证明、注册执业证书；

（6）建筑业企业资质标准要求的非注册的专业技术人员的职称证书、身份证明及养老保险凭证；

（7）部分资质标准要求企业必须具备的特殊专业技术人员的职称证书、身份证明及养老保险凭证；

（8）建筑业企业资质标准要求的企业设备、厂房的相应证明；

（9）建筑业企业安全生产条件有关材料；

（10）资质标准要求的其他有关材料。

《建筑业企业资质管理规定》第十五条规定："企业申请建筑业企业资质，应当如实提交有关申请材料，资质许可机关收到申请材料后，应当按照《中华人民共和国行政许可法》的规定办理受理手续。"

2. 资质的延续和变更

《建筑业企业资质管理规定和资质标准实施意见》第二十五条规定："建筑业企业资质证书有

效期为 5 年。证书有效期是指自企业取得本套证书的首个建筑业企业资质时起算，期间企业除延续、重新核定外，证书有效期不变；重新核定资质的，有效期自核定之日起重新计算。"

《建筑业企业资质管理规定》第十八条规定："建筑业企业资质证书有效期届满，企业继续从事建筑施工活动的，应当于资质证书有效期届满 3 个月前，向原资质许可机关提出延续申请。资质许可机关应当在建筑业企业资质证书有效期届满前做出是否准予延续的决定；逾期未做出决定的，视为准予延续。"

《建筑业企业资质管理规定》第十九条规定："企业在建筑业企业资质证书有效期内名称、地址、注册资本、法定代表人等发生变更的，应当在工商部门办理变更手续后 1 个月内办理资质证书变更手续。"

《建筑业企业资质管理规定》第二十一条规定："企业发生合并、分立、重组以及改制等事项，需承继原建筑业企业资质的，应当申请重新核定建筑业企业资质等级。"

3. 资质的遗失补办

住房和城乡建设部《关于取消部分部门规章和规范性文件设定的证明事项的决定》建法规〔2019〕6 号规定："建筑业企业资质证书遗失补办，由申请人告知资质许可机关，由资质许可机关在官网发布信息。"

4. 不予批准其建筑业企业资质升级申请和增项申请的情形

有下列情形之一的，资质许可机关不予批准其建筑企业资质升级申请和增项申请：

（1）超越本企业资质等级或以其他企业的名义承揽工程，或允许其他企业或个人以本企业的名义承揽工程的；

（2）与建设单位或企业之间相互串通投标，或以行贿等不正当手段谋取中标的；

（3）未取得施工许可证擅自施工的；

（4）将承包的工程转包或违法分包的；

（5）违反国家工程建设强制性标准施工的；

（6）恶意拖欠分包企业工程款或者劳务人员工资的；

（7）隐瞒或谎报、拖延报告工程质量安全事故，破坏事故现场、阻碍对事故调查的；

（8）按照国家法律、法规和标准规定需要持证上岗的现场管理人员和技术工种作业人员未取得证书上岗的；

（9）未依法履行工程质量保修义务或拖延履行保修义务的；

（10）伪造、变造、倒卖、出租、出借或者以其他形式非法转让建筑业企业资质证书的；

（11）发生过较大以上质量安全事故或者发生过两起以上一般质量安全事故的；

（12）其他违反法律、法规的行为。

5. 资质证书的撤回和撤销

《建筑业企业资质管理规定》第二十八条规定："取得建筑业企业资质证书的企业，应当保持资产、主要人员、技术装备等方面满足相应建筑业企业资质标准要求的条件。企业不再符合相应建筑业企业资质标准要求条件的，县级以上地方人民政府住房城乡建设主管部门、其他有关部门，应当责令其限期改正并向社会公告，整改期限最长不超过 3 个月；企业整改期间不得申请建筑业企业资质的升级、增项，不能承揽新的工程；逾期仍未达到建筑业企业资质标准要求条件的，资质许可机关可以撤回其建筑业企业资质证书。被撤回建筑业企业资质证书的企业，可以在资质被撤回后3个月内，向资质许可机关提出核定低于原等级同类别资质的申请。"

《建筑业企业资质管理规定》第二十九条规定："有下列情形之一的，资质许可机关应当撤销建筑业企业资质：

（1）资质许可机关工作人员滥用职权、玩忽职守准予资质许可的；

（2）超越法定职权准予资质许可的；

（3）违反法定程序准予资质许可的；

（4）对不符合资质标准条件的申请企业准予资质许可的；

（5）依法可以撤销资质许可的其他情形。以欺骗、贿赂等不正当手段取得资质许可的，应当予以撤销。"

6. 违法责任

申请企业隐瞒有关真实情况或者提供虚假材料申请建筑业企业资质的，资质许可机关不予许可，并给予警告，申请企业在1年内不得再次申请建筑业企业资质。

企业以欺骗、贿赂等不正当手段取得建筑业企业资质的，由原资质许可机关予以撤销；由县级以上地方人民政府住房城乡建设主管部门或者其他有关部门给予警告，并处3万元的罚款；申请企业3年内不得再次申请建筑业企业资质。

[例3-2] 各省每年都会定期对其辖区内的建筑企业组织两次动态核查（抽查或重点查）。某省在动态核查中发现A企业注册建造师人数变动，不再具备资质标准要求，当即责令该企业限期整改，并向社会公告，该企业整改6个月后达到原资质要求，申请恢复原资质，该做法是否正确？

解：该做法不正确。根据《建筑业企业资质管理规定》的规定，A企业整改期限最长不超过3个月，该企业3个月内未整改达标，资质许可机关可以撤回其建筑业企业资质证书。被撤回建筑业企业资质证书的企业，可以在资质被撤回后3个月内，向资质许可机关提出核定低于原等级同类别资质的申请。

小试牛刀

1. 施工企业在申请之日起前1年至资质许可决定作出前，资质许可机关不予批准的建筑业企业资质升级的情形是（　　）。
   A. 注册资本发生变更的　　　　　　B. 将承包的工程转包或者违法分包的
   C. 被投诉、举报的　　　　　　　　D. 不与分包单位结算的

2. 关于建筑企业资质证书变更的说法，下列正确的是（　　）。
   A. 企业在建筑业企业资质证书有效期内注册资本发生变更的，不必办理资质证书变更手续
   B. 国务院住房城乡建设主管部门颁发的建筑业企业资质证书的变更，企业应当直接向国务院住房城乡建设主管部门提出变更申请
   C. 建筑业企业资质证书遗失补办的，由申请人告知资质许可机关，由资质许可机关在官网发布信息
   D. 企业发生合并、分立、重组以及改制等事项时，可以直接承继原建筑业企业资质

单元三　建设相关人员从业资格制度

《建筑法》第十四条规定："从事建筑活动的专业技术人员，应当依法取得相应的执业资格证书，并在执业资格证书许可的范围内从事建筑活动。"

一、设计人员执业资格制度

（一）注册建筑师

注册建筑师是指经考试、特许、考核认定取得中华人民共和国注册建筑师执业资格证书（以下简称执业资格证书），或者经资格互认方式取得建筑师互认资格证书（以下简称互认资格证书），并注册取得中华人民共和国注册建筑师注册证书（以下简称注册证书）和中华人民共和国注册建筑师执业印章（以下简称执业印章），从事建筑设计及相关业务活动的专业技术人员。

注册建筑师的执业范围包括以下几项：
(1) 建筑设计；
(2) 建筑设计技术咨询；
(3) 建筑物调查与鉴定；
(4) 对本人主持设计的项目进行施工指导和监督；
(5) 国务院住房城乡建设主管部门规定的其他业务。

（二）注册结构工程师

注册结构工程师是指取得中华人民共和国注册结构工程师执业资格证书和注册证书，从事结构工程设计，结构工程设计技术咨询，建筑物、构筑物、工程设施等调查和鉴定，对本人主持设计的项目进行施工指导和监督，以及住房城乡建设部和国务院有关部门规定的其他业务。

二、总监理工程师执业资格制度

（一）概念

总监理工程师是由工程监理单位法定代表人书面任命，负责履行建设工程监理合同、主持项目监理机构工作的注册监理工程师。国家对监理工程师职业资格实行执业注册管理制度。取得监理工程师职业资格证书且从事工程监理及相关业务活动的人员，经注册方可以监理工程师名义执业。

（二）执业

监理工程师在工作中，必须遵纪守法，恪守职业道德和从业规范，诚信执业，主动接受有关部门的监督检查，加强行业自律。

住房和城乡建设部、交通运输部、水利部按照职责分工建立健全监理工程师诚信体系，制定相关规章制度或从业标准规范，并指导监督信用评价工作。

监理工程师不得同时受聘于两个或两个以上单位执业，不得允许他人以本人名义执业，严禁"证书挂靠"。出租出借注册证书的，依据相关法律、法规进行处罚；构成犯罪的，依法追究刑事责任。

监理工程师依据职责开展工作，在本人执业活动中形成的工程监理文件上签章，并承担相应责任。监理工程师的具体执业范围由住房和城乡建设部、交通运输部、水利部按照职责另行制定。

监理工程师未执行法律、法规和工程建设强制性标准实施监理，造成质量安全事故的，依据相关法律、法规进行处罚；构成犯罪的，依法追究刑事责任。

取得监理工程师注册证书的人员，应当按照国家专业技术人员继续教育的有关规定接受继续教育，更新专业知识，提高业务水平。

三、建造师执业资格制度

（一）概念

建造师是指从事建设工程项目总承包和施工管理关键岗位的执业注册人员。建造师的含义是指懂管理、懂技术、懂经济、懂法规，综合素质较高的综合型人员，既要有理论水平，也要有丰富的实践经验和较强的组织能力。

2002年12月5日，人事部、建设部联合印发了《建造师执业资格制度暂行规定》（人发〔2002〕111号），规定项目施工负责人必须取得建造师资格并经注册，方能担任建设工程项目总承包及施工管理工作。

（二）专业划分

不同类型、不同性质的工程项目，有着各自的专业性和技术性，对建造师实行分专业管理，不仅能适应不同类型和性质的工程项目对建造师的专业技术要求，也有利于与现行建设工程管理体制相衔接，充分发挥各有关专业部门的作用。

一级建造师设置10个专业：建筑工程、公路工程、铁路工程、民航机场工程、港口与航道工程、水利水电工程、市政公用工程、通信与广电工程、矿业工程、机电工程。

二级建造师设置6个专业：建筑工程、公路工程、水利水电工程、矿业工程、市政公用工程、机电工程。

（三）注册和变更

取得建造师执业资格证书的人员，必须经过注册登记，方可以建造师名义执业。

建造师执业资格注册有效期一般为3年，有效期满前3个月，持证者应到原注册管理机构办理再次注册手续。在注册有效期内，变更执业单位者，应当及时办理变更手续。

（四）执业

取得建造师资格证书的人员应当受聘于一个具有建设工程勘察、设计、施工、监理、招标代理、造价咨询等一项或者多项资质的单位，经注册后方可从事相应的执业活动。担任施工单位项目负责人的，应当受聘并注册于一个具有施工资质的企业。

注册建造师不得同时担任两个及以上建设工程施工项目负责人。发生下列情形之一的除外：

(1) 同一工程相邻分段发包或分期施工的；
(2) 合同约定的工程验收合格的；
(3) 因非承包方原因致使工程项目停工超过 120 天（含），经建设单位同意的。

注册建造师担任施工项目负责人期间原则上不得更换。如发生下列情形之一的，应当办理书面交接手续后更换施工项目负责人：
(1) 发包方与注册建造师受聘企业已解除承包合同的；
(2) 发包方同意更换项目负责人的；
(3) 因不可抗力等特殊情况必须更换项目负责人的。

建设工程合同履行期间变更项目负责人的，企业应当于项目负责人变更 5 个工作日内报住房城乡建设主管部门和有关部门及时进行网上变更。

注册建造师担任施工项目负责人，在其承建的建设工程项目竣工验收或移交项目手续办结前，除以上规定的情形外，不得变更注册至另一企业。

(五)"挂证"行为的认定

《住房城乡建设部办公厅等关于开展工程建设领域专业技术人员职业资格"挂证"等违法违规行为专项整治的通知》（建办市〔2018〕57 号）明确规定：地方各级住房和城乡建设部、人力资源社会保障、交通运输、水利、通信部门要遵循"全覆盖、零容忍、严执法、重实效"的原则，依法从严查处工程建设领域职业资格"挂证"等违法违规行为。对违规的专业技术人员撤销其注册许可，自撤销注册之日起 3 年内不得再次申请注册，记入不良行为记录并列入建筑市场主体"黑名单"，向社会公布；对违规使用"挂证"人员的单位予以通报，记入不良行为记录，并列入建筑市场主体"黑名单"，向社会公布；对违规的人力资源服务机构，要依法从严查处，限期责令整改，情节严重的，依法从严给予行政处罚，直至吊销人力资源服务许可证。对发现存在"挂证"等违规行为的国家机关和事业单位工作人员，通报其实际工作单位和有关国家监察机关。

《住房和城乡建设部办公厅关于做好工程建设领域专业技术人员职业资格"挂证"等违法违规行为专项整治工作的补充通知》（建办市函〔2019〕92 号）明确规定：对实际工作单位与注册单位一致，但社会保险缴纳单位与注册单位不一致的人员，以下 6 类情形，原则上不认定为"挂证"行为：
(1) 达到法定退休年龄正式退休和依法提前退休的；
(2) 因事业单位改制等原因保留事业单位身份，实际工作单位为所在事业单位下属企业，社会保险由该事业单位缴纳的；
(3) 属于大专院校所属勘察设计、工程监理、工程造价单位聘请的本校在职教师或科研人员，社会保险由所在院校缴纳的；
(4) 属于军队自主择业人员的；
(5) 因企业改制、征地拆迁等买断社会保险的；
(6) 有法律法规、国家政策依据的其他情形。

[例 3-3] 李某是某大学教师，于 2018 年 7 月 5 日取得建造师资格证书，2021 年 3 月 10 日注册于校外某工程施工单位。李某做法是否正确？

解：李某的做法存在建造师职业资格"挂证"行为，其注册应被注销，计入不良行为记录并列入建筑市场主体"黑名单"，自撤销注册之日起 3 年内不得再次申请注册。

小试牛刀

1. 关于二级建造师执业的说法，下列正确的是（　　）。
   A. 二级建造师可以在造价咨询企业执业
   B. 建造师未受聘于施工企业也可以担任该企业施工项目负责人
   C. 注册建造师担任施工项目负责人期间一律不得更换
   D. 注册建造师担任施工项目负责人期间一律不得变更注册到另一企业

2. 关于二级建造师执业范围的说法，下列正确的是（　　）。
   A. 注册建造师不得同时担任两个及以上建设工程施工项目负责人，项目均为小型工程施工项目的除外
   B. 注册建造师担任施工项目负责人期间，经受聘企业同意，可以变更注册另一企业
   C. 发包人与注册建造师受聘企业已解除承包合同的，办理书面交接手续后可以更换施工项目负责人
   D. 因非承包人原因致使工程项目停工超过120日，注册建造师可同时担任另一工程施工项目负责人

实例分析

《建筑工程施工许可证》为何如此重要？

基本案情

近年来，A省启动旧城改造项目，政府千亿投资、开发运营模式的创新、社会资金的加入，使A省走向共建共享美好宜居城乡的发展道路。然而，近日A省某工程总承包有限公司却遭该地城管局罚款9 000元，这是怎么回事呢？对于此种情况，公司又该如何应对呢？

2021年3月5日，该工程公司在A省B县旧城改造项目二期融资区住宅，总建筑面积为83 556平方米。

2021年6月16日，现该项目住宅已完成工程占总工程量的5%。现场未能出示《建筑工程施工许可证》。

2022年2月12日，A省B县城市管理和综合执法局发现该工程公司存在未取得《建筑工程施工许可证》擅自施工的违法行为，罚款9 000元。

为什么被罚？

该工程公司在未取得《建筑工程施工许可证》的情况下擅自就项目住宅进行施工的行为，违反了《建筑法》第七条第1款和《建筑工程施工许可管理办法》第三条的规定："建筑工程开工前，建设单位应当按照国家有关规定向工程所在地县级以上人民政府建设行政主管部门申请领取施工许可证；未取得施工许可证的，一律不得开工。"根据《建设工程质量管理条例》第五十七条："违反本条例规定，建设单位未取得施工许可证或者开工报告未经批准，擅自施工的，责令停止施工，限期改正，处工程合同价款百分之一以上百分之二以下的罚款。"

因此，该工程公司违法无证、擅自开工，属未按照建设工程施工许可管理规定进行违法建设，处罚款9 000元，是行政自由裁量权的体现。

如何解决？

不仅该工程公司，所有的建筑公司在项目的每一个环节中都应当严格遵守法律。在开工前，及时按照国家有关规定办理完备的证件和手续。遇到困难，及时向行政机关反映、求助，寻求解决办法。出现问题，承认错误，立即整改，及时补救。

在本案例中，该工程公司如果认为该行政处罚合法合理，应当立即停工且在期限内足额缴纳罚款，然后向工程所在地的行政主管部门申请《建筑工程施工许可证》，待证件齐全、施工条件具备后再开始施工。

即使是该工程公司有错在先，其仍有行政机关不能侵犯的合法权益。如果其认为该行政处罚违法无据或行政机关在执法过程中侵犯其合法权益等，应当在法定期限内对行政机关的行政处罚行为进行行政复议或行政诉讼。如有必要，可以及时委托律师介入，用合法手段保护自己的正当权益。

你知道了吗？

建造农村住宅，施工人员是否需要资质？

答：两层（含两层）以下的农村自建低层住宅，施工人员不需要施工资质，但3层以上或者成片开发的农村住宅，施工人员需要具有相应的施工资质。

法律依据：《建筑法》第八十三条规定："抢险救灾及其他临时性房屋建筑和农民自建低层住宅的建筑活动，不适用本法。"

《建设部关于加强农民住房建设技术服务和管理的通知》〔建村（2006）303号〕第六条明确规定："三层（含三层）以上的农民住房建设管理要严格执行《建筑法》《建筑工程质量管理条例》等法律法规的有关规定。"

考场练兵

一、单项选择题

1. 作为施工许可证的法定审批条件，关于建设用地的说法中，下列正确的是（　　）。
   A. 经批准的建设项目需要使用国有建设用地的，建设单位应当向县级以上人民政府提出建设用地申请
   B. 抢险救灾、疫情防控等急需使用土地的，可以先行使用土地，属于临时用地的，用后应当恢复原状并交还原土地使用者使用，不再办理用地审批手续
   C. 抢险救灾、疫情防控等急需使用土地的，可以先行使用土地，属于永久性建设用地的，建设单位应当在不晚于应急处置工作结束3个月内申请补办建设用地审批手续
   D. 在城市规划区以划拨方式提供国有土地使用权的建设工程，可直接向土地主管部门申请划拨用地

2. 关于施工许可证申请延期的说法，下列正确的是（　　）。
   A. 自领取施工许可证之日起 6 个月内因故不能按时开工的，应当申请延期
   B. 延期以 2 次为限，每次不得超过 3 个月
   C. 既不开工又不申请延期的，施工许可证由发证机关废止
   D. 超过延期时限但在宽限期内的施工许可证仍有效

3. 关于核验施工许可证的说法，下列正确的是（　　）。
   A. 中止施工经核验符合条件期间，由建设单位做好建设工程的维护管理工作
   B. 在建的建筑工程因故中止施工的，施工企业应当自中止之日起 3 个月内报发证机关核验
   C. 中止施工满 6 个月的，在建筑工程恢复施工前，应当报发证机关核验施工许可证
   D. 经核验不符合条件的，不允许其恢复施工，待条件具备后再申请核验

4. 根据《建筑业企业资质管理规定》，关于建筑业企业资质的说法，下列正确的是（　　）。
   A. 施工资质分为综合资质、施工总承包资质、专业承包资质和专业作业资质
   B. 国务院办公厅负责全国建筑业企业资质的统一监督管理
   C. 省级人民政府负责本行政区域内建筑业企业资质的统一监督管理
   D. 企业违反建筑业企业资质规定，违法行为发生地的市级以上地方人民政府，住房城乡建设主管部门应当依法查处

5. 建筑业企业不再符合相应建筑业企业资质标准要求条件的，下列处理方式中，正确的是（　　）。
   A. 县级以上地方人民政府住房和城乡建设主管部门，应当责令其限期改正，并向社会公告，整改期限不超过 6 个月
   B. 企业整改期间不得申请企业资质升级、增项，但可以承揽新的工程
   C. 超过整改期未达到要求的，资质许可机关可以撤回其资质证书
   D. 被撤回建筑业企业资质证书的企业，可以在资质被撤回后 3 个月内，向资质许可机关提出核定原等级同类别资质的申请

6. 资质许可机关的上级机关，根据利害关系人的请求或者依据职权，可以撤销建筑业企业资质的情形是（　　）。
   A. 企业取得资质后不再具备相应条件的
   B. 企业取得资质后发生重大安全事故的
   C. 资质许可机关违反法定程序准予资质许可的
   D. 资质证书有效期届满，未依法申请延续的

7. 关于二级建造师执业的说法，下列正确的是（　　）。
   A. 建造师未受聘于施工企业也可以担任该企业施工项目负责人
   B. 二级建造师可以在造价咨询企业执业
   C. 注册建造师担任施工项目负责人期间一律不得更换
   D. 注册建造师担任施工项目负责人期间一律不得变更注册到另一企业

二、多项选择题

1. 根据《建筑工程施工许可管理办法》，下列建设工程中，不需要办理施工许可证的有（　　）。
   A. 抢险救灾及其他临时性房屋建筑
   B. 农民自建低层住宅
   C. 按照国务院规定的权限和程序批准开工报告的建筑工程
   D. 工程投资额在 50 万元以下的建筑工程
   E. 建筑面积在 500 m² 以下的建筑工程

2. 关于建设单位申请领取施工许可证应当具备的条件的说法，下列正确的有（　　）。
   A. 需要征收房屋的，征收进度必须能满足建设工程开始施工和连续施工的要求
   B. 有保证工程安全的总体部署
   C. 成片开发建设的住宅小区工程已委托监理
   D. 建设单位应当提供建设资金已经落实的承诺书
   E. 建设单位在取得规划许可证前，已经办理用地批准手续

3. 关于施工企业资质证书的使用、申请、延续和变更的说法，下列正确的有（　　）。
   A. 企业申请增项资质，应当申请最低等级资质
   B. 企业资质证书的有效期为 5 年
   C. 建筑业企业应当于资质证书有效期届满前 30 日前，向原资质许可机关提出延续申请
   D. 资质许可机关应当在资质证书有效期届满前做出是否准予延续的决定，逾期未做出决定的，视为拒绝延续
   E. 在招标投标活动中，应当要求企业提供资质证书原件

三、案例分析

某生产企业甲为扩大生产修建新厂房，为降低建设投资，与一具有维修和承建小型非生产性建筑工程资质证书的工程队乙订立了建筑工程承包合同。合同中规定：乙为甲修建框架结构的大型厂房，总造价为 312 万元；承包方式为施工总承包；工期约定 18 个月。自开工至第 20 个月，甲方按期给付工程款，但乙方超出合同约定的竣工期限仍未能完工，并且经鉴定部分工程质量不符合标准要求。为此，双方发生纠纷。

问题：本案例中的甲、乙双方有何违法行为？

重难点归纳

模块四

建设工程发承包法律制度

知识目标

1. 掌握建设工程招标投标法律制度。
2. 掌握建设工程招标投标法律责任。
3. 掌握建设工程承发包制度。
4. 熟悉建设工程招标范围及招标方式。
5. 熟悉建设工程招标投标流程。

能力目标

1. 能够独立判断招标投标程序过程的合法性。
2. 能够独立判断承发包各种模式的合法性。
3. 能够识别招标投标活动中不正当竞争行为。
4. 能够独立判断违法行为应承担的法律责任。

素养目标

1. 培养信誉好、技术能力较强、管理水平高的人才。
2. 坚守法律原则，要做到懂法、遵法。
3. 具备较强的工作责任心。
4. 增强互助互利和团队协作精神。
5. 具有较强的沟通能力。

案例引入

A学校和B施工单位就A学校的某教学楼修建签订了施工总承包合同，施工合同约定：由B根据A提供的设计图纸进行施工，工程竣工时依据国家有关验收规定及设计图纸进行质量验收。合同签订后，B单位在A学校的同意之下，将该项目的土方挖填作业分包给了具有专业作业资质的C劳务企业，C将土方挖填作业的土方回填作业分包给个人刘某，并签订了《土方回填协议》。

评析：该情形属于违法分包中"承包单位将其承包的工程分包给个人"。依据《建设工程质量管理条例》第六十二条第1款规定：违反本条例规定，承包单位将承包的工程转包或者违法分包的，责令改正，没收违法所得，对勘察、设计单位处合同约定的勘察费、设计费百分之二十五以上、百分之五十以下的罚款；对施工单位处工程合同价款百分之零点五以上、百分之一以下的罚款；可以责令停业整顿，降低资质等级；情节严重的，吊销资质证书。

课前思考

1. 为什么要实行工程招标投标制度？
2. 如何减少承发包过程中的违法行为？
3. 如何建设健康的工程发承包管理体系？

拓展阅读：中华人民共和国招标投标法实施条例

单元一　建设工程招标投标概述

招标投标是指在市场经济条件下进行工程建设、货物买卖、中介服务等经济活动的一种竞争方式和交易方式，招标人事先公布采购条件和要求，吸引愿意承接任务的众多投标人参加竞争，按照规定的程序和办法择优选定中标人的活动。其特征是引入竞争机制以求达成交易协议或订立合同。

建设工程招标投标是建设单位对拟建的建设工程项目通过法定的程序和方式吸引承包单位进行公平竞争，并从中选择条件优越者来完成建设工程任务的行为。这是在市场经济条件下常用的一种建设工程项目交易方式。

整个招标投标过程，包含招标、投标和定标（决标）3个主要阶段。

一、建设工程招标范围

（一）建设工程必须招标的范围

《招标投标法》规定，在中华人民共和国境内进行下列工程建设项目包括项目的勘察、设计、施工、监理以及与工程建设有关的重要设备、材料等的采购，必须进行招标：一是大型基础设施、公用事业等关系社会公共利益、公众安全的项目；二是全部或者部分使用国有资金投资或者国家融资的项目；三是使用国际组织或者外国政府贷款、援助资金的项目。

（二）建设工程必须招标的规模

《必须招标的工程项目规定》第五条规定："本规定第二至第四条规定范围内的项目，其勘察、设计、施工、监理以及与工程建设有关的重要设备、材料等的采购达到下列标准之一的，必须招标：

(1) 施工单项合同估算价在 400 万元人民币以上；
(2) 重要设备、材料等货物的采购，单项合同估算价在 200 万元人民币以上；
(3) 勘察、设计、监理等服务的采购，单项合同估算价在 100 万元人民币以上。

同一项目中可以合并进行的勘察、设计、施工、监理以及与工程建设有关的重要设备、材料等的采购，合同估算价合计达到以上规定标准的，必须招标。"

同时具备以上范围和规模两个条件，属于依法必须招标，具体要求见表 4-1。

表 4-1 依法必须招标范围和规模表

范围	规模
大型公用事业、基础设施；全部或部分使用国有资金或者国家融资的；外国政府或国际组织援建的	施工合同估算价≥400 万元 重要材料、设备等货物采购合同估算价≥200 万元 勘察、设计、监理等服务采购合同估算价≥100 万元

国家发展和改革委员会《必须招标的基础设施和公用事业项目范围规定》（发改法规规〔2018〕843 号）规定，大型基础设施、公用事业等关系社会公共利益、公众安全的项目，必须招标的具体范围包括：

(1) 煤炭、石油、天然气、电力、新能源等能源基础设施项目；
(2) 铁路、公路、管道、水运，以及公共航空和 A1 级通用机场等交通运输基础设施项目；
(3) 电信枢纽、通信信息网络等通信基础设施项目；
(4) 防洪、灌溉、排涝、引（供）水等水利基础设施项目；
(5) 城市轨道交通等城建项目。

（三）可以不进行招标的建设工程项目

《招标投标法》规定，涉及国家安全、国家秘密、抢险救灾或者属于利用扶贫资金实行以工代赈、需要使用农民工等特殊情况，不适宜进行招标的项目，按照国家有关规定可以不进行招标。

《中华人民共和国招标投标法实施条例》（以下简称《招标投标法实施条例》）还规定，除《招标投标法》规定可以不进行招标的特殊情况外，有下列情形之一的，可以不进行招标：

(1) 需要采用不可替代的专利或者专有技术；
(2) 采购人依法能够自行建设、生产或者提供；
(3) 已通过招标方式选定的特许经营项目投资人依法能够自行建设、生产或者提供；
(4) 需要向原中标人采购工程、货物或者服务，否则将影响施工或者功能配套要求；
(5) 国家规定的其他特殊情形。

二、建设工程招标方式

《招标投标法》明确规定，招标分为公开招标和邀请招标两种方式。招标项目应依据法律规定条件，项目的规模、技术、管理特点要求以及投标人的选择空间等因素选择合适的招标方式。国有资金控股或者占主导地位的依法必须进行招标的项目一般应采用公开招标，如符合条件，确实需要采用邀请招标方式的，须经有关部门核准、备案或认定。

（一）公开招标

公开招标是指招标人以招标公告的方式邀请不特定的法人或者其他组织参加投标的采购方式。依法必须进行招标的项目的招标公告，应当通过国家指定的报刊、信息网络或者其他媒介发布。

（二）邀请招标

邀请招标属于有限竞争性招标，也称选择性招标，是指招标人以投标邀请书的方式邀请特定的法人或者其他组织投标。招标人采用邀请招标方式的，应当向3个以上具备承担招标项目的能力、资信良好的特定的法人或者其他组织发出投标邀请书。国务院发展计划部门确定的国家重点项目和省、自治区、直辖市人民政府确定的地方重点项目不适宜公开招标的，经国务院发展计划部门或者省、自治区、直辖市人民政府批准，可以进行邀请招标。

《招标投标法实施条例》进一步规定："国有资金占控股或者主导地位的依法必须进行招标的项目，应当公开招标；但有下列情形之一的，可以邀请招标：

(1) 技术复杂、有特殊要求或者受自然环境限制，只有少量潜在投标人可供选择；

(2) 采用公开招标方式的费用占项目合同金额的比例过大。"

公开招标和邀请招标方式特点对比，见表4-2。

表4-2 公开招标和邀请招标方式特点对比表

对比项目	公开招标	邀请招标
适用条件	适用范围较广，大多数项目均可以采用公开招标方式。规模较大、建设周期较长的项目尤为适用	通常适用于技术复杂、有特殊要求或者受自然环境限制，只有少数潜在投标人可供选择的项目，或者拟采用公开招标的费用占合同金额比例过大的项目。国家和省级重点项目、国有资金控股或占主导地位的依法必须进行招标的项目，采用邀请招标应当经批准或认定
竞争程度	属非限制性竞争招标方式，投标人之间相互竞争比较充分	属有限竞争性招标方式，投标人之间的竞争受到一定限制
招标成本	招标成本和社会资源耗费相对较大	招标成本和社会资源耗费相对较少
信息发布	招标人以公告的方式向不特定的对象发出投标邀请。依法必须进行招标的项目应当在指定媒体发布招标公告或资格预审公告	招标人以投标邀请书的方式向特定的对象发出投标邀请
优点	信息公开、程序规范、竞争充分，不容易被串标、抬标；投标人较多，招标人挑选余地较大，有利于从中选择合适的中标人	招标工作量相对较小，招标花费较省，投标人比较重视，招标人选择的目标相对集中
缺点	素质能力良莠不齐，招标工作量大、时间较长	投标人数量较少，竞争性较差，招标人在选择邀请对象前所掌握的信息存在局限性，有可能得不到最合适的承包商和获得最佳竞争效益

（三）总承包招标和两阶段招标

《招标投标法实施条例》规定，招标人可以依法对工程以及与工程建设有关的货物、服务全部或者部分实行总承包招标。以暂估价形式包括在总承包范围内的工程、货物、服务属于依法必须进行招标的项目范围且达到国家规定规模标准的，应当依法进行招标。以上所称暂估价，是指总承包招标时不能确定价格而由招标人在招标文件中暂时估定的工程、货物、服务的金额。

对技术复杂或者无法精确拟定技术规格的项目，招标人可以分两阶段进行招标。两阶段招标如图 4-1 所示。

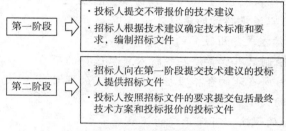

图 4-1　两阶段招标

小试牛刀

1. 政府投资大、中型和限额以下的工程项目，必须采用（　　）招标方式。
   A. 邀请招标　　　　B. 公开招标　　　　C. 直接确定　　　　D. 以上方式均可
2. 采用邀请招标的项目，邀请的承包商至少为（　　）家。
   A. 3　　　　　　　B. 5　　　　　　　　C. 7　　　　　　　　D. 10
3. 下列全部使用国有资金投资的项目中，依法必须进行招标的项目是（　　）。
   A. 施工单项合同结算价在 400 万元以上
   B. 重要设备、材料等货物的采购，单项合同估算价在 200 万元以下
   C. 勘察单项合同估算价在 100 万元以下
   D. 监理单项合同估算价在 50 万元以上
4. 根据《必须招标的工程项目规定》，下列项目属于必须招标的有（　　）。
   A. 使用国有企业资金，并且该资金占控股或者主导地位的项目
   B. 使用世界银行、亚洲开发银行等国际组织贷款、援助资金的项目
   C. 使用外国政府及其机构贷款、援助资金的项目
   D. 使用财政预算资金 200 万元以上，并且该资金占投资额 10% 以上的项目
   E. 使用有限公司资金的项目
5. 根据《招标投标法》，可以不进行招标的工程项目有（　　）。
   A. 国有企业开发建设的商住两用的工程项目
   B. 涉及国家秘密的工程项目
   C. 涉及抢险救灾的工程项目

D. 利用扶贫资金实行以工代赈、需要使用农民工的工程项目
E. 涉及国家安全的工程项目

6. 下列情形中，依法可以不招标的项目有（　　）。
   A. 需要使用不可替代的施工专有技术的项目
   B. 采购人的全资子公司能够自行建设的
   C. 需要向原中标人采购工程，否则将影响施工或者功能配套要求的
   D. 只有少量潜在投标人可供选择的项目
   E. 已通过招标方式选定的特许经营项目投资人依法能够自行建设的

7. 根据《招标投标法实施条例》，下列国有资金占控股或者主导地位的依法必须进行招标的项目中，可以邀请招标的是（　　）。
   A. 采用公开招标方式费用较高的项目
   B. 受自然环境限制只有少量潜在投标人可供选择的项目
   C. 住所地为项目所在地的合格投标人仅有 3 家的项目
   D. 某技术简单的大型工程项目

8. 关于两阶段招标的说法，下列正确的是（　　）。
   A. 对技术复杂或者无法精确拟定技术规格的项目，招标人必须分两阶段进行招标
   B. 第二阶段，投标人按照招标文件的要求提交包括最终技术方案和投标报价的投标文件
   C. 第一阶段，投标人按照招标公告或者投标邀请书的要求提交带报价的技术建议
   D. 招标人要求投标人提交投标保证金的，应当在第一阶段提出

单元二　建设工程招标法律制度

一、招标基本程序

《招标投标法》规定，招标投标活动应当遵循公开、公平、公正和诚实信用的原则。

建设工程招标的基本程序主要包括履行项目审批手续、委托招标代理机构、编制招标文件及标底、发布招标公告或投标邀请书、资格审查、开标、评标、中标和签订合同，以及终止招标等。建设工程招标程序如图 4-2 所示。

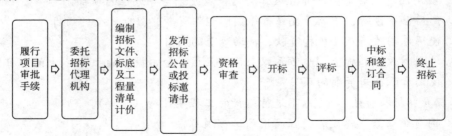

图 4-2　建设工程招标程序

（一）履行项目审批手续

《招标投标法》规定，招标项目按照国家有关规定需要履行项目审批手续的，应当先履

行审批手续,取得批准。招标人应当有进行招标项目的相应资金或者资金来源已经落实,并应当在招标文件中如实载明。

《招标投标法实施条例》进一步规定,按照国家有关规定需要履行项目审批、核准手续的依法必须进行招标的项目,其招标范围、招标方式、招标组织形式应当报项目审批、核准部门审批、核准。项目审批、核准部门应当及时将审批、核准确定的招标范围、招标方式、招标组织形式通报有关行政监督部门。

(二) 委托招标代理机构

《招标投标法》规定,招标人具有编制招标文件和组织评标能力的,可以自行办理招标事宜。任何单位和个人不得强制其委托招标代理机构办理招标事宜。依法必须进行招标的项目,招标人自行办理招标事宜的,应当向有关行政监督部门备案。

《招标投标法实施条例》进一步规定,招标人具有编制招标文件和组织评标能力,是指招标人具有与招标项目规模和复杂程度相适应的技术、经济等方面的专业人员。

《招标投标法》规定,招标代理机构是依法设立、从事招标代理业务并提供相关服务的社会中介组织。招标代理机构应当具备下列条件:

(1) 有从事招标代理业务的营业场所和相应资金;

(2) 有能够编制招标文件和组织评标的相应专业力量。

按照《招标投标法实施条例》的规定,招标代理机构在其资格许可和招标人委托的范围内开展招标代理业务,任何单位和个人不得非法干涉。招标代理机构不得在所代理的招标项目中投标或者代理投标,也不得为所代理的招标项目的投标人提供咨询。

(三) 编制招标文件、标底及工程量清单计价

1. 招标文件

《招标投标法》规定:招标人应当根据招标项目的特点和需要编制招标文件。招标文件应当包括招标项目的技术要求、对投标人资格审查的标准、投标报价要求和评标标准等所有实质性要求和条件以及拟签订合同的主要条款。国家对招标项目的技术、标准有规定的,招标人应当按照其规定在招标文件中提出相应要求。

招标文件不得要求或者标明特定的生产供应者及含有倾向或者排斥潜在投标人的其他内容。招标人对已发出的招标文件进行必要的澄清或者修改的,应当在招标文件要求提交投标文件截止时间至少15日前,以书面形式通知所有招标文件收受人。该澄清或者修改的内容为招标文件的组成部分。

招标人应当确定投标人编制投标文件所需要的合理时间;但是,依法必须进行招标的项目,自招标文件开始发出之日起至投标人提交投标文件截止之日止,最短不得少于20日。

《招标投标法实施条例》进一步规定:招标人可以对已发出的资格预审文件或者招标文件进行必要的澄清或者修改。澄清或者修改的内容可能影响资格预审申请文件或者投标文件编制的,招标人应当在提交资格预审申请文件截止时间至少3日前,或者投标截止时间至少15日前,以书面形式通知所有获取资格预审文件或者招标文件的潜在投标不足3日或者15日的,招标人应当顺延提交资格预审申请文件或者投标文件的截止时间。

招标人对招标项目划分标段的,应当遵守招标投标法的有关规定,不得利用划分标段

限制或者排斥潜在投标人。依法必须进行招标的项目的招标人不得利用划分标段规避招标。招标人应当在招标文件中载明投标有效期。投标有效期从提交投标文件的截止之日起算。

潜在投标人或者其他利害关系人对招标文件有异议的,应当在投标截止时间10日前提出。招标人应当自收到异议之日起3日内作出答复;作出答复前,应当暂停招标投标活动。招标人编制招标文件的内容违反法律、行政法规的强制性规定,违反公开、公平、公正和诚实信用原则,影响潜在投标人投标的,依法必须进行招标的项目的招标人应当在修改标文件后重新招标。

2. 标底

招标人可以自行决定是否编制标底。一个招标项目只能有一个标底,标底必须保密。接受委托编制标底的中介机构不得参加受托编制标底项目的投标,也不得为该项目的投标人编制投标文件或者提供咨询。招标人设有最高投标限价的,应当在招标文件中明确最高投标限价或者最高投标限价的计算方法。招标人不得规定最低投标限价。

3. 工程量清单计价

全部使用国有资金投资或者以国有资金投资为主的建筑工程,应当采用工程量清单计价;非国有资金投资的建筑工程,鼓励采用工程量清单计价。工程量清单应当依据国家制定的工程量清单计价规范、工程量计算规范等编制。工程量清单应当作为招标文件的组成部分。

(四)发布招标公告或投标邀请书

《招标投标法》规定,招标人采用公开招标方式的,应当发布招标公告。招标公告应当载明招标人的名称和地址,招标项目的性质、数量、实施地点和时间,以及获取招标文件的办法等事项。招标人采用邀请招标方式的,应当向3个以上具备承担招标项目的能力、资信良好的特定的法人或者其他组织发出投标邀请书。投标邀请书也应当载明招标人的名称和地址,招标项目的性质、数量、实施地点和时间以及获取招标文件的办法等事项。

招标人可以根据招标项目本身的要求,在招标公告或者投标邀请书中,要求潜在投标人提供有关资质证明文件和业绩情况,并对潜在投标人进行资格审查。招标人不得以不合理的条件限制或者排斥潜在投标人,不得对潜在投标人实行歧视待遇。

(五)资格审查

1. 资格预审

《招标投标法实施条例》规定,招标人采用资格预审办法对潜在投标人进行资格审查的,应当发布资格预审公告、编制资格预审文件。招标人应当合理确定提交资格预审申请文件的时间。依法必须进行招标的项目提交资格预审申请文件的时间,自资格预审文件停止发售之日起不得少于5日。《招标投标法实施条例》第十八条规定:"资格预审应当按照资格预审文件载明的标准和方法进行。国有资金占控股或者主导地位的依法必须进行招标的项目,招标人应当组建资格审查委员会审查资格预审申请文件。资格审查委员会及其成员应当遵守招标投标法和本条例有关评标委员会及其成员的规定。"资格预审结束后,招标人应当及时向资格预审申请人发出资格预审结果通知书。未通过资格预审的申请人不具有投标资格。通过资格预审的申请少于3个的,应当重新招标。

2. 资格后审

招标人采用资格后审办法对投标人进行资格审查的,应当在开标后由评标委员会按照招标文件规定的标准和方法对投标人的资格进行审查。

招标文件与资格预审的时间限制表，见表 4-3。

表 4-3　招标文件与资格预审的时间限制表

项目	招标文件	资格预审文件
发售	≥5 日	≥5 日
发出——截止	≥20 日	—
提交资格预审申请文件	—	资格预审文件停止发售之日≥5 日
修改、澄清	投标文件截止时间≥15 日，不足则顺延	申请文件截止时间≥3 日，不足则顺延
有异议	≥10 日	≥2 日
招标人异议答复	3 日内答复，答复前暂停招标投标	

（六）开标

《招标投标法》规定，开标应当在招标文件确定的提交投标文件截止时间的同一时间公开进行；开标地点应当为招标文件中预先确定的地点。开标由招标人主持，邀请所有投标人参加。开标时，由投标人或者其推选的代表检查投标文件的密封情况，也可以由招标人委托的公证机构检查并公证；经确认无误后，由工作人员当众拆封，宣读投标人名称、投标价格和投标文件的其他主要内容。招标人在招标文件要求提交投标文件的截止时间前收到的所有投标文件，开标时都应当当众予以拆封、宣读。开标过程应当记录，并存档备查。

《招标投标法实施条例》进一步规定，招标人应当按照招标文件规定的时间、地点开标。投标人少于 3 个的，不得开标；招标人应当重新招标。投标人对开标有异议的，应当在开标现场提出，招标人应当当场作出答复，并制作记录。

开标相关规定见表 4-4。

表 4-4　开标相关规定表

时间	提交投标文件截止的同一时间（＝投标有效起始时间）
地点	招标文件中预先确定的地点
人物	主持人：招标人
	参加者：所有投标人
	检查密封情况：投标人或其委托的代表；或招标人委托的公证机构检查并公证
流程	工作人员：拆封、宣读投标人名称、投标报价等内容
异议	应当在开标现场提出，招标人应当当场作出答复，并制作记录

（七）评标

《招标投标法》规定，评标由招标人依法组建的评标委员会负责。招标人应当采取必要的措施，保证评标在严格保密的情况下进行。任何单位和个人不得非法干预、影响评标的过程和结果。

依法必须进行招标的项目，其评标委员会由招标人的代表和有关技术、经济等方面的专家组成，成员人数为 5 人以上单数，其中技术、经济等方面的专家不得少于成员总数的三分之二。与投标人有利害关系的人不得进入相关项目的评标委员会；已经进入的应当更换。评标委员会成员的名单在中标结果确定前应当保密。

评标委员会可以要求投标人对投标文件中含义不明确的内容作必要的澄清或者说明，但是澄清或者说明不得超出投标文件的范围或者改变投标文件的实质性内容。评标委员会应当按照招标文件确定的评标标准和方法对投标文件进行评审和比较；设有标底的，应当参考标底，标底只能作为评标的参考，不得以投标报价是否接近标底作为中标条件，也不得以投标报价超过标底上下浮动范围作为否决投标的条件。评标委员会完成评标后，应当向招标人提出书面评标报告，并推荐合格的中标候选人。评标委员会经评审，认为所有投标都不符合招标文件要求的，可以否决所有投标。依法必须进行招标的项目的所有投标被否决的，招标人应当依法重新招标。

有下列情形之一的，评标委员会应当否决其投标：

（1）投标文件未经投标单位盖章和单位负责人签字；

（2）投标联合体没有提交共同投标协议；

（3）投标人不符合国家或者招标文件规定的资格条件；

（4）同一投标人提交两个以上不同的投标文件或者投标报价，但招标文件要求提交备选投标的除外；

（5）投标报价低于成本或者高于招标文件设定的最高投标限价；

（6）投标文件没有对招标文件的实质性要求和条件作出响应；

（7）投标人有串通投标、弄虚作假、行贿等违法行为。

投标文件中有含义不明确的内容、明显文字或者计算错误，评标委员会认为需要投标人作出必要澄清、说明的，应当书面通知该投标人。投标人的澄清、说明应当采用书面形式，并不得超出投标文件的范围或者改变投标文件的实质性内容。评标委员会不得暗示或者诱导投标人作出澄清、说明，不得接受投标人主动提出的澄清、说明。

评标完成后，评标委员会应当向招标人提交书面评标报告和中标候选人名单。中标候选人应当不超过 3 个，并标明排序。评标报告应当由评标委员会全体成员签字。对评标结果有不同意见的评标委员会成员应当以书面形式说明其不同意见和理由，评标报告应当注明该不同意见。评标委员会成员拒绝在评标报告上签字又不书面说明其不同意见和理由的，视为同意评标结果。

（八）中标和签订合同

《招标投标法》规定，招标人根据评标委员会提出的书面评标报告和推荐的中标候选人确定中标人。招标人也可以授权评标委员会直接确定中标人。招标人和中标人应当自中标通知书发出之日起 30 日内，按照招标文件和中标人的投标文件订立书面合同。招标人和中标人不得再行订立背离合同实质性内容的其他协议。

《最高人民法院关于审理建设工程施工合同纠纷案件适用法律问题的解释（一）》（法释〔2020〕25 号）规定，当事人签订的建设工程施工合同与招标文件、投标文件、中标通知书载明的工程范围、建设工期、工程质量、工程价款不一致，一方当事人请求将招标文件、投标文件、中标通知书作为结算工程价款的依据的，人民法院应予支持。

发包人将依法不属于必须招标的建设工程进行招标后，与承包人另行订立的建设工程施工合同背离中标合同的实质性内容，当事人请求以中标合同作为结算建设工程价款依据的，人民法院应予支持，但发包人与承包人因客观情况发生了在招标投标时难以预见的变化而另行订立建设工程施工合同的除外。

国家发展改革委《关于加强基础设施建设项目管理确保工程安全质量的通知》(发改投资规〔2021〕910号)中规定,项目招标投标确定的中标价格要体现合理造价要求,杜绝造价过低带来的安全质量问题。

(九)终止招标

《招标投标法实施条例》规定,招标人终止招标的,应当及时发布公告,或者以书面形式通知被邀请的或者已经获取资格预审文件、招标文件的潜在投标人。已经发售资格预审文件、招标文件或者已经收取投标保证金的,招标人应当及时退还所收取的资格预审文件、招标文件的费用,以及所收取的投标保证金及银行同期存款利息。

二、招标文件的相关规定

(一)禁止肢解发包的规定

肢解发包是指建设单位将本应由一个承包单位整体承建完成的建设工程肢解成若干部分,分别发包给不同承包单位的行为。

《招标投标法》规定,招标项目需要划分标段、确定工期的,招标人应当合理划分标段、确定工期,并在招标文件中载明。《建筑法》规定,提倡对建筑工程实行总承包,禁止将建筑工程肢解发包。建筑工程的发包单位可以将建筑工程的勘察、设计、施工、设备采购一并发包给一个工程总承包单位,也可以将建筑工程的勘察、设计、施工、设备采购的一项或者多项发包给一个工程总承包单位;但是,不得将应当由一个承包单位完成的建筑工程肢解成若干部分发包给几个承包单位。

《建设工程质量管理条例》第五十五条规定:"违反本条例规定,建设单位将建设工程肢解发包的,责令改正,处工程合同价款0.5%以上1%以下的罚款;对全部或者部分使用国有资金的项目,并可以暂停项目执行或者暂停资金拨付。"

(二)禁止限制、排斥投标人的规定

2022年3月中共中央、国务院发布的《关于加快建设全国统一大市场的意见》规定,不得违法限定投标人所在地、所有制形式、组织形式,或者设定其他不合理的条件以排斥、限制经营者参与投标采购活动。

2022年6月经修改后公布的《中华人民共和国反垄断法》(以下简称《反垄断法》)规定,行政机关和法律、法规授权的具有管理公共事务职能的组织不得滥用行政权力,以设定歧视性资质要求、评审标准或者不依法发布信息等方式,排斥或者限制经营者参加招标投标以及其他经营活动。

行政机关和法律、法规授权的具有管理公共事务职能的组织不得滥用行政权力,采取与本地经营者不平等待遇等方式,排斥、限制、强制或者变相强制外地经营者在本地投资或者设立分支机构。行政机关和法律、法规授权的具有管理公共事务职能的组织不得滥用行政权力,制定含有排除、限制竞争内容的规定。

《招标投标法》规定,依法必须进行招标的项目,其招标投标活动不受地区或者部门的限制。任何单位和个人不得违法限制或者排斥本地区、本系统以外的法人或者其他组织参加投标,不得以任何方式非法干涉招标投标活动。

《招标投标法实施条例》规定，招标人有下列行为之一的，属于以不合理条件限制、排斥潜在投标人或者投标人：

（1）就同一招标项目向潜在投标人或者投标人提供有差别的项目信息；

（2）设定的资格、技术、商务条件与招标项目的具体特点和实际需要不相适应或者与合同履行无关；

（3）依法必须进行招标的项目以特定行政区域或者特定行业的业绩、奖项作为加分条件或者中标条件；

（4）对潜在投标人或者投标人采取不同的资格审查或者评标标准；

（5）限定或者指定特定的专利、商标、品牌、原产地或者供应商；

（6）依法必须进行招标的项目非法限定潜在投标人或者投标人的所有制形式或者组织形式；

（7）以其他不合理条件限制、排斥潜在投标人或者投标人。

2019年10月公布的《优化营商环境条例》规定，政府有关部门应当加大反垄断和反不正当竞争执法力度，有效预防和制止市场经济活动中的垄断行为、不正当竞争行为以及滥用行政权力排除、限制竞争的行为，营造公平竞争的市场环境。

住房和城乡建设部办公厅《关于支持民营建筑企业发展的通知》（建办市〔2019〕8号）中还规定，民营建筑企业在注册地以外的地区承揽业务时，地方各级住房和城乡建设主管部门要给予外地民营建筑企业与本地建筑企业同等待遇，不得擅自设置任何审批和备案事项，不得要求民营建筑企业在本地区注册设立独立子公司或分公司。

实例分析

1. 背景

某工程项目，建设单位通过招标选择了一家具有相应资质的监理单位中标，并在中标通知书发出后与该监理单位签订了监理合同，后双方又签订了一份监理酬金比中标价降低8%的协议。在施工公开招标中，有A、B、C、D、E、F、G、H等施工企业报名投标，经资格预审均符合资格预审文件的要求，但建设单位以A施工企业是外地企业为由，坚持不同意其参加投标。

2. 问题

（1）建设单位与监理单位签订的监理合同有何违法行为，应分别如何处罚？

（2）外地施工企业是否有资格参加本工程项目的投标，建设单位的做法应如何处罚？

3. 分析

（1）《招标投标法》第四十六条规定："招标人和中标人应当自中标通知书发出之日起30日内，按照招标文件和中标人的投标文件订立书面合同。招标人和中标人不得再行订立背离合同实质性内容的其他协议。"《招标投标法实施条例》第五十七条第1款又作了进一步规定："招标人和中标人应当依照《招标投标法》和本条例的规定签订书面合同，合同的标的、价款、质量、履行期限等主要条款应当与招标文件和中标人的投标文件的内容一致。招标人和中标人不再行订立背离合同实质性内容的其他协议。"本案中的建设单位与监理单位签订监理合同之后，又签订了一份监理酬金比中标价降低8%的协议，属再行订立背离合同实质性内容其他协议的违法行为。对此,应当依据《招标投标法》第五十九条关于"招标人与中标人不按照招标文件和中标人的投标文件订立合同的,或者招标人、中标人订立背离合同实质性内容的协议的,责令改正;可以处中标项目金额5‰以上10‰以下的罚款"的规定,予以相应的处罚。

(2)《招标投标法》第六条规定:"依法必须进行招标的项目,其招标投标活动不受地区或者部门的限制。任何单位和个人不得违法限制或者排斥本地区、本系统以外的法人或者其他组织参加投标,不得以任何方式非法干涉招标投标活动。"本案例中的建设单位以A施工企业是外地企业为由,不同意其参加投标,是一种限制或者排斥本地区以外法人参加投标的违法行为。A施工企业经资格预审符合资格预审文件的要求,是有资格参加本工程项目投标的。对此,《招标投标法》第五十一条规定:"招标人以不合理的条件限制或者排斥潜在投标人的,对潜在投标人实行歧视待遇的,强制要求投标人组成联合体共同投标的,或者限制投标人之间竞争的,责令改正,可以处10 000元以上50 000元以下的罚款。"

小试牛刀

1. 关于招标基本程序的说法,下列正确的有( )。
   A. 招标项目按照国家有关规定需要履行项目审批手续的,可以先行办理招标事宜,再履行审批手续
   B. 招标投标活动应当遵循公开、公平、公正和诚实信用的原则
   C. 招标人具有编制招标文件和组织评标能力的,可以自行办理招标事宜
   D. 招标代理机构可以为所代理的招标项目的投标人提供咨询
   E. 委托招标代理机构应当采用招标方式进行
2. 关于招标代理机构的说法,下列正确的是( )。
   A. 招标代理机构可以在所代理的招标项目中投标或者代理投标
   B. 招标代理机构可以为所代理的招标项目的投标人提供咨询
   C. 招标人与被委托的招标代理机构之间的委托合同可以是口头形式
   D. 招标代理机构应当拥有一定数量的具备编制招标文件、组织评标等相应能力的专业人员
3. 关于招标文件的说法,下列正确的是( )。
   A. 招标文件不得要求或者标明特定的生产供应者以及含有倾向或者排斥潜在投标人的内容
   B. 招标人已对发出的招标文件进行必要的澄清的,该澄清的内容不得再次澄清
   C. 招标人已对发出的招标文件进行必要的修改的,应当在招标文件要求提交投标文件截止时间至少10日前
   D. 招标人对已发出的招标文件进行必要的修改的,应当以电话等即时通信方式及时通知所获取招标文件的潜在投标人
4. 关于招标文件澄清或者修改的说法,下列正确的是( )。
   A. 招标文件的效力高于其澄清或修改文件

B. 澄清或者修改的内容可能影响投标文件编制的，招标人应在投标截止时间至少15日前澄清或者修改
C. 澄清或者修改可以以口头形式通知所有获取招标文件的潜在投标人
D. 澄清或者修改通知至投标截止时间不足15日的，在征得全部投标人同意后，可按原投标截止时间开标

5. 关于潜在投标人或者其他利害关系人对招标文件有异议的说法，下列正确的是（　　）。
   A. 异议应当在投标截止时间7日前提出
   B. 对招标人的异议答复不服的，可以向有关行政监督部门投诉
   C. 招标人应当自收到异议之日起7日内作出答复
   D. 招标人作出答复前，可以继续进行招标投标活动

6. 关于标底的说法，下列正确的是（　　）。
   A. 招标人可以自行决定是否编制标底
   B. 招标人可以根据实际情况确定招标项目标底的数额
   C. 国有资金投资的建筑工程招标的，应当设有招标标底
   D. 在保密的前提下，接受招标人委托编制标底的中介机构可以为该项目的投标人提供咨询

7. 关于投标人资格预审的说法，下列正确的是（　　）。
   A. 通过预审的申请人少于3个，可以不重新招标
   B. 评标委员会应当及时向资格预审的申请人发出结果通知书
   C. 依法必须进行招标的项目提交资格预审申请文件的时间，自资格预审文件停止发售之日起不得少于5日
   D. 国有资金占控股或主导地位的依法必须进行招标的项目，招标人可以组建资格审查委员会审查

8. 关于开标的说法，下列正确的是（　　）。
   A. 投标人少于5个的，不得开标
   B. 投标人对开标有异议的，应当在开标结束后另行提出
   C. 开标应当由招标代理机构主持
   D. 招标人应当按照招标文件规定的时间、地点开标

9. 评标委员会成员中，成员人数为（　　）人以上单数，其中经济、技术专家不得少于成员总数的（　　）。
   A. 3，3/4　　　B. 3，2/3　　　C. 5，2/3　　　D. 5，3/4

10. 根据《招标投标法》，中标通知书自（　　）发生法律效力。
    A. 发出之日　　B. 作出之日　　C. 盖章之日　　D. 收到之日

11. 关于中标和订立合同的说法，正确的是（　　）。
    A. 招标人根据评标委员会提出的书面评标报告和推荐的中标候选人确定中标人
    B. 招标人不得授权评标委员会直接确定中标人
    C. 招标人和中标人应当自中标通知书发出之日起20日内，按照招标文件和中标人的投标文件订立书面合同
    D. 招标人和中标人可以再行订立背离合同实质性内容的其他协议

12. 招标人的下列行为中，属于以不合理的条件限制、排斥潜在投标人或者投标人的有（　　）。
    A. 设定与合同履行有关的资格条件
    B. 以投标人的业绩、奖项作为加分条件
    C. 就同一招标项目向投标人提供有差别的项目信息
    D. 对潜在投标人采取不同的资格审查标准
    E. 指定特定的专利、商标、品牌、原产地或者供应商

单元三　建设工程投标法律制度

一、投标人的相关规定

（一）投标人概念

《招标投标法》规定，投标人是响应招标、参加投标竞争的法人或者其他组织。投标人应当具备承担招标项目的能力；国家有关规定对投标人资格条件或者招标文件对投标人资格条件有规定的，投标人应当具备规定的资格条件。

（二）投标条件

《招标投标法实施条例》规定，投标人参加依法必须进行招标的项目的投标，不受地区或者部门的限制，任何单位和个人不得非法干涉。与招标人存在利害关系可能影响招标公正性的法人、其他组织或者个人，不得参加投标。单位负责人为同一人或者存在控股、管理关系的不同单位，不得参加同一标段投标或者未划分标段的同一招标项目投标。违反以上规定的，相关投标均无效。投标人发生合并、分立、破产等重大变化的，应当及时书面告知招标人。投标人不再具备资格预审文件、招标文件规定的资格条件或者其投标影响招标公正性的，其投标无效。

（三）联合体投标

联合体投标是一种特殊的投标人组织形式，一般适用于大型的或结构复杂的建设项目。《招标投标法》规定，两个以上法人或者其他组织可以组成一个联合体，以一个投标人的身份共同投标。联合体各方均应当具备承担招标项目的相应能力；国家有关规定或者招标文件对投标人资格条件有规定的，联合体各方均应当具备规定的相应资格条件。由同一专业的单位组成的联合体，按照资质等级较低的单位确定资质等级。

联合体各方应当签订共同投标协议，明确约定各方拟承担的工作和责任，并将共同投标协议连同投标文件一并提交招标人。联合体中标的，联合体各方应当共同与招标人签订合同，就中标项目向招标人承担连带责任。招标人不得强制投标人组成联合体共同投标，不得限制投标人之间的竞争。

《招标投标法实施条例》进一步规定，招标人应当在资格预审公告、招标公告或者投标邀请书中载明是否接受联合体投标。招标人接受联合体投标并进行资格预审的，联合体应当在提交资格预审申请文件前组成。资格预审后联合体增减、更换成员的，其投标无效。

联合体各方在同一招标项目中以自己名义单独投标或者参加其他联合体投标的，相关投标均无效。

二、投标文件的相关规定

（一）投标文件的内容要求

《招标投标法》规定，投标人应当按照招标文件的要求编制投标文件。投标文件应当对招标文件提出的实质性要求和条件作出响应。招标项目属于建设施工项目的，投标文件的内容应当包括拟派出的项目负责人与主要技术人员的简历、业绩和拟用于完成招标项目的机械设备等。

投标文件应包括下列内容：
（1）投标函及投标函附录；
（2）法定代表人身份证明或附有法定代表人身份证明的授权委托书；
（3）联合体协议书；
（4）投标保证金；
（5）已标价工程量清单；
（6）施工组织设计；
（7）项目管理机构；
（8）拟分包项目情况表；
（9）资格审查资料；
（10）投标人须知前附表规定的其他材料。但是，投标人须知前附表规定不接受联合体投标的，或投标人没有组成联合体的，投标文件不包括联合体协议书。

《建筑工程施工发包与承包计价管理办法》中规定，投标报价不得低于工程成本，不得高于最高投标限价。投标报价应当依据工程量清单、工程计价有关规定、企业定额和市场价格信息等编制。

（二）投标文件的修改与撤回

《招标投标法》规定，投标人在招标文件要求提交投标文件的截止时间前，可以补充、修改或者撤回已提交的投标文件，并书面通知招标人。补充、修改的内容为投标文件的组成部分。

《招标投标法实施条例》进一步规定，投标人撤回已提交的投标文件，应当在投标截止时间前书面通知招标人。

（三）投标文件的送达与签收

《招标投标法》规定，投标人应当在招标文件要求提交投标文件的截止时间前，将投标文件送达投标地点。招标人收到投标文件后，应当签收保存，不得开启。投标人少于3个的，招标人应当依法重新招标。在招标文件要求提交投标文件的截止时间后送达的投标文件，招标人应当拒收。

《招标投标法实施条例》进一步规定，未通过资格预审的申请人提交的投标文件，以及逾期送达或者不按照招标文件要求密封的投标文件，招标人应当拒收。招标人应当如实记载投标文件的送达时间和密封情况，并存档备查。

(四) 投标保证金

《招标投标法实施条例》规定，招标人在招标文件中要求投标人提交投标保证金的，投标保证金不得超过招标项目估算价的 2%。投标保证金有效期应当与投标有效期一致。招标人不得挪用投标保证金。

《工程建设项目施工招标投标办法》进一步规定，投标保证金不得超过项目估算价的 2%，但最高不得超过 80 万元人民币。

实行两阶段招标的，招标人要求投标人提交投标保证金的，应当在第二阶段提出。招标人终止招标，已经收取投标保证金的，招标人应当及时退还所收取的投标保证金及银行同期存款利息。投标人撤回已提交的投标文件，招标人已收取投标保证金的，应当自收到投标人书面撤回通知之日起 5 日内退还。投标截止后投标人撤销投标文件的，招标人可以不退还投标保证金。招标人最迟应当在书面合同签订后 5 日内向中标人和未中标的投标人退还投标保证金及银行同期存款利息。

三、投标人不正当竞争行为规定

2019 年 4 月经修改后公布的《中华人民共和国反不正当竞争法》（以下简称《反不正当竞争法》）第二条规定："经营者在生产经营活动中，应当遵循自愿、平等、公平、诚信的原则，遵守法律和商业道德。本法所称的不正当竞争行为，是指经营者在生产经营活动中，违反本法规定，扰乱市场竞争秩序，损害其他经营者或者消费者的合法权益的行为。"在建设工程招标投标活动中，投标人的不正当竞争行为主要是：投标人相互串通投标、招标人与投标人串通投标、投标人以行贿手段谋取中标、投标人以低于成本的报价竞标、投标人以他人名义投标或者以其他方式弄虚作假骗取中标。

（一）禁止投标人相互串通投标

《中华人民共和国反垄断法》规定，垄断协议是指排除、限制竞争的协议、决定或者其他协同行为。经营者不得组织其他经营者达成垄断协议或者为其他经营者达成垄断协议提供实质性帮助。《招标投标法》规定，投标人不得相互串通投标报价，不得排挤其他投标人的公平竞争，损害招标人或者其他投标人的合法权益。

1. 串通投标

《招标投标法实施条例》进一步规定，禁止投标人相互串通投标。有下列情形之一的，属于投标人相互串通投标：

（1）投标人之间协商投标报价等投标文件的实质性内容；
（2）投标人之间约定中标人；
（3）投标人之间约定部分投标人放弃投标或者中标；
（4）属于同一集团、协会、商会等组织成员的投标人按照该组织要求协同投标；
（5）投标人之间为谋取中标或者排斥特定投标人而采取的其他联合行动。

2. 视为串通投标

有下列情形之一的，视为投标人相互串通投标：
（1）不同投标人的投标文件由同一单位或者个人编制；
（2）不同投标人委托同一单位或者个人办理投标事宜；

(3) 不同投标人的投标文件载明的项目管理成员为同一人；
(4) 不同投标人的投标文件异常一致或者投标报价呈规律性差异；
(5) 不同投标人的投标文件相互混装；
(6) 不同投标人的投标保证金从同一单位或者个人的账户转出。

(二) 禁止招标人与投标人串通投标

《招标投标法》规定，投标人不得与招标人串通投标，损害国家利益、社会公共利益或者他人的合法权益。

《招标投标法实施条例》进一步规定，有下列情形之一的，属于招标人与投标人串通投标：

(1) 招标人在开标前开启投标文件并将有关信息泄露给其他投标人；
(2) 招标人直接或者间接向投标人泄露标底、评标委员会成员等信息；
(3) 招标人明示或者暗示投标人压低或者抬高投标报价；
(4) 招标人授意投标人撤换、修改投标文件；
(5) 招标人明示或者暗示投标人为特定投标人中标提供方便；
(6) 招标人与投标人为谋求特定投标人中标而采取的其他串通行为。

(三) 禁止投标人以行贿手段谋取中标

《反不正当竞争法》规定，经营者不得采用财物或者其他手段贿赂下列单位或者个人，以谋取交易机会或者竞争优势：

(1) 交易相对方的工作人员；
(2) 受交易相对方委托办理相关事务的单位或者个人；
(3) 利用职权或者影响力影响交易的单位或者个人。

经营者的工作人员进行贿赂的，应当认定为经营者的行为；但是，经营者有证据证明该工作人员的行为与为经营者谋取交易机会或者竞争优势无关的除外。经营者在交易活动中，可以以明示方式向交易相对方支付折扣，或者向中间人支付佣金。经营者向交易相对方支付折扣、向中间人支付佣金的，应当如实入账。接受折扣、佣金的经营者也应当如实入账。

《招标投标法》也规定，禁止投标人以向招标人或者评标委员会成员行贿的手段谋取中标。

投标人以行贿手段谋取中标是一种严重的违法行为，其法律后果是中标无效，有关责任人和单位要承担相应的行政责任或刑事责任，给他人造成损失的还应承担民事赔偿责任。

(四) 投标人不得以低于成本的报价竞标

低于成本的报价竞标不仅属不正当竞争行为，还易导致中标后的偷工减料，影响建设工程质量。《招标投标法》规定，投标人不得以低于成本的报价竞标。

《建筑工程施工发包与承包计价管理办法》中进一步规定，投标报价低于工程成本或者高于最高投标限价总价的，评标委员会应当否决投标人的投标。

(五) 投标人不得以他人名义投标或以其他方式弄虚作假骗取中标

《招标投标法》第三十三条规定，投标人不得以低于成本的报价竞标，也不得以他人名义投标或者以其他方式弄虚作假，骗取中标。《招标投标法实施条例》进一步规定，使用通过受让或者租借等方式获取的资格、资质证书投标的,属于《招标投标法》第三十三条规定的以他人名义投标。投标人有下列情形之一的,属于《招标投标法》第三十三条规定的以其他方式弄虚作假的行为:

(1) 使用伪造、变造的许可证件;
(2) 提供虚假的财务状况或者业绩;
(3) 提供虚假的项目负责人或者主要技术人员简历、劳动关系证明;
(4) 提供虚假的信用状况;
(5) 其他弄虚作假的行为。

实例分析

1. 背景

某省重点工程项目由于工程复杂、技术难度高,一般施工队伍难以胜任,建设单位便自行决定采取邀请招标方式,于9月28日向通过资格预审的A、B、C、D、E共5家施工企业发出了投标邀请书。这5家施工企业均接受了邀请,并于规定时间购买了招标文件。按照招标文件的规定,10月18日下午4时为提交投标文件的截止时间,10月21日下午2时在建设单位办公大楼第2会议室开标。A、B、D、E施工企业均在此截止时间之前提交了投标文件,但C施工企业却因中途堵车,于10月18日下午5时才将投标文件送达。10月21日下午2时,当地招标投标监管机构在该建设单位办公大楼第2会议室主持了开标。

2. 问题

(1) 该建设单位自行决定采取邀请招标的做法是否合法?
(2) 建设单位是否可以接收C施工企业的投标文件?
(3) 开标应当由谁主持?

3. 分析

(1) 不合法。《招标投标法》第十一条规定:"国务院发展计划部门确定的国家重点项目和省、自治区、直辖市人民政府确定的地方重点项目不适宜公开招标的,经国务院发展计划部门或者省、自治区、直辖市人民政府批准,可以进行邀请招标。"因此,本案中的建设单位擅自决定对省重点工程项目采取邀请招标的做法,违反了《招标投标法》的有关规定,是不合法的。

(2) 不能接收。《招标投标法》第二十八条第2款规定:"在招标文件要求提交投标文件的截止时间后送达的投标文件,招标人应当拒收。"《招标投标法实施条例》第三十六条第1款规定:"未通过资格预审的申请人提交的投标文件,以及逾期送达或者不按照招标文件要求密封的投标文件,招标人应当拒收。"据此,建设单位应当对C施工企业逾期送达的投标文件予以拒收。如果未依法而接受的,按照《招标投标法实施条例》第六十四条规定:"招标人有下列情形之一的,由有关行政监督部门责令改正,可以处10万元以下的罚款,接受应当拒收的投标文件,对单位直接负责的主管人员和其他直接责任人员依法给予处分。"

(3)《招标投标法》第三十五条规定:"开标由招标人主持,邀请所有投标人参加。"据此,本案例中由当地招标投标监管机构主持开标是不合法的。

小试牛刀

1. 关于投标的说法，下列正确的是（　　）。
   A. 投标人参加依法必须进行招标的项目的投标，应当受地区或者部门的限制
   B. 单位负责人为同一人的不同单位参与同一标段投标，相关投标均无效
   C. 存在控股、管理关系的不同单位，可以参加未划分标段同一招标项目的投标
   D. 投标人发生合并、分立、破产等重大变化的，其投标无效

2. 关于联合体投标的说法，下列正确的是（　　）。
   A. 由同一专业的单位组成的联合体，按照资质等级较高的单位确定资质等级
   B. 联合体各方中有一方具备承担招标项目的相应能力即可
   C. 联合体中标的，联合体各方应当共同与招标人订立合同
   D. 联合体各方在同一招标项目中以自己名义单独投标的，应当向评标委员会澄清、说明以哪份投标文件为准

3. 下列文件属于投标文件内容的有（　　）。
   A. 投标函及其附录
   B. 施工组织设计
   C. 项目管理机构
   D. 法定代表人身份证明
   E. 投标邀请书

4. 关于投标文件撤回和撤销的说法，下列正确的是（　　）。
   A. 投标人可以选择电话或书面方式通知招标人撤回投标文件，并通知其他投标人
   B. 投标截止时间后投标人撤销投标文件的，招标人应当退还投标保证金
   C. 投标人撤回已提交的投标文件，应当在投标截止时间后通知招标人
   D. 投标人在招标文件要求提交投标文件的截止时间前，可以修改已提交的投标文件

5. 关于投标文件的送达与签收的说法，下列正确的是（　　）。
   A. 招标人收到投标文件后，应当开启检查是否符合招标文件的要求
   B. 在招标文件要求提交投标文件的截止时间后送达的投标文件，有正当理由的，招标人应当签收
   C. 未按照招标文件的要求密封的投标文件，招标人可以自行密封
   D. 未通过资格预审的申请人提交的投标文件，招标人应当拒收

6. 下列情形中，招标人应当拒收的投标文件有（　　）。
   A. 逾期送达的
   B. 投标人未提交投标保证金的
   C. 投标人的法定代表人未到场的
   D. 未按招标文件要求密封的
   E. 投标人对招标文件有异议的

7. 关于施工项目投标保证金的说法，下列正确的有（　　）。
   A. 招标人在招标文件中可以要求投标人提交投标保证金
   B. 投标保证金有效期应当与投标有效期一致
   C. 两阶段进行招标的项目，投标保证金应当在第一阶段提出
   D. 中标人无正当理由不与招标人订立合同，取消其中标资格、投标保证金不予退还
   E. 投标保证金不得超过招标项目估算价的2%，但最高不得超过80万元人民币

8. 下列情形中,属于招标人与投标人串通投标的有(　　)。
   A. 投标人未经招标人授意,自行撤换、修改投标文件
   B. 招标人在开标前开启投标文件并将有关信息泄露给投标人
   C. 设定的资格条件与招标项目的实际需要不相适应
   D. 招标人直接向投标人泄露标底、评标委员会成员等信息
   E. 招标人暗示投标人压低或者抬高投标报价
9. 下列投标人的情形中,属于以他人名义投标的是(　　)。
   A. 使用通过受让或者租借的方式获取的资质证书投标
   B. 使用伪造、变造的许可证件投标
   C. 提供虚假的财务状况或者业绩投标
   D. 提供虚假的信用状况投标

单元四　建设工程的开标、评标和定标

一、开标的相关规定

(一) 开标时间及要求

根据《招标投标法》第三十四条规定,"开标应当在招标文件确定的提交投标文件截止时间的同一时间公开进行;开标地点应当为招标文件中预先确定的地点。"关于开标时间,开标应当在招标文件确定的提交投标文件截止时间的同一时间公开进行,包含以下3层意思。

1. 事先确定

开标时间应当在提供给每个投标人的招标文件中事先确定,以使每个投标人都能事先知道开标的准确时间,以便届时参加,确保开标过程的公开、透明。

2. 与提交投标文件的截止时间相一致

将开标时间规定为提交投标文件截止时间的同一时间,目的是防止招标人或者投标人利用提交投标文件的截止时间以后与开标时间之前的一段时间间隔做手脚,进行暗箱操作。关于开标的具体时间,实践中可能会有两种情况,一种是如果开标地点与接受投标文件的地点相一致,则开标时间与提交投标文件的截止时间应一致;另一种是如果开标地点与提交投标文件的地点不一致,则开标时间与提交投标文件的截止时间应有一合理的间隔。

3. 公开进行

所谓公开进行,就是开标活动都应当向所有提交投标文件的投标人公开。招标人应当邀请所有提交投标文件的投标人到场参加开标。

(二) 开标地点

为了使所有投标人都能事先知道开标地点,能够按时到达,开标地点应当在招标文件中事先确定,以便每个投标人都能事先为参加开标活动做好充分的准备。

（三）开标主持人

根据《招标投标法》第三十五条，"开标由招标人主持，邀请所有投标人参加"。关于开标主持人与参加人的规定包含下面两条含义。

1. 开标由招标人负责主持

招标人自行办理招标事宜的，自行主持开标；招标人委托招标代理机构办理招标事宜的，可以由招标代理机构按照委托招标合同的约定负责主持开标事宜。招标人主持开标，应当严格按照法定程序和招标文件载明的规定进行，包括：应按照规定的开标时间宣布开标开始；核对出席开标的投标人身份和出席人数；安排投标人或其代表检查投标文件密封情况后指定工作人员监督拆封；组织唱标、记录；维护开标活动的正常秩序等。

2. 所有投标人参加

招标人应邀请所有投标人参加开标，以确保开标在所有投标人的参与、监督下，按照公开、透明的原则进行，堵塞在开标过程中可能发生的"暗箱操作"漏洞。

（四）开标过程

根据《招标投标法》第三十六条规定，开标时，由投标人或者其推选的代表检查投标文件的密封情况，也可以由招标人委托的公证机构检查并公证；经确认无误后，由工作人员当众拆封，宣读投标人名称、投标价格和投标文件的其他主要内容。

招标人在招标文件要求提交投标文件的截止时间前收到的所有投标文件，开标时都应当当众予以拆封，不能遗漏，否则就构成对投标人的不公正对待。

开标过程应当记录，并存档备查，遵循开标程序、开标要求及开标过程应当记录的规定。

1. 检查密封情况

由投标人或者其推选的代表检查投标文件的密封情况，也可以由招标人委托的公证机构检查并公证。投标人数较少时，可以由投标人自行检查；投标人数较多时，也可以由投标人推举代表进行检查，招标人也可以根据情况委托公证机构进行检查并公证。

投标人或者投标人推选的代表或者公证机构对投标文件的密封情况进行检查以后，确认密封情况良好，没有问题，则可以由现场的工作人员在所有在场的人的监督之下进行当众拆封。

2. 唱标

宣读投标人名称、投标价格和投标文件的其他主要内容。拆封以后，现场的工作人员应当高声唱读投标人的名称、每个投标的投标价格及投标文件中的其他主要内容。其他主要内容主要是指投标报价有无折扣或者价格修改等，如果要求或者允许报替代方案，还应包括替代方案投标的总金额。

注意：开标过程应当记录，并存档备查。这是保证开标过程透明和公正，维护投标人利益的必要措施。开标过程进行记录，要求对开标过程中的重要事项进行记载，包括开标时间、开标地点、开标时具体参加单位、人员、唱标的内容、开标过程是否经过公证等都要记录在案。记录以后，应当作为档案保存起来，以方便查询。任何投标人要求查询，都应当允许。

二、评标的相关规定

（一）评标委员会的组成、工作内容及要求

开标会结束后，招标人要接着组织评标。评标必须在招标投标管理机构的监督下，由招标人依法组建的评标组织进行。组建评标组织是评标前的一项重要工作，参加评标会的人员为招标人或其代表人、招标代理人、评标组织成员、招标投标管理机构的监管人员等。

投标人不能参加评标会。评标会由招标人或其委托的代理人召开，由评标组织负责人主持。

1. 评标委员会的组成

根据《招标投标法》第三十七条规定，评标由招标人依法组建的评标委员会负责。依法必须进行招标的项目，其评标委员会由招标人的代表和有关技术、经济等方面的专家组成，成员人数为 5 人以上单数，其中技术、经济等方面的专家不得少于成员总数的 2/3。与投标人有利害关系的人不得进入相关项目的评标委员会；已经进入的应当更换。评标委员会成员的名单在中标结果确定前应当保密。

参加评标委员会的专家应当同时具备以下条件：从事相关专业领域工作满 8 年并具有高级职称或者同等专业水平；熟悉有关招标投标的法律法规，并具有与招标项目相关的实践经验；能够认真、公正、诚实、廉洁地履行职责。具有高级职称，即具有经国家规定的职称评定机构评定，取得高级职称证书的职称。对于某些专业水平已达到与本专业具有高级职称的人员相当的水平，有丰富的实践经验，但因某些原因尚未取得高级职称的专家，也可聘请作为评标委员会成员。

评标委员会的专家成员应从省级以上人民政府有关部门提供的专家名册或者招标代理机构的专家库内的相关专家名单中确定；确定评标专家，可以采取随机抽取或者直接确定的方式。一般项目可以采取随机抽取的方式；技术特别复杂、专业性要求特别高或者国家有特殊要求的招标项目，采取随机抽取方式确定的专家难以胜任的，可以由招标人直接确定。

评标委员会设负责人的，评标委员会负责人由评标委员会成员推举产生或者由招标人确定。评标委员会负责人与评标委员会的其他成员享有同等的表决权。

2. 评标委员会的工作内容

（1）熟悉招标文件，包括资格审查文件、评标办法，资格审查办法及相关的补充文件。

（2）认真客观地对投标人的投标文件或资格审查文件进行评审。对评审情况进行汇总。

（3）编写评标报告，推荐中标候选人（或确定中标人，按评标办法规定），资格审查通过名单或未通过的原因。

（4）在评审表格、评标报告上签字，对评标结果负责。

3. 评标委员会的要求

根据《招标投标法》第四十四条规定："评标委员会成员应当客观、公正地履行职务，遵守职业道德，对所提出的评审意见承担个人责任。评标委员会成员不得私下接触投标人，不得收受投标人的财物或者其他好处。评标委员会成员和参与评标的有关工作人员不得透露对投标文件的评审和比较、中标候选人的推荐情况以及与评标有关的其他情况。"

评标委员会成员应当客观、公正地履行职责，遵守职业道德，对所提出的评审意见承担个人责任。与评标活动有关的工作人员，是指评标委员会成员以外的因参与评标监督工作或

者事务性工作而知悉有关评标情况的所有人员。

评标委员会应遵守的基本准则如下：

（1）客观公正。评标委员会成员应当客观、公正地履行职务。这里讲的"客观"，是指评标委员会成员在评审投标文件时，必须做到实事求是，不得带有主观偏见；这里所讲的"公正"，是指评标委员会成员在评标过程中要以独立的地位严格按照招标文件规定的程序和方法评审每个投标人的投标。

（2）遵守职业道德。评标委员会成员不得私下接触投标人，以防评标委员会成员与投标人串通，影响公正评标。评标委员会成员不得透露评标的有关情况，要对评标过程保密。评标委员会成员和参与评标的工作人员如果随意泄露投标文件的评审和比较、中标候选人的推荐情况，以及与评标有关的其他情况，将会对评标活动造成严重干扰，会给某些人在评标过程进行串通和暗箱操作留下可乘之机，将会对评标的公正性产生不利影响。

有下列情形之一的，不得担任评标委员会成员：

①投标人或者投标人主要负责人的近亲属；

②项目主管部门或者行政监督部门的人员；

③与投标人有经济利益关系，可能影响对投标公正评审的；

④曾因在招标、评标以及其他与招标投标有关活动中从事违法行为而受过行政处罚或刑事处罚的。

评标委员会成员有上述规定情形之一的，应当主动提出回避。

（二）评标的规则和原则

根据《招标投标法》第三十八条规定，招标人应当采取必要的措施，保证评标在严格保密的情况下进行。任何单位和个人不得非法干预、影响评标的过程和结果。所有评标必须按法定的规则进行，这是公正评标的必要保证。评标应满足以下规定。

1. 保密

招标应当采取必要措施，保证评标在严格保密的情况下进行，要求评标在封闭的状态下进行，使评标过程免受干扰。从实际情况看，招标人应当采取的必要保密措施通常包括以下几项：

（1）对于评标委员会成员的名单对外应当保密，以避免某些投标人在得知评标委员会成员的名单以后，采取不正当手段对评标委员会的成员施加影响，造成评标结果的不公正；

（2）在可能和必要的情况下，为评标委员会进行评标工作提供比较安静、不易受外界干扰的评标地点，并对该评标地点保密。

2. 任何单位和个人不得非法干预、影响评标的过程和结果

从我国推行招标投标制度的实践看，确实存在着对招标投标活动进行"非法干预"的情况。例如，有的地方政府或政府有关主管部门出于地方保护或行业垄断的需要，置招标文件已明确规定的评标标准和评标方法于不顾，利用其掌握的行政权力，强令评标委员会只能推荐本地方或本部门的投标人作为中标候选人，强令招标人只能确定本地方、本部门的投标人中标；某些领导人以"批条子"、打电话或其他明示或暗示的方式对评标活动施加影响，要求评标委员会和招标人按自己的意图而不是按招标文件规定的中标标准确定中标人等，影响评标过程和结果。对这些违法行为，必须依法予以禁止。

3. 评标委员会可以要求投标人对投标文件进行澄清

根据《招标投标法》第三十九条规定："评标委员会可以要求投标人对投标文件中含义

不明确的内容作必要的澄清或者说明，但是澄清或者说明不得超出投标文件的范围或者改变投标文件的实质性内容。"这包括两层意思：

（1）评标委员会可以要求投标人对投标文件中含义不明确的内容作必要的澄清或说明。评标委员会在对投标人的投标文件进行评审和比较时，遇到投标文件中所载事项内容不清楚、不明确的地方，可以要求投标人予以说明，以便客观地对投标文件进行审查和比较，准确地了解投标人真实的意思表示。按照法律规定，评标委员会要求对投标人进行澄清和说明的，只限于投标文件中含义不明确的内容。即投标文件中意思表示不清，可能会产生歧义、容易造成误解的内容。评标委员会对投标文件中含义明确的内容，不得要求投标人再做出解释、阐述，不得以任何明示或暗示的方式要求某些投标人以澄清或说明为借口，表达与其投标文件原意不同的新意见。

（2）投标人对于投标文件的澄清或说明不得超出投标文件的范围或改变投标文件的实质性内容。首先，投标人对于投标文件的澄清或说明只能限于投标文件已记载的内容，不得超出投标文件的范围。如果某些投标人因其投标文件编写不完整，以图借评标过程中澄清、说明的机会补充甚至修改投标文件的内容，则是法律所不允许的。其次，投标人对于投标文件的澄清或说明不得改变投标文件的实质性内容。这里所讲的"实质性内容"，包括投标文件中记载的投标报价、主要技术参数、交货或竣工日期等主要内容。

4. 评标委员会应遵循的评标标准和评标结果效力

根据《招标投标法》第四十条规定："评标委员会应当按照招标文件确定的评标标准和方法，对投标文件进行评审和比较；设有标底的，应当参考标底。评标委员会完成评标后，应当向招标人提出书面评标报告，并推荐合格的中标候选人。招标人根据评标委员会提出的书面评标报告和推荐的中标候选人确定中标人。招标人也可以授权评标委员会直接确定中标人。国务院对特定招标项目的评标有特别规定的，从其规定。"

5. 评标委员会可以否决所有投标及否决后招标人处理方式规定

投标人或投标文件涉及以下情形的，评标委员会应当否决其投标：

（1）投标文件未经投标单位盖章和单位负责人签字；
（2）投标联合体没有提交共同投标协议；
（3）投标人不符合国家或者招标文件规定的资格条件；
（4）同一投标人提交两个以上不同的投标文件或报价（要求提交备选标的除外）；
（5）投标报价低于成本或者高于招标文件设定的最高投标限价；
（6）投标文件没有对招标文件的实质性要求和条件作出响应；
（7）投标人有串通投标、弄虚作假、行贿等违法行为。

根据《招标投标法》第四十二条规定："评标委员会经评审，认为所有投标都不符合招标文件要求的，可以否决所有投标。依法必须进行招标的项目的所有投标被否决的，招标人应当依照本法重新招标。"

三、定标与签订合同

（一）公示中标候选人

《招标投标法实施条例》规定，依法必须进行招标的项目，招标人应当自收到评标报告之日起 3 日内公示中标候选人，公示期不得少于 3 日。

投标人或者其他利害关系人对依法必须进行招标的项目的评标结果有异议的，应当在中标候选人公示期间提出。招标人应当自收到异议之日起 3 日内作出答复；作出答复前，应当暂停招标投标活动。

（二）中标条件的规定

根据《招标投标法》规定，中标人的投标应当能够满足招标文件的实质性要求，并且经评审的投标价格最低，但是投标价格低于成本的除外。这包括三个方面的含义：

（1）满足招标文件的实质性要求。能够满足招标文件的实质性要求，即对招标文件中的要求有充分响应。

（2）经评审的投标价格最低。这是指对投标文件中的各项评标因素尽可能折算为货币量，加上投标报价进行综合评审、比较之后，确定评审价格最低的投标（通常称为最低评标价），以该投标为中标。这里需要指出的是，中标的是经过评审的最低投标价，而不是指报价最低的投标。

（3）不得低于成本。为了保证招标项目的质量，防止某些投标人以不正常的低价中标后粗制滥造、偷工减料，对投标价格低于成本的投标不予考虑。

（三）确定中标人

《招标投标法》规定，招标人根据评标委员会提出的书面评标报告和推荐的中标候选人确定中标人。招标人也可以授权评标委员会直接确定中标人。

在确定中标人前，招标人不得与投标人就投标价格、投标方案等实质性内容进行谈判。国务院办公厅《关于促进建筑业持续健康发展的意见》中规定，对采用常规通用技术标准的政府投资工程，在原则上实行最低价中标的同时，有效发挥履约担保的作用，防止恶意低价中标，确保工程投资不超预算。

《招标投标法实施条例》还规定，国有资金占控股或者主导地位的依法必须进行招标的项目，招标人应当确定排名第一的中标候选人为中标人。排名第一的中标候选人放弃中标、因不可抗力不能履行合同、不按照招标文件要求提交履约保证金，或者被查实存在影响中标结果的违法行为等情形，不符合中标条件的，招标人可以按照评标委员会提出的中标候选人名单排序依次确定其他中标候选人为中标人，也可以重新招标。

中标候选人的经营、财务状况发生较大变化或者存在违法行为，招标人认为可能影响其履约能力的，应当在发出中标通知书前由原评标委员会按照招标文件规定的标准和方法审查确认。

（四）中标通知书和报告招标投标情况

《招标投标法》规定，中标人确定后，招标人应当向中标人发出中标通知书，并同时将中标结果通知所有未中标的投标人。中标通知书对招标人和中标人具有法律效力。中标通知书发出后，招标人改变中标结果的，或者中标人放弃中标项目的，应当依法承担法律责任。

依法必须进行招标的项目，招标人应当自确定中标人之日起 15 日内，向有关行政监督部门提交招标投标情况的书面报告。

（五）签订合同

《招标投标法》第四十六条规定："招标人和中标人应当自中标通知书发出之日起 30 日内，按照招标文件和中标人的投标文件订立书面合同。招标人和中标人不得再行订立背离合同实质性内容的其他协议。招标文件要求中标人提交履约保证金的，中标人应当提交。"

1. 提交履约保证金

所谓履约保证金，是指招标人在招标文件中规定的要求中标的投标人提交的保证履行合同义务的担保。在性质上属于履约定金。履约保证金可以采取现金方式，也可以提供招标人所同意接受的商业银行、保险公司或担保公司出具的保函。中标人不按招标文件的规定提交履约保证金的，将失去取得合同的资格，其已提交的投标担保不予退还。

《招标投标法》规定，招标文件要求中标人提交履约保证金的，中标人应当提交。

《招标投标法实施条例》进一步规定，履约保证金不得超过中标合同金额的 10%。中标人应当按照合同约定履行义务，完成中标项目。

2. 签订合同

招标人和中标人应当自中标通知书发出之日起 30 日内，按照招标文件和中标人的投标文件订立书面合同。招标人或中标人不按规定订立合同的，应依法承担缔约过失责任。

小试牛刀

1. 开标时间与招标文件确定的投标截止时间的关系是（　　）。
   A. 之前　　　　　B. 之后　　　　　C. 同一时间　　　　　D. 不一定
2. 开标会的主持人应该由（　　）来担任。
   A. 招标人　　　　B. 投标人　　　　C. 监督机构　　　　　D. 政府
3. 开标会上，投标文件的密封情况应该由（　　）来检查。
   A. 招标人　　　　　　　　　　　　B. 投标人或其推选的代表
   C. 监督机构　　　　　　　　　　　D. 公证机关
4. 《招标投标法》规定，投标文件应当符合（　　）条件之一应确定为中标人。
   A. 满足招标文件中规定的各项综合评价标准的最低要求
   B. 能够最大限度地满足招标文件中规定的各项综合评价标准
   C. 满足招标文件各项要求，并且报价最低
   D. 能够满足招标文件的实质性要求，并且经评审的投标价格最低，但是投标价格低于成本的除外
   E. 满足招标文件各项要求，并且经评审的价格最高
5. 关于开标的说法，下列正确的是（　　）。
   A. 投标人少于 5 个的，不得开标
   B. 投标人对开标有异议的，应当在开标结束后另行提出
   C. 开标应当由招标代理机构主持
   D. 招标人应当按照招标文件规定的时间、地点开标

6. 下列情形中，评标委员会应当否决投标的有（　　）。
   A. 投标联合体没有提交共同投标协议的
   B. 投标报价高于招标文件设定的最高投标限价的
   C. 投标文件未经投标单位盖章和单位负责人签字的
   D. 投标报价超过标底上下浮动范围的
   E. 投标人不符合招标文件规定的资格条件的

7. 关于依法必须招标的项目公示中标候选人的说法，下列正确的有（　　）。
   A. 招标人应当自收到评标报告之日起5日内公示中标候选人
   B. 中标候选人公示期不得少于3日
   C. 招标人应当自收到对评标结果的异议之日起5日内作出答复
   D. 投标人对评标结果有异议的，应当在中标候选人公示期间提出
   E. 招标人在对评标结果的异议作出答复前，可以暂停招标投标活动

8. 关于中标和订立合同的说法，下列正确的是（　　）。
   A. 招标人不得授权评标委员会直接确定中标人
   B. 招标人和中标人应当自中标通知书发出之日起20日内，按照招标文件和中标人的投标文件订立书面合同
   C. 招标人和中标人可以再行订立背离合同实质性内容的其他协议
   D. 招标人根据评标委员会提出的书面评标报告和推荐的中标候选人确定中标人

9. 关于中标后订立建设工程施工合同的说法，下列正确的是（　　）。
   A. 合同的主要条款应当与招标文件和中标人投标文件的内容一致
   B. 对备案的中标合同不得进行协商变更
   C. 人工、材料价格行情发生变化，双方应当就合同价款订立新的协议
   D. 招标人和中标人应自中标通知书收到之日起30日内订立书面合同

10. 关于履约保证金的说法，下列正确的是（　　）。
    A. 履约保证金不得低于中标合同金额的10%
    B. 中标人不履行与招标人订立合同的，履约保证金不予退还，给招标人造成的损失超过履约保证金数额的，对超过部分不予赔偿
    C. 招标文件要求中标人提交履约保证金的，中标人应当提交
    D. 施工企业不得以银行保函或担保公司保函的形式，向建设单位提供履约担保

11. 评标过程中，出现下列（　　）情形应该视为废标。
    A. 投标文件未经投标单位盖章和单位负责人签字
    B. 投标联合体没有提交共同投标协议
    C. 投标文件对招标文件的实质性要求和条件作出响应
    D. 投标报价低于成本或者高于招标文件设定的最高投标限价
    E. 同一投标人提交两个以上不同的投标文件或报价（要求提交备选标的除外）

12. 下列情形不得担任评标委员会成员的有（　　）。
    A. 投标人或者投标人主要负责人的近亲属
    B. 项目主管部门或者行政监督部门的人员
    C. 与投标人有经济利益关系，可能影响对投标公正评审的

D. 曾因在招标、评标以及其他与招标投标有关活动中从事违法行为而受过行政处罚或刑事处罚的

E. 从事相关领域工作满 8 年，且具有高级职称或者具有同等专业水平

单元五　建设工程招标投标的法律责任

由于招标投标工作专业性强、业务量大，监管部门因力量有限，对招标投标工作还不能做到全程监督，不能在招标投标前期、中期及后续的监管上形成一个完整的体系，并且很难发现招标投标工作过程中存在的问题。因此，根据《招标投标法》的规定，建设工程招标投标活动中违法行为应承担的主要法律责任如下。

一、招标人违法应承担的法律责任

《招标投标法》规定，必须进行招标的项目而不招标的，将必须进行招标的项目化整为零或者以其他任何方式规避招标的，责令限期改正，可以处项目合同金额5‰～10‰的罚款；对全部或者部分使用国有资金的项目，可以暂停项目执行或者暂停资金拨付；对单位直接负责的主管人员和其他直接责任人员依法给予处分。

招标人以不合理的条件限制或者排斥潜在投标人的，对潜在投标人实行歧视待遇的，强制要求投标人组成联合体共同投标的，或者限制投标人之间竞争的，责令改正，可以处 1 万元以上 5 万元以下的罚款。

依法必须进行招标的项目的招标人向他人透露已获取招标文件的潜在投标人的名称、数量或者可能影响公平竞争的有关招标投标的其他情况的，或者泄露标底的，给予警告，可以并处 1 万元以上 10 万元以下的罚款；对单位直接负责的主管人员和其他直接责任人员依法给予处分；构成犯罪的，依法追究刑事责任。以上行为影响中标结果的，中标无效。

依法必须进行招标的项目，招标人违反规定，与投标人就投标价格、投标方案等实质性内容进行谈判的，给予警告，对单位直接负责的主管人员和其他直接责任人员依法给予处分。以上行为影响中标结果的，中标无效。

招标人在评标委员会依法推荐的中标候选人以外确定中标人的，依法必须进行招标的项目在所有投标被评标委员会否决后自行确定中标人的，中标无效。责令改正，可以处中标项目金额 5‰～10‰的罚款；对单位直接负责的主管人员和其他直接责任人员依法给予处分。

招标人与中标人不按照招标文件和中标人的投标文件订立合同的，或者招标人、中标人订立背离合同实质性内容的协议的，责令改正；可以处中标项目金额 5‰～10‰的罚款。

依法必须进行招标的项目的招标人不按照规定发布资格预审公告或者招标公告，构成规避招标的，依照《招标投标法》第四十九条的规定处罚（即责令限期改正，可以处项目合同金额 5‰～10‰的罚款；对全部或者部分使用国有资金的项目，可以暂停项目执行或者暂停资金拨付；对单位直接负责的主管人员和其他直接责任人员依法给予处分）。

《招标投标法实施条例》第六十六条规定："招标人超过本条例规定的比例收取投标保证金、履约保证金或者不按照规定退还投标保证金及银行同期存款利息的，由有关行政监

督部门责令改正,可以处 5 万元以下的罚款;给他人造成损失的,依法承担赔偿责任。"

招标人和中标人不按照招标文件与中标人的投标文件订立合同,合同的主要条款与招标文件、中标人的投标文件的内容不一致,或者招标人、中标人订立背离合同实质性内容的协议的,由有关行政监督部门责令改正,可以处中标项目金额 5‰~10‰ 的罚款。

招标人不按照规定对异议作出答复,继续进行招标投标活动的,由有关行政监督部门责令改正,拒不改正或者不能改正并影响中标结果的,即招标、投标、中标无效,应当依法重新招标或者评标。

二、招标代理机构违法应承担的法律责任

《招标投标法》第五十条规定:"招标代理机构违反本法规定,泄露应当保密的与招标投标活动有关的情况和资料的,或者与招标人、投标人串通损害国家利益、社会公共利益或者他人合法权益的,处 5 万元以上 25 万元以下的罚款,对单位直接负责的主管人员和其他直接责任人员处单位罚款数额 5% 以上 10% 以下的罚款;有违法所得的,并处没收违法所得;情节严重的,禁止其一年至二年内代理依法必须进行招标的项目并予以公告,直至由工商行政管理机关吊销营业执照;构成犯罪的,依法追究刑事责任。给他人造成损失的,依法承担赔偿责任。前款所列行为影响中标结果的,中标无效。"

《招标投标法实施条例》规定,招标代理机构在所代理的招标项目中投标、代理投标或者向该项目投标人提供咨询的,接受委托编制标底的中介机构参加受托编制标底项目的投标或者为该项目的投标人编制投标文件、提供咨询的,依照《招标投标法》第五十条的规定追究法律责任。

三、投标人违法应承担的法律责任

(一)串通投标

投标人相互串通投标或者与招标人串通投标的,依据《招标投标法》第五十三条规定处罚(即投标人以向招标人或者评标委员会成员行贿的手段谋取中标的,中标无效,处中标项目金额 5‰~10‰ 的罚款,对单位直接负责的主管人员和其他直接责任人员处单位罚款数额 5%~10% 的罚款;有违法所得的,并处没收违法所得;情节严重的,取消其 1 年至 2 年内参加依法必须进行招标的项目的投标资格并予以公告,直至由工商行政管理机关吊销营业执照;构成犯罪的,依法追究刑事责任。给他人造成损失的,依法承担赔偿责任)。

投标人有下列行为之一的,属于《招标投标法》第五十三条规定的情节严重行为,由有关行政监督部门取消其 1 年至 2 年内参加依法必须进行招标的项目的投标资格:

(1)以行贿谋取中标;
(2)3 年内 2 次以上串通投标;
(3)串通投标行为损害招标人、其他投标人或者国家、集体、公民的合法利益,造成直接经济损失 30 万元以上;
(4)其他串通投标情节严重的行为。

投标人自以上规定的处罚执行期限届满之日起 3 年内又有以上所列违法行为之一的,或者串通投标、以行贿谋取中标情节特别严重的,由工商行政管理机关吊销其营业执照。

（二）弄虚作假，骗取中标

《招标投标法》第五十四条规定："投标人以他人名义投标或者以其他方式弄虚作假，骗取中标的，中标无效，给招标人造成损失的，依法承担赔偿责任；构成犯罪的，依法追究刑事责任。依法必须进行招标的项目的投标人有本法第五十三条所列行为尚未构成犯罪的，处中标项目金额5‰～10‰的罚款，对单位直接负责的主管人员和其他直接责任人员处单位罚款数额5%～10%的罚款；有违法所得的，并处没收违法所得；情节严重的，取消其1年至3年内参加依法必须进行招标的项目的投标资格并予以公告，直至由工商行政管理机关吊销营业执照。"依法必须进行招标的项目，投标人以他人名义投标但未中标的，对单位的罚款金额按照招标项目合同金额依照招标投标法规定的比例计算。

投标人有下列行为之一的，属于《招标投标法》第五十四条规定的情节严重行为，由有关行政监督部门取消其1年至3年内参加依法必须进行招标的项目的投标资格：伪造、变造资格、资质证书或者其他许可证件骗取中标；3年内2次以上使用他人名义投标；弄虚作假骗取中标给招标人造成直接经济损失30万元以上；其他弄虚作假骗取中标情节严重的行为。投标人自以上规定的处罚执行期限届满之日起3年内又有以上所列违法行为之一的，或者弄虚作假骗取中标情节特别严重的，由工商行政管理机关吊销营业执照。

（三）中标人违法行为应承担的法律责任

《招标投标法》第五十八条规定："中标人将中标项目转让给他人的，将中标项目肢解后分别转让给他人的，违反本法规定将中标项目的部分主体、关键性工作分包给他人的，或者分包人再次分包的，转让、分包无效，处转让、分包项目金额5‰～10‰的罚款；有违法所得的，并处没收违法所得；可以责令停业整顿；情节严重的，由工商行政管理机关吊销营业执照。"

《招标投标法》第六十条规定："中标人不履行与招标人订立的合同的，履约保证金不予退还，给招标人造成的损失超过履约保证金数额的，还应当对超过部分予以赔偿；没有提交履约保证金的，应当对招标人的损失承担赔偿责任。中标人不按照与招标人订立的合同履行义务，情节严重的，取消其2年至5年内参加依法必须进行招标的项目的投标资格并予以公告，直至由工商行政管理机关吊销营业执照。因不可抗力不能履行合同的，不适用以上规定。"

《招标投标法实施条例》规定，中标人无正当理由不与招标人订立合同，在签订合同时向招标人提出附加条件，或者不按照招标文件要求提交履约保证金的，取消其中标资格，投标保证金不予退还。对依法必须进行招标的项目的有违法行为的中标人，由有关行政监督部门责令改正，可以处中标项目金额10‰以下的罚款。

四、评标委员会成员违法应承担的法律责任

评标委员会成员收受投标人的财物或者其他好处的，评标委员会成员或者参加评标的有关工作人员向他人透露对投标文件的评审和比较、中标候选人的推荐以及与评标有关的其他情况的，《招标投标法》规定给予警告，没收收受的财物，可以并处3 000元以上5万元以下的罚款，对有所列违法行为的评标委员会成员取消担任评标委员会成员的资格，不得再参加任何依法必须进行招标的项目的评标；构成犯罪的，依法追究刑事责任。

《招标投标实施条例》第七十一条规定:"评标委员会成员有下列行为之一的,由有关行政监督部门责令改正;情节严重的,禁止其在一定期限内参加依法必须进行招标的项目的评标;情节特别严重的,取消其担任评标委员会成员的资格:
(1) 应当回避而不回避;
(2) 擅离职守;
(3) 不按照招标文件规定的评标标准和方法评标;
(4) 私下接触投标人;
(5) 向招标人征询确定中标人的意向或者接受任何单位或者个人明示或者暗示提出的倾向或者排斥特定投标人的要求;
(6) 对依法应当否决的投标不提出否决意见;
(7) 暗示或者诱导投标人作出澄清、说明或者接受投标人主动提出的澄清、说明;
(8) 其他不客观、不公正履行职务的行为。"

最高人民法院、最高人民检察院《关于办理商业贿赂刑事案件适用法律若干问题的意见》(法发〔2008〕33号)第六条规定,依法组建的评标委员会的组成人员,在招标等事项的评标活动中,索取他人财物或者非法收受他人财物,为他人谋取利益,数额较大的,依照刑法第163条的规定,以非国家工作人员受贿罪定罪处罚。依法组建的评标委员会中国家机关或者其他国有单位的代表有以上行为的,依照刑法第三百八十五条的规定,以受贿罪定罪处罚。

小试牛刀

1. 关于中标人不履行与招标人订立的合同应当承担法律责任的说法,下列正确的是( )。
   A. 给招标人造成的损失超过履约保证金数额的,应当对超过部分予以赔偿
   B. 一律不予退还履约保证金
   C. 履约保证金只能部分退还
   D. 情节严重的,取消其1年至3年内参加依法必须进行招标的项目的投标资格并予以公告

2. 招标人以不合理的条件限制或者排斥潜在投标人的,应该处以( )的惩罚。
   A. 处5万元以上25万元以下的罚款
   B. 责令限期改正,可以处项目合同金额5‰~10‰的罚款
   C. 责令改正,可以处1万元以上5万元以下的罚款
   D. 对单位直接负责的主管人员和其他直接责任人员依法给予处分

3. 投标人以非法手段骗取中标的表现形式包括( )。
   A. 不同投标人的投标报价呈现规律性差异
   B. 以低于企业定额的报价进行竞标
   C. 投标人利用有影响力的人打招呼,以谋取竞争优势
   D. 投标人以他人名义投标

4. 招标人有下列（　　）情形之一的，由有关行政监督部门责令改正，可以处10万元以下的罚款，对单位直接负责的主管人员和其他直接责任人员依法给予处分。
   A. 依法应当公开招标而采用邀请招标
   B. 依法应当公开招标的项目不按照规定在指定媒介发布资格预审公告或者招标公告
   C. 接受未通过资格预审的单位或者个人参加投标
   D. 接受应当拒收的投标文件
   E. 无正当理由不发出中标通知书

5. 投标人有下列（　　）行为之一的，属于《招标投标法》第五十四条规定的情节严重行为，由有关行政监督部门取消其1年至3年内参加依法必须进行招标的项目的投标资格。
   A. 伪造、变造资格、资质证书或者其他许可证件骗取中标
   B. 3年内2次以上使用他人名义投标
   C. 弄虚作假骗取中标给招标人造成直接经济损失30万元以上
   D. 其他弄虚作假骗取中标情节严重的行为
   E. 出让或者出租资格、资质证书供他人投标的

6. 评标委员会成员收受投标人的财物或者其他好处的，评标委员会成员或者参加评标的有关工作人员向他人透露对投标文件的评审和比较、中标候选人的推荐以及与评标有关的其他情况的，《招标投标法》规定，给予（　　）的处罚。
   A. 取消评标委员会成员终身评审资格
   B. 给予警告，没收其收受的财物，可以并处3 000元以上5万元以下的罚款
   C. 由有关行政监督部门责令改正
   D. 禁止其在本地内参加依法必须进行招标的项目的评标，可以在外地参加评标

单元六　建设工程承包制度

建设工程承包制度是建筑工程中采用的经营制度，包括总承包、共同承包、分包等制度。

《建筑法》规定，建筑工程实行招标发包的，发包单位应当将建筑工程发包给依法中标的承包单位。建筑工程实行直接发包的，发包单位应当将建筑工程发包给具有相应资质条件的承包单位。

承包建筑工程的单位应当持有依法取得的资质证书，并在其资质等级许可的业务范围内承揽工程。禁止建筑施工企业超越本企业资质等级许可的业务范围或者以任何形式用其他建筑施工企业的名义承揽工程。禁止建筑施工企业以任何形式允许其他单位或者个人使用本企业的资质证书、营业执照，以本企业的名义承揽工程。

按照合同约定，建筑材料、建筑构配件和设备由工程承包单位采购的，发包单位不得指定承包单位购入用于工程的建筑材料、建筑构配件和设备或者指定生产厂、供应商。

住房和城乡建设部《建筑工程施工发包与承包违法行为认定查处管理办法》（建市规〔2019〕1号）进一步规定，存在下列情形之一的，属于违法发包：

（1）建设单位将工程发包给个人的；
（2）建设单位将工程发包给不具有相应资质的单位的；
（3）依法应当招标未招标或未按照法定招标程序发包的；
（4）建设单位设置不合理的招标投标条件，限制、排斥潜在投标人或者投标人的；
（5）建设单位将一个单位工程的施工分解成若干部分发包给不同的施工总承包或专业承包单位的。

一、建设工程总承包的相关规定

《建筑法》规定，建筑工程的发包单位可以将建筑工程的勘察、设计、施工、设备采购一并发包给一个工程总承包单位，也可以将建筑工程勘察、设计、施工、设备采购的一项或者多项发包给一个工程总承包单位。

住房和城乡建设部、国家发展改革委《房屋建筑和市政基础设施项目工程总承包管理办法》（建市规〔2019〕12号）规定，本办法所称工程总承包，是指承包单位按照与建设单位签订的合同，对工程设计、采购、施工或者设计、施工等阶段实行总承包，并对工程的质量、安全、工期和造价等全面负责的工程建设组织实施方式。

（一）工程总承包项目的发包和承包

建设单位依法采用招标或者直接发包等方式选择工程总承包单位。工程总承包项目范围内的设计、采购或施工中，有任一项属于依法必须进行招标的项目范围且达到国家规定规模标准的，应当采用招标的方式选择工程总承包单位。

工程总承包单位应当同时具有与工程规模相适应的工程设计资质和施工资质，或者由具有相应资质的设计单位和施工单位组成联合体。工程总承包单位应当具有相应的项目管理体系和项目管理能力、财务和风险承担能力，以及与发包工程相类似的设计、施工或工程总承包业绩。设计单位和施工单位组成联合体的，应当根据项目的特点和复杂程度，合理确定牵头单位，并在联合体协议中明确联合体成员单位的责任和权利。联合体各方应当共同与建设单位签订工程总承包合同，就工程总承包项目承担连带责任。

工程总承包单位不得是工程总承包项目的代建单位、项目管理单位、监理单位、造价咨询单位、招标代理单位。政府投资项目的项目建议书、可行性研究报告、初步设计文件编制单位及其评估单位，一般不得成为该项目的工程总承包单位。政府投资项目招标人公开已经完成的项目建议书、可行性研究报告、初步设计文件的，上述单位可以参与该工程总承包项目的投标，经依法评标、定标，成为工程总承包单位。

鼓励设计单位申请取得施工资质，已取得工程设计综合资质、行业甲级资质、建筑工程专业甲级资质的单位，可以直接申请相应类别施工总承包一级资质。鼓励施工单位申请取得工程设计资质，具有一级及以上施工总承包资质的单位可以直接申请相应类别的工程设计甲级资质。完成的相应规模工程总承包业绩可以作为设计、施工业绩申报。

企业投资项目的工程总承包宜采用总价合同，政府投资项目的工程总承包应当合理确定合同价格形式。采用总价合同的，除合同约定可以调整的情形外，合同总价一般不予调整。建设单位和工程总承包单位可以在合同中约定工程总承包计量规则与计价方法。依法必须进行招标的项目，合同价格应当在充分竞争的基础上合理确定。

（二）工程总承包项目实施

政府投资项目所需资金应当按照国家有关规定确保落实到位，不得由工程总承包单位或者分包单位垫资建设。政府投资项目建设投资原则上不得超过经核定的投资概算。建设单位不得设置不合理工期，不得任意压缩合理工期。

建设单位不得迫使工程总承包单位以低于成本的价格竞标，不得明示或暗示工程总承包单位违反工程建设强制性标准、降低建设工程质量，不得明示或暗示工程总承包单位使用不合格的建筑材料、建筑构配件和设备。建设单位不得对工程总承包单位提出不符合建设工程安全生产法律、法规和强制性标准规定的要求，不得明示或暗示工程总承包单位购买、租赁、使用不符合安全施工要求的安全防护用具、机械设备、施工机具及配件、消防设施和器材。

工程总承包单位应当建立与工程总承包相适应的组织机构和管理制度，形成项目设计、采购、施工、试运行管理，以及质量、安全、工期、造价、节约能源和生态环境保护管理等工程总承包综合管理能力。工程总承包单位应当设立项目管理机构，设置项目经理，配备相应管理人员，加强设计、采购与施工的协调，完善和优化设计，改进施工方案，实现对工程总承包项目的有效管理控制。

工程总承包项目经理应当具备下列条件：

（1）取得相应工程建设类注册执业资格，包括注册建筑师、勘察设计注册工程师，注册建造师或注册监理工程师等；未实施注册执业资格的，取得高级专业技术职称；

（2）担任过与拟建项目相类似的工程总承包项目经理、设计项目负责人、施工项目负责人或项目总监理工程师；

（3）熟悉工程技术和工程总承包项目管理知识及相关法律法规、标准规范；

（4）具有较强的组织协调能力和良好的职业道德。工程总承包项目经理不得同时在两个或两个以上工程项目担任工程总承包项目经理、施工项目负责人。

工程总承包单位可以采用直接发包的方式进行分包。但以暂估价形式包括在总承包范围内的工程、货物、服务分包时，属于依法必须进行招标的项目范围且达到国家规定规模标准的，应当依法招标。

（三）工程总承包企业的责任

《建筑法》规定，建筑工程总承包单位按照总承包合同的约定对建设单位负责；分包单位按照分包合同的约定对总承包单位负责。总承包单位和分包单位就分包工程对建设单位承担连带责任。

建设单位、总承包单位和分包单位之间的合同关系以及工程总承包企业责任示意图，如图4-3所示。

《建设工程质量管理条例》进一步规定，建设工程实行总承包的，总承包单位应当对全部建设工程质量负责；建设工程勘察、设计、施工、设备采购的一项或者多项实行总承包的，总承包单位应当对其承包的建设工程或者采购的设备的质量负责。

《房屋建筑和市政基础设施项目工程总承包管理办法》规定，工程总承包单位应当对其承包的全部建设工程质量负责，分包单位对其分包工程的质量负责，分包不免除工程总承包单位对其承包的全部建设工程所负的质量责任。工程总承包单位、工程总承包项目经理依法承担质量终身责任。

建设工程法规

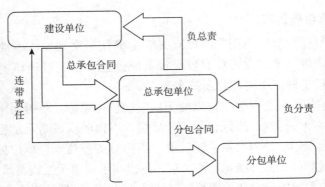

图 4-3 建设单位、总承包单位和分包单位之间的合同关系

工程总承包单位对承包范围内工程的安全生产负总责。分包单位应当服从工程总承包单位的安全生产管理，分包单位不服从管理导致生产安全事故的，由分包单位承担主要责任，分包不免除工程总承包单位的安全责任。

工程总承包单位应当依据合同对工期全面负责，对项目总进度和各阶段的进度进行控制管理，确保工程按期竣工。工程保修书由建设单位与工程总承包单位签署，保修期内工程总承包单位应当根据法律法规规定以及合同约定承担保修责任，工程总承包单位不得以其与分包单位之间保修责任划分而拒绝履行保修责任。

工程总承包单位和工程总承包项目经理在设计、施工活动中有转包违法分包等违法违规行为或者造成工程质量安全事故的，按照法律法规对设计、施工单位及其项目负责人相同违法违规行为的规定追究责任。

二、建设工程共同承包的相关规定

共同承包是指由两个以上具备承包资格的单位共同组成非法人的联合体，以共同的名义对工程进行承包的行为。这是在国际工程发承包活动中较为通行的一种做法，可有效地规避工程承包风险。

（一）共同承包的适用范围

《建筑法》规定，大型建筑工程或者结构复杂的建筑工程，可以由两个以上的承包单位联合共同承包。

作为大型的建筑工程或结构复杂的建筑工程，一般是投资额大、技术要求复杂和建设周期长，潜在风险较大，如果采取联合共同承包的方式，有利于更好发挥各承包单位在资金、技术、管理等方面优势，增强抗风险能力，保证工程质量和工期，提高投资效益。至于中小型或结构不复杂的工程，则无须采用共同承包方式，完全可由一家承包单位独立完成。

（二）共同承包的资质要求

《建筑法》规定，两个以上不同资质等级的单位实行联合共同承包的，应当按照资质等级低的单位的业务许可范围承揽工程。这主要是防止以联合共同承包为名而进行"资质挂靠"的不规范行为。

(三) 共同承包的责任

《招标投标法》规定，联合体中标的，联合体各方应当共同与招标人签订合同，就中标项目向招标人承担连带责任。共同承包的各方对承包合同的履行承担连带责任。

共同承包各方应签订联合承包协议，明确约定各方的权利、义务以及相互合作、违约责任承担等条款。各承包方就承包合同的履行对建设单位承担连带责任。如果出现赔偿责任，建设单位有权向共同承包的任何一方请求赔偿，而被请求方不得拒绝，在其支付赔偿后可依据联合承包协议及有关各方过错大小，有权对超过自己应赔偿的那部分份额向其他方进行追偿。

三、建设工程分包的相关规定

建设工程施工分包可分为专业工程分包与劳务作业分包。专业工程分包是指施工总承包企业将其所承包工程中的专业工程发包给具有相应资质的其他建筑业企业完成的活动；劳务作业分包是指施工总承包企业或者专业承包企业将其承包工程中的劳务作业发包给劳务分包企业完成的活动。

(一) 分包工程的范围

《建筑法》规定，建筑工程总承包单位可以将承包工程中的部分工程发包给具有相应资质条件的分包单位。禁止承包单位将其承包的全部建筑工程转包给他人，禁止承包单位将其承包的全部建筑工程肢解以后以分包的名义分别转包给他人。施工总承包的，建筑工程主体结构的施工必须由总承包单位自行完成。

《房屋建筑和市政基础设施工程施工分包管理办法》还规定，分包工程发包人可以就分包合同的履行，要求分包工程承包人提供分包工程履约担保；分包工程承包人在提供担保后，要求分包工程发包人同时提供分包工程付款担保的，分包工程发包人应当提供。

(二) 分包单位的条件与认可

《建筑法》规定，建筑工程总承包单位可以将承包工程中的部分工程发包给具有相应资质条件的分包单位；但是，除总承包合同中约定的分包外，必须经建设单位认可。禁止总承包单位将工程分包给不具备相应资质条件的单位。《招标投标法》也规定，接受分包的人应当具备相应的资格条件。

总承包单位如果要将所承包的工程再分包给他人，应当依法告知建设单位并取得认可。这种认可应当依法通过两种方式：一是在总承包合同中规定分包的内容；二是在总承包合同中没有规定分包内容的，应当事先征得建设单位的同意。但是，劳务作业分包由劳务作业发包人与劳务作业承包人通过劳务合同约定，可不经建设单位认可。需要说明的是，分包工程须经建设单位认可，并不等于建设单位可以直接指定分包人。《房屋建筑和市政基础设施工程施工分包管理办法》规定："建设单位不得直接指定分包工程承包人。"对于建设单位推荐的分包单位，总承包单位有权作出拒绝或者采用的选择。

(三) 分包单位不得再分包

《建筑法》规定，禁止分包单位将其承包的工程再分包。《招标投标法》也规定，接受分包的人不得再次分包。这主要是防止层层分包，"层层剥皮"，导致工程质量安全和工期等难以保障。为此，《房屋建筑和市政基础设施工程施工分包管理办法》中规定，除专业承包企业可以将其承包工程中的劳务作业发包给劳务分包企业外，专业分包工程承包人和劳务作业承包人都必须自行完成所承包的任务。

（四）分包单位的责任

《建筑法》规定，建筑工程总承包单位按照总承包合同的约定对建设单位负责；分包单位按照分包合同的约定对总承包单位负责。总承包单位和分包单位就分包工程对建设单位承担连带责任。《招标投标法》也规定，中标人应当就分包项目向招标人负责，接受分包的人就分包项目承担连带责任。

连带责任可分为法定连带责任和约定连带责任。我国有关工程总分包、联合承包的连带责任，均属法定连带责任。《民法典》规定，二人以上依法承担连带责任的，权利人有权请求部分或者全部连带责任人承担责任。连带责任人的责任份额根据各自责任大小确定；难以确定责任大小的，平均承担责任。实际承担责任超过自己责任份额的连带责任人，有权向其他连带责任人追偿。连带责任由法律规定或当事人约定。

小试牛刀

1. 根据《房屋建筑和市政基础设施项目工程总承包管理办法》，关于工程总承包单位的说法，下列正确的有（　　）。
   A. 工程总承包单位应当同时具有与工程规模相适应的工程设计资质和施工资质
   B. 工程总承包单位可以由具有相应资质的设计单位和施工企业组成联合体
   C. 工程总承包单位应当具有相应的项目管理体系和项目管理能力、财务和风险承担能力
   D. 工程总承包单位可以是工程总承包项目的代建单位或者造价咨询单位
   E. 工程总承包单位应当具有与发包工程相类似设计、施工或者工程总承包业绩
2. 关于建设工程总分包单位的质量责任的说法，下列正确的是（　　）。
   A. 总承包单位应当对分包工程的质量与分包单位向建设单位承担连带责任
   B. 分包工程出现质量问题，建设单位仅能要求分包单位承担责任
   C. 经建设单位同意分包的工程，总承包单位对分包工程的质量可以不承担责任
   D. 总承包单位与分包单位对分包工程的质量各自向建设单位承担相应责任
3. 关于建设工程联合共同承包的说法，下列正确的有（　　）。
   A. 对于中小型或者结构不复杂的工程，无须采用联合共同承包方式
   B. 两个以上不同资质等级的单位实行联合共同承包的，可以按照资质等级高的单位的业务许可范围承揽工程
   C. 两个以上具备承包资格的单位共同组成的联合体不具有法人资格
   D. 联合共同承包的各方应当与建设单位分别订立合同
   E. 联合共同承包的各方对承包合同的履行承担连带责任
4. 根据《建筑工程施工转包违法分包等违法行为认定查处管理办法（试行）》，属于合法分包的有（　　）。
   A. 经建设单位认可，施工企业将其承包的部分工程分包给个人

B. 施工总承包企业将钢结构工程分包给具有相应资质的企业
C. 施工企业将工程分包给尚未取得施工资质的单位
D. 劳务分包企业将其承包的劳务再分包
E. 专业分包企业将其承包的专业工程中的劳务作业分包

5. 某建设工程施工招标，甲公司中标后将其转包给不具有相应资质等级的乙公司，乙施工过程不符合规定的质量标准，给建设单位造成损失。关于向建设单位承担赔偿责任的说法，下列正确的是（　　）。
A. 甲、乙承担连带赔偿责任
B. 建设单位与甲有合同关系，应由乙承担赔偿责任
C. 乙为实际施工人，应由乙承担赔偿责任
D. 甲和乙承担按份赔偿责任

遵纪守法是基本道德，违背法律法规应该如何处理？

基本案情

现有 A 施工公司中标某大型建设项目的桩基工程施工任务，但该公司拿到桩基工程后，由于施工力量不足，就将该工程全部转交给了具有桩基施工资质的 B 公司。双方还签订了《桩基工程施工合同》，就合同单价、暂定总价、工期、质量、付款方式、结算方式及违约责任等进行了约定。在合同签订后，B 公司组织实施并完成了该桩基工程施工任务。建设单位在组织竣工验收时，发现有部分桩基工程质量不符合规定的质量标准，便要求 A 公司负责返工、修理，并赔偿因此造成的损失。但是，A 公司以该桩基工程已交由 B 公司施工为由，拒不承担任何的赔偿责任。A 公司在该桩基工程的承包活动中有何违法行为？出现此种情况，又该如何处理呢？A 公司是否应对该桩基工程的质量问题承担赔偿责任？

案情分析

1. 为什么被罚？

A 公司存在着严重违法的转包行为。《建筑法》第二十八条规定："禁止承包单位将其承包的全部建筑工程转包给他人，禁止承包单位将其承包的全部建筑工程肢解以后以分包的名义分别转包给他人。"《建设工程质量管理条例》第七十八条进一步明确规定："本条例所称转包，是指承包单位承包建设工程后，不履行合同约定的责任和义务，将其承包的全部建设工程转给他人或者将其承包的全部建设工程肢解以后以分包的名义分别转给其他单位承包的行为。"

2. 如何解决？

《建筑法》第六十七条规定："承包单位将承包的工程转包的，或违反本法规定进行分包的，责令改正，没收违法所得，并处罚款，可以责令停业整顿，降低资质等级；情节严重的，吊销资质证书。承包单位有前款规定的违法行为的，对因转包工程或者违法分包的工程不符合规定的质量标准造成的损失，与接受转包或者分包的单位承担连带赔偿责任。"《建设工程质量管理条例》第六十二条进一步规定："违反本条例规定，承包单位将承包的工程转包或者违法分包的，责令改正，没收违法所得，……对施工单位处工程合同价款

0.5%以上1%以下的罚款；可以责令停业整顿，降低资质等级；情节严重的，吊销资质证书。"

因此，对施工单位处工程合同价款0.5%以上1%以下的罚款，A公司不仅应对该桩基工程的质量问题依法承担连带赔偿责任，还应当接受相应的行政处罚。

你知道了吗？

中标后不想做了怎么办？

答：中标通知书发出后立即生效，如果中标人不想做了，依据《招标投标法》第六十条规定，中标人不履行与招标人订立的合同的，履约保证金不予退还，给招标人造成的损失超过履约保证金数额的，还应当对超过部分予以赔偿；没有提交履约保证金的，应当对招标人的损失承担赔偿责任。中标人不按照与招标人订立的合同履行义务，情节严重的，取消其2年至5年内参加依法必须进行招标的项目的投标资格并予以公告，直至由工商行政管理机关吊销营业执照。因不可抗力不能履行合同的，不适用前两款规定。

考场练兵

一、单项选择题

1. 下列全部使用国有资金投资的项目中，依法必须进行招标的项目是（　　）。
   A. 施工单项合同估算价在400万元以上
   B. 重要设备、材料等货物的采购，单项合同估算价在200万元以下
   C. 勘察单项合同估算价在100万元以下
   D. 监理单项合同估算价在50万元以上

2. 关于两阶段招标的说法，下列正确的是（　　）。
   A. 对技术复杂或者无法精确拟定技术规格的项目，招标人必须分两阶段进行招标
   B. 第二阶段，投标人按照招标文件的要求提交包括最终技术方案和投标报价的投标文件
   C. 第一阶段，投标人按照招标公告或者投标邀请书的要求提交带报价的技术建议
   D. 招标人要求投标人提交投标保证金的，应当在第一阶段提出

3. 关于潜在投标人或者其他利害关系人对招标文件有异议的说法，下列正确的是（　　）。
   A. 异议应当在投标截止时间7日前提出
   B. 对招标人的异议答复不服的，可以向有关行政监督部门投诉
   C. 招标人应当自收到异议之日起7日内作出答复
   D. 招标人作出答复前，可以继续进行招标投标活动

4. 关于中标和订立合同的说法，下列正确的是（　　）。
   A. 招标人不得授权评标委员会直接确定中标人
   B. 招标人和中标人应当自中标通知书发出之日起20日内，按照招标文件和中标人的投标文件订立书面合同

C. 招标人和中标人可以再行订立背离合同实质性内容的其他协议

D. 招标人根据评标委员会提出的书面评标报告和推荐的中标候选人确定中标人

5. 关于招标价格的说法，下列正确的是（　　）。

   A. 招标时可以设定最低投标限价

   B. 招标时应当编制标底

   C. 招标的项目应当采用工程量清单计价

   D. 招标时可以设定最高投标限价

6. 关于投标人资格预审的说法，下列正确的是（　　）。

   A. 依法必须进行招标的项目的资格预审公告，应当在国务院住房城乡建设主管部门指定的媒介发布

   B. 在不同媒介发布的同一招标项目的资格预审公告的内容可以根据特定情况存在差异

   C. 依法必须进行招标的项目提交资格预审申请文件的时间，自资格预审文件停止发售之日起不得少于5日

   D. 指定媒介发布依法必须进行招标的项目的资格预审公告，可以收取适当的成本费用

7. 关于开标的说法，下列正确的是（　　）。

   A. 投标人少于5个的，不得开标

   B. 投标人对开标有异议的，应当在开标结束后另行提出

   C. 开标应当由招标代理机构主持

   D. 招标人应当按照招标文件规定的时间、地点开标

8. 关于建设工程总分包单位的质量责任的说法，下列正确的是（　　）。

   A. 总承包单位应当对分包工程的质量与分包单位向建设单位承担连带责任

   B. 分包工程出现质量问题，建设单位仅能要求分包单位承担责任

   C. 经建设单位同意分包的工程，总承包单位对分包工程的质量可以不承担责任

   D. 总承包单位与分包单位对分包工程的质量各自向建设单位承担相应责任

9. 关于中标人不履行与招标人订立的合同应当承担法律责任的说法，下列正确的是（　　）。

   A. 给招标人造成的损失超过履约保证金数额的，应当对超过部分予以赔偿

   B. 情节严重的，取消其1年至3年内参加依法必须进行招标的项目的投标资格并予以公告

   C. 履约保证金只能部分退还

   D. 一律不予退还履约保证金

10. 某建设工程施工招标，甲公司中招后将其转包给不具有相应资质等级的乙公司，乙施工过程不符合规定的质量标准，给建设单位造成损失。关于向建设单位承担赔偿责任的说法，下列正确的是（　　）

    A. 甲、乙承担连带赔偿责任

    B. 建设单位与甲有合同关系，应由乙承担赔偿责任

    C. 乙为实际施工人，应由乙承担赔偿责任

    D. 甲和乙承担按份赔偿责任

二、多项选择题

1. 根据《必须招标的工程项目规定》，下列项目属于必须进行招标的有（　　）。
   A. 使用国有企业资金，并且该资金占控股或者主导地位的项目
   B. 使用有限公司资金的项目
   C. 使用世界银行、亚洲开发银行等国际组织贷款、援助资金的项目
   D. 使用外国政府及其机构贷款、援助资金的项目
   E. 使用财政预算资金200万元以上，并且该资金占投资额10%以上的项目

2. 下列情形中，依法可以不招标的项目有（　　）。
   A. 需要使用不可替代的施工专有技术的项目
   B. 采购人的全资子公司能够自行建设的
   C. 需要向原中标人采购工程，否则将影响施工或者功能配套要求的
   D. 只有少量潜在投标人可供选择的项目
   E. 已通过招标方式选定的特许经营项目投资人依法能够自行建设的

3. 关于招标基本程序的说法，下列正确的有（　　）。
   A. 招标项目按照国家有关规定需要履行项目审批手续的，可以先行办理招标事宜，再履行审批手续
   B. 招标投标活动应当遵循公开、公平、公正和诚实信用的原则
   C. 招标人具有编制招标文件和组织评标能力的，可以自行办理招标事宜
   D. 招标代理机构可以为所代理的招标项目的投标人提供咨询
   E. 委托招标代理机构应当采用招标方式进行

4. 下列情形中，评标委员会应当否决投标的有（　　）。
   A. 投标联合体没有提交共同投标协议的
   B. 投标报价高于招标文件设定的最高投标限价的
   C. 投标文件未经投标单位盖章和单位负责人签字的
   D. 投标报价超过标底上下浮动范围的
   E. 投标人不符合招标文件规定的资格条件的

三、案例分析

某市一科技大厦的装饰工程公开招标，吴某、高某没有符合承揽该工程的资质等级证书。为了得到该装饰工程，吴某、高某以缴纳高额管理费和其他优厚条件，分别借用了A装饰公司、B装饰公司的资质证书并以其名义参加投标。这两家装饰公司均通过了资格预审。之后，吴某和高某商议，由吴某负责与招标方协调，高某负责联系另外一家入围装饰公司的法定代表人王某，与王某串通投标价格，约定事成之后利益共享，并签订利益共享协议。为了增加中标的可能性，他们故意让入围的一家资质等级较低的装饰公司在投标时报高价，而吴某借用的资质等级高的A装饰公司则报较低价格。就这样，吴某终以借用的A装饰公司名义成功中标，获得该项装饰工程。

问题：(1) 吴某与高某有哪些违法行为？
(2) 该违法行为应当受到何种处罚？

学习笔记

重难点归纳

模块五

建设工程合同和相关合同管理法律制度

知识目标

1. 了解建设工程勘察设计合同管理。
2. 熟悉建设工程勘察设计合同订立的主要内容。
3. 掌握建设工程施工合同订立的主要内容。
4. 掌握建设工程施工合同履行管理。
5. 了解建设工程材料设备采购合同管理。

能力目标

1. 能够独立判断建设工程合同条件下的索赔合理性。
2. 能够掌握合同管理的手段,依据合同约定进行质量控制、进度控制、投资控制和安全生产管理。
3. 能够熟悉以《建筑法》《招标投标法》《民法典》及国家九部委联合发布的有关勘察、设计、施工、材料采购、设备采购、设计、施工总承包、招标等文件及合同示范文本相关内容。

素养目标

1. 培养以合同条件为准绳的工程管理能力。
2. 具备认真研读合同条款的能力。
3. 具备一定的法律常识能力。
4. 培养查阅相关资料并合理运用的素质能力。

案例引入

近年来,我国建设工程领域发展迅速,规模持续扩大。为加强建设工程合同管理,促

模块五　建设工程合同和相关合同管理法律制度

进工程建设行业的高质量发展，需要工程建设行业管理的规范化、法制化。在市场化、法制化不断加强的大背景下，合同管理越来越成为建设工程项目得以实施、建设目标得以实现的依托和保证，工程合同管理成为工程项目管理的核心要素，建设工程管理从业人员必须熟悉合同，掌握合同管理的手段，依据合同约定进行质量控制、进度控制、投资控制和安全生产管理。

当前我国拥有全球最大的建设工程市场，大量工程建设活动正是通过建设工程合同这一纽带缔结成了项目各方之间的供需关系、经济关系和工作关系。建设工程合同不仅规定了建设单位、勘察单位、设计单位、施工单位、总承包单位、供货单位等相关各方的责任、权利和义务，还约定了各方的工作内容、工作流程和工作要求。同时，也划定了各方需要承担的风险分担。建设工程合同管理贯穿于工程项目全过程，是工程项目管理的核心之一，工程建设质量、投资、进度目标的设置及其管控，都是以合同为依据确立的。可以说，做好项目就是履行好合同。尤其是在市场化、法制化不断完善的大背景下，合同管理越来越成为建设工程得以顺利实施的依托和保障，并对保护各方合法权益、维护社会经济秩序、推动建筑市场健康发展起着重要作用。

建设工程合同管理包括对勘察、设计、材料设备采购、施工承包、设计施工总承包等各种不同类型合同的管理，涵盖了招标、采购、合同策划、合同签订、合同执行等多个阶段。明确各阶段合同管理的目标任务、掌握并灵活应用适合的合同管理方法，是做好项目管理工作的基本要求。

课前思考

1. 为什么要鼓励根据标准示范文本编制合同条件？
2. 建设工程的合同管理包括哪些范围？
3. 建设工程合同管理的重要意义是什么？

拓展阅读：最高人民法院关于审理建设工程施工合同纠纷案件适用法律问题的解释

单元一　建设工程勘察、设计合同管理

建设工程勘察合同是指根据建设工程的要求，查明、分析、评价建设场地的地质地理环境特征和岩土工程条件，编制建设工程勘察文件订立的协议。建设工程设计合同是指根据建设工程的要求，对建设工程所需的技术、经济、资源、环境等条件进行综合分析、论证，编制建设工程设计文件的协议。为了保证工程项目的建设质量达到预期的投资目的，实施过程必须遵循项目建设的内在规律，即坚持先勘察、后设计、再施工的程序。

发包人通过招标方式与选择的中标人就委托的勘察、设计任务签订合同。订立合同委托勘察、设计任务是发包人和承包人的自主市场行为，但必须遵守《民法典》《建筑法》《建设工程勘察设计管理条例》《建设工程勘察设计市场管理规定》等法律和法规的要求。2017年，为进一步完善标准文件编制规则，构建覆盖主要采购对象、多种合同类型、不同项目规模的标准文件体系，提高招标文件编制质量，促进招标投标活动的公开、公平和公正，营造良好市场竞争环境，国家发展改革委会同工业和信息化部、住房和城乡建设部、

交通运输部、水利部、商务部、国家新闻出版广电总局、国家铁路局、中国民用航空局，发布了《中华人民共和国标准勘察招标文件》（以下简称《标准勘察招标文件》）、《中华人民共和国标准设计招标文件》（以下简称《标准设计招标文件》）等文件，其中，包含合同条款。本单元以《标准勘察招标文件》和《标准设计招标文件》为依据，介绍建设工程勘察、设计合同的内容，并将该合同文本分别简称为九部委勘察合同文本、九部委设计合同文本。

一、建设工程勘察合同文本构成和履行

（一）建设工程勘察合同文本的构成

九部委勘察合同文本由通用合同条款、专用合同条款和合同附件格式构成。

1. 适用范围

九部委勘察合同文本适用于依法必须招标的与工程建设有关的勘察项目。九部委勘察合同文本有一项说明：房屋建筑和市政工程等工程勘察项目招标可以使用《建设工程勘察合同（示范文本）》（GF—2016—0203）。

2. 合同文件

合同文件（或称合同）是指合同协议书、中标通知书、投标函和投标函附录、专用合同条款、通用合同条款、发包人要求、勘察费用清单、勘察纲要，以及其他构成合同组成部分的文件。

"专用合同条款"可对"通用合同条款"进行补充、细化，但除"通用合同条款"明确规定可以作出不同约定外，"专用合同条款"补充和细化的内容不得与"通用合同条款"相抵触，否则抵触内容无效。

组成合同的各项文件应互相解释，互为说明。除专用合同条款另有约定外，解释合同文件的优先顺序如下：

（1）合同协议书；
（2）中标通知书；
（3）投标函及投标函附录；
（4）专用合同条款；
（5）通用合同条款；
（6）发包人要求；
（7）勘察费用清单；
（8）勘察纲要；
（9）其他合同文件。

3. 合同附件格式

九部委勘察合同文本的合同附件包括合同协议书和履约保证金格式。勘察人按中标通知书规定的时间与发包人签订合同协议书。除法律另有规定或合同另有约定外，发包人和勘察人的法定代表人或其委托代理人在合同协议书上签字并盖单位章后，合同生效。履约保证金格式要求，如采用银行担保的，应当提供无条件地、不可撤销担保。担保有效期自发包人与勘察人签订的合同生效之日起至发包人签收最后一批勘察成果文件之日起28日后

失效。在本担保有效期内，如果勘察人不履行合同约定的义务或其履行不符合合同的约定，担保人在收到发包人以书面形式提出的在担保金额内的赔偿要求后，在7日内应无条件支付。发包人和勘察人变更合同时，无论担保人是否收到该变更，担保人承担担保规定的义务不变。

（二）建设工程勘察合同的内容和合同当事人

1. 建设工程勘察合同委托的工作内容

建设工程勘察合同是指发包人与勘察人就完成建设工程地理和地质状况的调查研究工作而达成的明确双方权利、义务的协议。建设工程勘察合同的内容是指勘察人根据建设工程的要求，查明、分析、评价建设场地的地质地理环境特征和岩土工程条件，编制建设工程勘察文件的活动。勘察服务内容、勘察范围等在专用合同条款中约定。

2. 建设工程勘察合同当事人

建设工程勘察合同当事人包括发包人和勘察人。发包人通常可能是工程建设项目的建设单位或工程总承包单位。勘察工作是一项专业性很强的工作，是工程质量保障的基础。因此，国家对勘察合同中的勘察人有严格的管理制度。勘察人必须具备以下条件：

（1）法人资格。我国法律规定，作为承包人的勘察单位必须具备法人资格，任何其他组织和个人均不能成为承包人。这不仅是因为建设工程项目具有投资大、周期长、质量要求高、技术要求强、事关国计民生等特点，还因为勘察设计是工程建设的重中之重，影响整个工程建设的成败，因此一般的非法人组织和自然人是无法承担的。

建设工程勘察合同的承包方须持有工商行政管理部门核发的企业法人营业执照，并且必须在其核准的经营范围内从事建设活动。超越其经营范围订立的建设工程勘察合同为无效合同。因为建设工程勘察业务需要专门的技术和设备，只有取得相应资质的企业才能经营。

（2）相关资质。建设工程勘察合同的承包方必须持有住房城乡建设主管部门颁发的工程勘察资质证书、工程勘察收费资格证书，而且应当在其资质等级许可的范围内承揽建设工程勘察业务。关于建设工程勘察设计企业资质管理制度，我国法律、行政法规以及大量的规章均作了十分具体的规定。建设工程勘察、设计企业应当按照其拥有的注册资本，专业技术，人员，技术装备和勘察、设计业绩等条件申请资质，经审查合格，取得建设工程勘察、设计资质证书后，方可在资质等级许可的范围内从事建设工程勘察、设计活动。取得资质证书的建设工程勘察、设计企业可以从事相应的建设工程勘察、设计咨询和技术服务。

3. 订立建设工程勘察合同时应约定的内容

（1）发包人应向勘察人提供的文件资料。发包人应及时向勘察人提供下列文件资料，并对其准确性、可靠性负责，该资料通常包括以下几项：

① 本工程的批准文件（复印件）及用地（附红线范围）、施工、勘察许可等批件。

② 工程勘察任务委托书、技术要求和工作范围的地形图、建筑总平面布置图。

③ 勘察工作范围已有的技术资料及工程所需的坐标与标高资料。

④ 勘察工作范围地下已有埋藏物的资料如电力、电信电缆、各种管道、人防设施（防空洞室等）及具体位置分布图。

⑤ 其他必要相关资料。

如果发包人不能提供上述资料，一项或多项需由勘察人收集时，订立合同时应予以明确，发包人需向勘察人支付相应费用。

（2）发包人义务。

① 遵守法律。发包人在履行合同过程中应遵守法律，并保证勘察人免于承担因发包人违反法律而引起的任何责任。

② 发出开始勘察通知。发包人应按约定向勘察人发出开始勘察通知。

③ 办理证件和批件。法律规定和（或）合同约定由发包人负责办理的工程建设项目必须履行的各类审批、核准或备案手续，发包人应当按时办理，勘察人应给予必要的协助。法律规定和（或）合同约定由勘察人负责办理的勘察所需的证件和批件，发包人应给予必要的协助。

④ 支付合同价款。发包人应按合同约定向勘察人及时支付合同价款。

⑤ 提供考察资料。发包人应按约定向勘察人提供勘察资料。

⑥ 其他义务。发包人应履行合同约定的其他义务。

（3）勘察人的一般义务。

① 遵守法律。勘察人在履行合同过程中应遵守法律，并保证发包人免于承担因勘察人违反法律而引起的任何责任。

② 依法纳税。勘察人应按有关法律规定纳税，应缴纳的税金（含增值税）包括在合同价格之中。

③ 完成全部勘察工作。勘察人应按合同约定及发包人要求，完成合同约定的全部工作，并对工作中的任何缺陷进行整改、完善和修补，使其满足合同约定的目的。勘察人应按合同约定提供勘察文件，以及为完成勘察服务所需的劳务、材料、勘察设备、试验设备设施等，并应自行承担勘探场地临时设施的搭设、维护、管理和拆除。

④ 保证勘察作业规范、安全和环保。勘察人应按法律、规范标准和发包人要求，采取各项有效措施，确保勘察作业操作规范、安全、文明和环保，在风险性较大的环境中作业时应当编制安全防护方案并制定应急预案，防止因为勘察作业造成的人身伤害和财产损失。

⑤ 避免勘探对公众与他人的利益造成损害。勘察人在进行合同约定的各项工作时，不得侵害发包人与他人使用公用道路、水源、市政管网等公共设施的权利，避免对邻近的公共设施产生干扰，保证勘探场地的周边设施、建构筑物、地下管线、架空线和其他物体的安全运行。勘察人占用或使用他人的施工场地，影响他人作业或生活的，应承担相应责任。

⑥ 其他义务。勘察人应履行合同约定的其他义务。

（三）建设工程勘察合同履行管理

1. 发包人管理

（1）发包人代表。除专用合同条款另有约定外，发包人应在合同签订后 14 天内，将发包人代表的姓名、职务、联系方式、授权范围和授权期限书面通知勘察人，由发包人代表在其授权范围内和授权期限内，代表发包人行使权利、履行义务和处理合同履行中的具体事宜。发包人代表在授权范围内的行为由发包人承担法律责任。发包人代表违反法律法规、违背职业道德守则或不按合同约定履行职责及义务，导致合同无法继续正常履行的，勘察人有权通知发包人更换发包人代表。发包人收到通知后 7 天内，应当核实完毕并将处理结果通知勘察人。

发包人代表可以授权发包人的其他人员负责执行其指派的一项或多项工作。发包人代表应将被授权人员的姓名及其授权范围通知勘察人。被授权人员在授权范围内发出的指示视为已得到发包人代表的同意，与发包人代表发出的指示具有同等效力。

（2）监理人。发包人可以根据工程建设需要确定是否委托监理人进行勘察监理。如果委托监理，则监理人享有合同约定的权力，其所发出的任何指示应视为已得到发包人的批准。监理人的监理范围、职责权限和总监理工程师信息，应在专用合同条款中指明。未经发包人批准，监理人无权修改合同。合同约定应由勘察人承担的义务和责任，不因监理人对勘察文件的审查或批准，以及为实施监理作出的指示等职务行为而减轻或解除。

（3）发包人的指示。发包人应按合同约定向勘察人发出指示，发包人的指示应盖有发包人单位章，并由发包人代表签字确认。勘察人收到发包人作出的指示后应遵照执行。在紧急情况下，发包人代表或其授权人员可以当场签发临时书面指示，勘察人应遵照执行。发包人代表应在临时书面指示发出后 24 小时内发出书面确认函，逾期未发出书面确认函的，该临时书面指示应被视为发包人的正式指示。

2. 勘察要求

（1）一般要求。发包人应当遵守法律和规范标准，不得以任何理由要求勘察人违反法律和工程质量、安全标准进行勘察服务，降低工程质量。勘察人应按照法律规定，以及国家、行业和地方的规范和标准完成勘察工作，并应符合发包人要求。各项规范、标准和发包人要求之间如对同一内容的描述不一致时，应以描述更为严格的内容为准。除专用合同条款另有约定外，勘察人完成勘察工作所应遵守的法律规定，以及国家、行业和地方的规范与标准，均应视为在基准日适用的版本。基准日之后，前述版本发生重大变化，或者有新的法律，以及国家、行业和地方的规范与标准实施的，勘察人应向发包人提出遵守新规定的建议。发包人应在收到建议后 7 天内发出是否遵守新规定的指示。

（2）勘察作业要求。

① 测绘要求。除专用合同条款另有约定外，发包人应在开始勘察前 7 日内，向勘察人提供测量基准点、水准点和书面资料等；勘察人应根据国家测绘基准、测绘系统和工程测量技术规范，按发包人要求的基准点及合同工程精度要求，进行测绘。

勘察人测绘之前，应当认真核对测绘数据，保证引用数据和原始数据准确无误。测绘工作应由测量人员如实记录，不得补记、涂改或损坏。工程勘探之前，勘察人应当严格按照勘察方案的孔位坐标，进行测量放线并在实地位置定位，埋设带有编号且不易移动的标志桩进行定位控制。

② 勘探要求。勘察人应当根据勘察目的和岩石特性，合理选择钻探、井探、槽探、洞探和地球物理勘探等勘探方法，为完成合同约定的勘察任务创造条件。勘察人对于勘察方法的正确性、适用性和可靠性完全负责。勘察人布置勘探工作时，应当充分考虑勘探方法对于自然环境、周边设施、建构筑物、地下管线、架空线和其他物体的影响，采用切实有效的措施进行防范控制，不得造成损坏或中断运行，否则由此导致的费用增加和（或）周期延误由勘察人自行承担。

勘察人应在标定的孔位处进行勘探，不得随意改动位置。勘探方法、勘探机具、勘探记录、取样编录与描述、孔位标记、孔位封闭等事项，应当严格执行规范标准，按实填写勘探报表和勘探日志。

勘探工作完成后，勘察人应当按照规范要求及时封孔，并将封孔记录整理存档，如勘探场地应当地面平整、清洁卫生，并通知发包人、行政主管部门及使用维护单位进行现场验收。验收通过后，如果发生沉陷，勘察人应当及时进行二次封孔和现场验收。

③ 取样要求。勘察人应当针对不同的岩土地质，按照勘探取样规范规程中的相关规定，根据地层特征、取样深度、设备条件和试验项目的不同，合理选用取样方法和取样工具进行取样，包括并不限于土样、水样、岩芯等。

取样后的样品应当根据其类别、性质和特点等进行封装、贮存和运输。样品搬运之前，宜使用数码相机进行现场拍照。运输途中应当采用柔软材料充填，尽量避免振动和阳光暴晒。装卸之时尽量轻拿轻放，以免样品损坏。

取样后的样品应当填写和粘贴标签，标签内容包括并不限于工程名称、孔号、样品编号、取样深度、样品名称、取样日期、取样人姓名、施工机组等。

④ 试验要求。勘察人应当根据岩土条件、设计要求、勘察经验和测试方法特点，选用合适的原位测试方法和勘察设备进行原位测试。原位测试成果应与室内试验数据进行对比分析，检验其可靠性。

勘察人的实验室应当通过行业管理部门认可的 CMA（China Metrology Accreditation，中国计量认证）计量认证，具有相应的资格证书、试验人员和试验条件，否则应当委托第三方实验室进行室内试验。

勘察人应在试验之前按照要求清点样品数目，认定取样质量及数量是否满足试验需要；勘察设备应当检定合格，性能参数满足试验要求，严格按照规范标准的相应规定进行试验操作；试验之后应在有效期内保留备样，以备复核试验成果之用，并按规范标准规定处理剩余土和废液，符合环境保护、健康卫生等要求。

试验报告的格式应当符合 CMA 计量认证体系要求，加盖 CMA 章并由试验负责人签字确认；试验负责人应当通过计量认证考核，并由项目负责人授权许可。

（3）临时占地和设施要求。勘察人应当根据勘察服务方案制订临时占地计划，报请发包人批准。位于本工程区域内的临时占地，由发包人协调提供。位于道路、绿化或其他市政设施内的临时占地，由勘察人向行政管理部门报建申请，按照要求制订占地施工方案，并据此实施。临时占地使用完毕后，勘察人应当按照发包人要求或行政管理部门规定恢复临时占地。如果恢复或清理标准不能满足要求的，发包人有权委托他人代为恢复或清理，由此发生的费用从拟支付给勘察人的勘察费用中扣除。

勘察人应当配备或搭设足够的临时设施，保证勘探工作能够正常开展。临时设施包括并不限于施工围挡、交通疏导设施、安全防范设施、钻机防护设施，安全文明施工设施、办公生活用房、取样存放场所等。临时设施应当满足规范标准、发包人要求和行政管理部门的规定等。除专用合同条款另有约定外，临时设施的修建、拆除和恢复费用由勘察人自行承担。

二、建设工程设计合同文本构成和履行

（一）建设工程设计合同文本的构成

九部委建设工程设计合同文本由通用合同条款、专用合同条款和合同附件格式构成。

1. 适用范围

九部委设计合同文本适用于依法必须招标的与工程建设有关的设计项目。九部委设计合同文本有一项说明：房屋建筑和市政工程等工程设计项目招标可以使用《建设工程设计合同示范文本（房屋建筑工程）》（GF－2015－0209）、《建设工程设计合同示范文本（专业建设工程）》（GF－2015－0210）。

2. 合同文件

合同文件（或称合同）是指合同协议书、中标通知书、投标函和投标函附录、专用合同条款、通用合同条款、发包人要求、设计费用清单、设计方案，以及其他构成合同组成部分的文件。

专用合同条款可对"通用合同条款"进行补充、细化，但除"通用合同条款"明确规定可以作出不同约定外，"专用合同条款"补充和细化的内容不得与"通用合同条款"相抵触，否则抵触内容无效。

组成合同的各项文件应互相解释，互为说明。除专用合同条款另有约定外，解释合同文件的优先顺序如下：

（1）合同协议书；

（2）中标通知书；

（3）投标函及投标函附录；

（4）专用合同条款；

（5）通用合同条款；

（6）发包人要求；

（7）设计费用清单；

（8）设计方案；

（9）其他合同文件。

3. 合同附件格式

九部委设计合同文本合同附件格式包括合同协议书和履约保证金格式。设计人按中标通知书规定的时间与发包人签订合同协议书。除法律另有规定或合同另有约定外，发包人和设计人的法定代表人或其委托代理人在合同协议书上签字并盖单位章后，合同生效。履约保证金格式要求，如采用银行保函，应当提供无条件地、不可撤销担保。担保有效期自发包人与设计人签订的合同生效之日起至发包人签收最后一批设计成果文件之日起 28 日后失效。在本担保有效期内，如果设计人不履行合同约定的义务或其履行不符合合同的约定，担保人在收到发包人以书面形式提出的在担保金额内的赔偿要求后，在 7 日内无条件支付。发包人和设计人变更合同时，无论担保人是否收到该变更，担保人承担担保规定的义务不变。

（二）建设工程设计合同的内容和设计要求

1. 建设工程设计合同的内容

设计是基本建设的重要环节。在建设项目的选址和设计任务书已确定的情况下，建设项目是否能保证技术上先进和经济上合理，设计将起着决定作用。建设工程设计合同是指设计人依据约定向发包人提供建设工程设计文件，发包人受领该成果并按约定支付酬金的合同。建设工程设计合同的内容是指设计人根据建设工程的要求，对建设工程所需的技术、经济、资源、环境等条件进行综合分析、论证，编制建设工程设计文件。建设工程设计合同的内容所指的建设工程设计范围，包括工程范围、阶段范围和工作范围，具体设计范围应当根据三者之间的关联内容进行确定。

2. 建设工程设计合同当事人

建设工程设计合同当事人包括发包人和设计人。发包人通常也是工程建设项目的业主（建设单位）或项目管理部门（如工程总承包单位）。承包人则是设计人，设计人须为具有相应设计资质的企业法人。

3. 订立设计合同时应约定的内容

（1）设计依据。

（2）发包人应向设计人提供的文件资料。按专用合同条款约定由发包人提供的文件，包括基础资料、勘察报告、设计任务书等，发包人应按约定的数量和期限交给设计人。

（3）发包人义务。

① 遵守法律。发包人在履行合同过程中应遵守法律，并保证设计人免于承担因发包人违反法律而引起的任何责任。

② 发出开始设计通知。发包人应按约定向设计人发出开始设计通知。

③ 办理证件和批件。法律规定和（或）合同约定由发包人负责办理的工程建设项目必须履行的各类审批、核准或备案手续，发包人应当按时办理，设计人应给予必要的协助。法律规定和（或）合同约定由设计人负责办理的设计所需的证件和批件，发包人应给予必要的协助。

④ 支付合同价款。发包人应按合同约定向设计人及时支付合同价款。

⑤ 提供设计资料。发包人应按约定向设计人提供设计资料。

⑥ 其他义务。发包人应履行合同约定的其他义务。

（4）设计人的一般义务。

① 遵守法律。设计人在履行合同过程中应遵守法律，并保证发包人免于承担因设计人违反法律而引起的任何责任。

② 依法纳税。设计人应按有关法律规定纳税，应缴纳的税金（含增值税）包括在合同价格之中。

③ 完成全部设计工作。设计人应按合同约定及发包人要求，完成合同约定的全部工作，并对工作中的任何缺陷进行整改、完善和修补，使其满足合同约定的目的。设计人应按合同约定提供设计文件及相关服务等。

④ 其他义务。设计人应履行合同约定的其他义务。

（三）建设工程设计合同履行管理

1. 发包人的管理

（1）发包人代表。除专用合同条款另有约定外，发包人应在合同签订后14天内，将发包人代表的姓名、职务、联系方式、授权范围和授权期限书面通知设计人，由发包人代表在其授权范围和授权期限内，代表发包人行使权利、履行义务和处理合同履行中的具体事宜。发包人代表在授权范围内的行为由发包人承担法律责任。

发包人代表可以授权发包人的其他人员负责执行其指派的一项或多项工作。发包人代表应将被授权人员的姓名及其授权范围通知设计人。被授权人员在授权范围内发出的指示视为已得到发包人代表的同意，与发包人代表发出的指示具有同等效力。

（2）监理人。发包人可以根据工程建设需要确定是否委托监理人进行设计监理。如果委托监理，则监理人享有合同约定的权力，其所发出的任何指示应视为已得到发包人的批准。监理人的监理范围、职责权限和总监理工程师信息应在专用合同条款中指明。未经发包人批准，监理人无权修改合同。

（3）发包人的指示。发包人应按合同约定向设计人发出指示，发包人的指示应盖有发包人单位章，并由发包人代表签字确认。

（4）决定或答复。发包人在法律允许的范围内有权对设计人的设计工作和设计文件作出处理决定。设计人应按照发包人的决定执行，涉及设计服务期限或设计费用等问题按约定处理。发包人应在专用合同条款约定的时间之内，对设计人书面提出的事项做出书面答复，逾期没有做出答复的，视为已获得发包人的批准。

2. 设计要求

（1）一般要求。

① 发包人应当遵守法律和规范标准，不得以任何理由要求设计人违反法律和工程质量、安全标准进行设计服务，降低工程质量。

② 设计人应按照法律规定，以及国家、行业和地方的规范与标准完成设计工作，并应符合发包人要求。各项规范、标准和发包人要求之间如对同一内容的描述不一致时，应以描述更为严格的内容为准。

③ 除专用合同条款另有约定外，设计人完成设计工作所应遵守的法律规定，以及国家、行业和地方的规范与标准，均应视为在基准日适用的版本。基准日之后，前述版本发生重大变化，或者有新的法律，以及国家、行业和地方的规范与标准实施的，设计人应向发包人提出遵守新规定的建议。发包人应在收到建议后7天内发出是否遵守新规定的指示。

（2）设计文件要求。

① 设计文件的编制应符合法律法规、规范标准的强制性规定和发包人要求，相关设计依据应完整、准确、可靠，设计方案论证充分，计算成果规范可靠，并能够实施。

② 设计服务应当根据法律、规范标准和发包人要求，保证工程的合理使用寿命年限，并在设计文件中予以注明。

③ 设计文件的深度应满足本合同相应设计阶段的规定要求，满足发包人的下一步工作需要，并应符合现行国家和行业规定。

④ 设计文件必须保证工程质量和施工安全等方面的要求，按照有关法律法规规定在设计文件中提出保障施工作业人员安全和预防生产安全事故的措施建议。

（3）开始设计。符合专用合同条款约定的开始设计条件的，发包人应提前7天向设计人发出开始设计通知。设计服务期限自开始设计通知中载明的开始设计日期起计算。除专用合同条款另有约定外，因发包人原因造成合同签订之日起90天内未能发出开始设计通知的，设计人有权提出价格调整要求，或者解除合同。发包人应当承担由此增加的费用和（或）周期延误。

（4）发包人审查设计文件。发包人接收设计文件之后，可以自行或组织专家会进行审查，设计人应当给予配合。审查标准应当符合法律、规范标准、合同约定和发包人要求等；审查的具体范围、明细内容和费用分担，在专用合同条款中约定。除专用合同条款另有约定外，发包人对于设计文件的审查期限，自文件接收之日起不应超过 14 天。发包人逾期未做出审查结论且未提出异议的，视为设计人的设计文件已经通过发包人审查。

发包人审查后不同意设计文件的，应以书面形式通知设计人，说明审查不通过的理由及其具体内容。设计人应根据发包人的审查意见修改完善设计文件，并重新报送发包人审查，审查期限重新起算。

小试牛刀

1. 九部委勘察合同文本由通用合同条款、专用合同条款和（　　）构成。
   A. 投标文件说明　　　　　　　B. 勘察费用清单
   C. 合同条件格式　　　　　　　D. 合同附件格式

2. 在九部委勘察合同文本中，担保有效期自发包人与勘察人签订的合同生效之日起至发包人签收最后一批勘察成果文件之日起（　　）日后失效。
   A. 7　　　　B. 14　　　　C. 21　　　　D. 28

3. 建设工程勘察合同当事人包括发包人和（　　）。
   A. 勘察人　　B. 设计人　　C. 监理人　　D. 承包人

4. 除专用合同条款另有约定外，发包人应向勘察人提供测量基准点的时间是（　　）。
   A. 开始勘察前 7 日内　　　　B. 开始勘察前 14 日内
   C. 开始勘察前 21 日内　　　　D. 开始勘察前 28 日内

5. 勘察人的实验室应当通过行业管理部门认可的计量认证是（　　）。
   A. CM 认证　　B. CMA 认证　　C. FIFA 认证　　D. UEFA 认证

6. 除专用合同条款另有约定外，解释设计合同文件的优先顺序排名第一的是（　　）。
   A. 专用合同条款　　　　　　　B. 中标通知书
   C. 投标函及投标函附录　　　　D. 合同协议书

7. 除专用合同条款另有约定外，发包人将发包人代表的姓名、职务、联系方式、授权范围和授权期限书面通知设计人的时间是（　　）。
   A. 应在合同签订后 3 天内　　　B. 应在合同签订后 7 天内
   C. 应在合同签订后 14 天内　　　D. 应在合同签订后 21 天内

8. 设计文件的编制应符合法律法规、规范标准的强制性规定和下列合同当事人中的（　　）要求。
   A. 发包人　　B. 监理人　　C. 勘察人　　D. 法人代表

9. 如果发包人委托监理，则监理人享有合同约定的（　　）。
   A. 义务　　B. 质量责任　　C. 权利　　D. 便利

10. 在设计合同的发包人通常也是工程建设项目的（　　）。
    A. 建设行政主管部门　　　　B. 建设单位
    C. 设计单位　　　　　　　　D. 监理单位

单元二 建设工程施工合同管理

一、施工合同标准文本

（一）施工合同标准文本概述

国家发展和改革委员会、财政部、建设部、铁道部、交通部、信息产业部、水利部、民用航空总局、广播电影电视总局九部委联合颁发的适用于一定规模以上，且设计和施工不是由同一承包商承担的工程施工招标的《标准施工招标文件》（2007 年版）中包括合同条款与格式（以下简称"标准施工合同"）。九部委在 2012 年颁发了适用于工期不超过 12 个月、技术相对简单，且设计和施工不是由同一承包人承担的小型项目施工招标的《简明标准施工招标文件》（2012 版），其中包括合同条款及格式（以下简称"简明施工合同"）。

按照九部委联合颁布的《〈标准施工招标资格预审文件〉和〈标准施工招标文件〉试行》要求，各行业编制的标准施工合同应不加修改地引用《标准施工招标文件》中的"通用合同条款"，即标准施工合同和简明施工合同的通用条款广泛适用于各类建设工程。各行业编制的标准施工招标文件中的"专用合同条款"可结合施工项目的具体特点，对标准的"通用合同条款"进行补充、细化。除"通用合同条款"明确"专用合同条款"可做出不同约定外，补充和细化的内容不得与"通用合同条款"的规定相抵触，否则抵触内容无效。

（二）标准施工合同的组成

标准施工合同提供了通用合同条款、专用合同条款和签订合同时采用的合同附件格式。

1. 通用条款

标准施工合同的通用条款包括 24 条，标题分别为：一般约定；发包人义务；监理人；承包人；材料和工程设备；施工设备和临时设施；交通运输；测量放线；施工安全、治安保卫和环境保护；进度计划；开工和竣工；暂停施工；工程质量；试验和检验；变更；价格调整；计量与支付；竣工验收；缺陷责任与保修责任；保险；不可抗力；违约；索赔；争议的解决。

2. 专用条款

由于通用条款的内容涵盖各类工程项目施工共性的合同责任和履行管理程序，各行业可以结合工程项目施工的行业特点编制标准施工合同文本在专用条款内体现，具体招标工程在编制合同时，应针对项目的特点、招标人的要求，在专用条款内针对通用条款涉及的内容进行补充、细化。工程实践应用时，通用条款中适用于招标项目的条或款不必在专用条款内重复，需要补充细化的内容应与通用条款的条或款的序号一致，使通用条款与专用条款中相同序号的条款内容共同构成对履行合同某一方面的完备约定。

为了便于行业主管部门或招标人编制招标文件和拟订合同，标准施工合同文本根据通用条款的规定，在专用条款中针对 22 条 50 款做出了应用的参考说明。

3. 合同附件格式

标准施工合同中给出的合同附件格式，是订立合同时采用的规范化文件，包括合同协议书、履约担保和预付款担保三个文件。

（1）合同协议书。合同协议书是合同组成文件中唯一需要发包人和承包人同时签字盖章的法律文书，因此，标准施工合同中规定了应用格式。除明确规定对当事人双方有约束力的合同组成文件外，具体招标工程项目订立合同时需要明确填写的内容仅包括发包人和承包人的名称；施工的工程或标段；签约合同价；合同工期；质量标准和项目经理的人选。

（2）履约担保。标准施工合同要求履约担保采用保函的形式，给出的履约保函标准格式主要表现为以下两个方面的特点：

① 担保期限。担保期限自发包人和承包人签订合同之日起，至签发工程移交证书日止。没有采用国际招标工程或使用世界银行贷款建设工程的担保期限至缺陷责任期满止的规定，即担保人对承包人保修期内履行合同义务的行为不承担担保责任。

② 担保方式。采用无条件担保方式，即持有履约保函的发包人认为承包人有严重违约情况时，即可凭保函向担保人要求予以赔偿，不需承包人确认。无条件担保有利于当出现承包人严重违约情况，由于解决合同争议而影响后续工程的施工。标准履约担保格式中，担保人承诺"在本担保有效期内，因承包人违反合同约定的义务给你方造成经济损失时，我方在收到你方以书面形式提出的在担保金额内的赔偿要求后，在7天内无条件支付"。

（3）预付款担保。标准施工合同规定的预付款担保采用银行保函形式，主要特点如下：

① 担保方式。担保方式也是采用无条件担保形式。

② 担保期限。担保期限自预付款支付给承包人起生效，至发包人签发的进度付款支付证书说明已完全扣清预付款止。

③ 担保金额。担保金额尽管在预付款担保书内填写的数额与合同约定的预付款数额一致，但与履约担保不同，当发包人在工程进度款支付中已扣除部分预付款后，担保金额相应递减。保函格式中明确说明："本保函的担保金额，在任何时候不应超过预付款金额减去发包人按合同约定在向承包人签发的进度付款证书中扣除的金额。"即保持担保金额与剩余预付款的金额相等原则。

（三）简明施工合同

由于简明施工合同适用于工期在12个月内的中小工程施工，是对标准施工合同简化的文本，通常由发包人负责材料和设备的供应，承包人仅承担施工义务，因此合同条款较少。

简明施工合同通用条款包括17条，标题分别为：一般约定；发包人义务；监理人；承包人；施工控制网；工期；工程质量；试验和检验；变更；计量与支付；竣工验收；缺陷责任与保修责任；保险；不可抗力；违约；索赔；争议的解决。各条款中与标准施工合同对应条款规定的管理程序和合同责任相同。

二、施工合同有关各方管理职责

（一）合同当事人

施工合同当事人是发包人和承包人，双方按照所签订合同约定的义务，履行相应的责任。

（二）监理人

九部委标准招标文件和《建设工程监理规范》（GB/T 50319—2013）中对监理人的定

义是："受委托人的委托，依照法律、规范标准和监理合同等，对建设工程勘察、设计或施工等阶段进行质量控制、进度控制、投资控制、合同管理、信息管理、组织协调和安全监理的法人或其他组织。"既属于发包人一方的人员，但又不同于发包人的定员，即不是一切行为均遵照发包人的指示，而是在授权范围内独立工作，以保障工程按期、按质、按量完成发包人的最大利益为管理目标，依据合同条款的约定，公平合理地处理合同履行过程中的有关管理事项。按照标准施工合同通用条款对监理人的相关规定，监理人的合同管理地位和职责主要表现在以下几个方面。

1. 受发包人委托对施工合同的履行进行管理

（1）在发包人授权范围内，负责发出指示、检查施工质量、控制进度等现场管理工作。

（2）在发包人授权范围内独立处理合同履行过程中的有关事项，行使通用条款规定的，以及具体施工合同专用条款中说明的权力。

（3）承包人收到监理人发出的任何指示，视为已得到发包人的批准，应遵照执行。

（4）在合同规定的权限范围内，独立处理或决定有关事项，如单价的合理调整、变更估价、索赔等。

2. 居于施工合同履行管理的核心地位

（1）监理人应按照合同条款的约定，公平合理地处理合同履行过程中涉及的有关事项。

（2）除合同另有约定外，承包人只从总监理工程师或被授权的监理人员处取得指示。为了使工程施工顺利开展，避免指令冲突及尽量减少合同争议，发包人对施工工程的任何想法通过监理人的协调指令来实现；承包人的各种问题也首先提交监理人，尽量减少发包人和承包人分别站在各自立场解释合同导致争议。

（3）"商定或确定"条款规定，总监理工程师在协调处理合同履行过程中的有关事项时，应首先与合同当事人协商，尽量达成一致。不能达成一致时，总监理工程师应认真研究审慎"确定"后，通知当事人双方并附详细依据。由于监理人不是合同当事人，因此对有关问题的处理不用决定，而用"确定"一词，即表示，总监理工程师提出的方案或发出的指示并非最终不可改变，任何一方有不同意见均可按照争议的条款解决，同时体现了监理人独立工作的性质。

3. 监理人的指示

监理人给承包人发出的指示，承包人应遵照执行。如果监理人的指示错误或失误给承包人造成损失，则由发包人负责赔偿。通用条款明确规定：

（1）监理人未能按合同约定发出指示、指示延误或指示错误而导致承包人施工成本增加和（或）工期延误，由发包人承担赔偿责任。

（2）监理人无权免除或变更合同约定的发包人和承包人权利、义务和责任。由于监理人不是合同当事人，因此合同约定应由承包人承担的义务和责任，不因监理人对承包人提交文件的审查或批准，对工程、材料和设备的检查与检验，以及为实施监理做出的指示等职务行为而减轻或解除。

三、施工合同订立

施工合同的通用条款和专用条款尽管在招标投标阶段已作为招标文件的组成部分，但在合同订立过程中有些问题还需要明确或细化，以保证合同的权利和义务界定清晰。

（一）标准施工合同文件

1. 合同文件的组成

"合同"是指构成对发包人和承包人履行约定义务过程中，有约束力的全部文件体系的总称。标准施工合同的通用条款中规定，合同的组成文件包括以下几项：

（1）合同协议书；

（2）中标通知书；

（3）投标函及投标函附录；

（4）专用合同条款；

（5）通用合同条款；

（6）技术标准和要求；

（7）图纸；

（8）已标价的工程量清单；

（9）其他合同文件——经合同当事人双方确认构成合同的其他文件。

2. 合同文件的优先解释顺序

组成合同的各文件中出现含义或内容的矛盾时，如果专用条款没有另行约定，以上合同文件序号为优先解释的顺序。标准施工合同条款中未明确由谁来解释文件之间的歧义，但可以结合监理工程师职责中的规定，总监理工程师应与发包人和承包人进行协商，尽量达成一致。不能达成一致时，总监理工程师应认真研究后审慎"确定"。

3. 部分文件的含义

（1）中标通知书。中标通知书是招标人接受中标人的书面承诺文件，具体写明承包的施工标段、中标价、工期、工程质量标准和中标人的项目经理名称。中标价应是在评标过程中对报价的计算或书写错误进行修正后，作为该投标人投标的基准价格。项目经理的名称是中标人的投标文件中说明并已在评标时作为量化评审要素的人选，要求履行合同时必须到位。

（2）投标函及投标函附录。标准施工合同文件组成中的投标函，不同于《建设工程施工合同（示范文本）》规定的投标书及其附件，仅是投标人置于投标文件首页的保证中标后与发包人签订合同、按照要求提供履约担保、按期完成施工任务的承诺文件。

投标函附录是投标函内承诺部分主要内容的细化，包括项目经理的人选、工期、缺陷责任期、分包的工程部位、公式法调价的基数和系数等的具体说明。因此，承包人的承诺文件作为合同组成部分，并非指整个投标文件。也就是说投标文件中的部分内容在订立合同后允许进行修改或调整，如施工前应编制更为详尽的施工组织设计、进度计划等。

（3）其他合同文件。其他合同文件包括的范围较宽，主要针对具体施工项目的行业特点、工程的实际情况、合同管理需要而明确的文件。签订合同协议书时，需要在专用条款中对其他合同文件的具体组成予以明确。

（二）订立合同时需要明确的内容

针对具体施工项目或标段的合同需要明确约定的内容较多，有些招标时已在招标文件的专用条款中做出了规定，另有一些还需要在签订合同时具体细化相应内容。

1. 施工现场范围和施工临时占地

发包人应明确说明施工现场永久工程的占地范围并提供征地图纸，以及属于发包人施工前期配合义务的有关事项，如从现场外部接至现场的施工用水、用电、用气的位置等，以便承包人进行合理的施工组织。

项目施工如果需要临时用地，招标文件中已说明或承包人投标书内提出要求，也需要明确占地范围和临时用地移交承包人的时间。

2. 发包人提供图纸的期限和数量

标准施工合同适用于发包人提供设计图纸，承包人负责施工的建设项目。由于初步设计完成后即可进行招标，因此订立合同时必须明确约定发包人陆续提供施工图纸的期限和数量。

如果承包人有专利技术且有相应的设计资质，可能约定由承包人完成部分施工图设计。此时也应明确承包人的设计范围，提交设计文件的期限、数量，以及监理人签发图纸修改的期限等。

3. 发包人提供的材料和工程设备

对于发包人部分包料的施工承包方式，往往设备和主要建筑材料由发包人负责提供，需要明确约定发包人提供的材料和设备分批交货的种类、规格、数量、交货期限与地点等，以便明确合同责任。

4. 异常恶劣的气候条件范围

施工过程中遇到不利于施工的气候条件直接影响施工效率，甚至被迫停工。气候条件对施工的影响是合同管理中一个比较复杂的问题，"异常恶劣的气候条件"属于发包人的责任。"不利气候条件"对施工的影响则属于承包人应承担的风险。因此，应当根据项目所在地的气候特点，在专用条款中明确界定不利于施工的气候和异常恶劣的气候条件之间的界限，如多少毫米以上的降水、多少级以上的大风、多少温度以上的超高温或多少温度以下的超低温天气等，以明确合同双方对气候变化影响施工的风险责任。

5. 物价浮动的合同价格调整

（1）基准日期。通用条款规定的基准日期是指投标截止时间前28天的日期。规定基准日期的作用是划分该日后由于政策法规的变化或市场物价浮动对合同价格影响的责任。承包人投标阶段在基准日期后不再进行此方面的调研，进入编制投标文件阶段，因此，通用条款在两个方面做出了规定：

① 承包人以基准日期前的市场价格编制工程报价，长期合同中调价公式中的可调因素价格指数来源于基准日期的价格；

② 基准日期后，因法律法规、规范标准等的变化，导致承包人在合同履行中所需要的工程成本发生约定以外的增减时，相应调整合同价款。

（2）调价条款。合同履行期间市场价格浮动对施工成本造成的影响是否允许调整合同价格，要视合同工期的长短来决定。

① 简明施工合同的规定。适用于工期在12个月以内的简明施工合同的通用条款没有调价条款，承包人在投标报价中合理考虑市场价格变化对施工成本的影响，合同履行期间不考虑市场价格变化调整合同价款。

② 标准施工合同的规定。工期为 12 个月以上的施工合同，由于承包人在投标阶段不可能合理预测一年以后的市场价格变化，因此应设有调价条款，由发包人和承包人共同分担市场价格变化的风险。标准施工合同通用条款规定用公式法调价，但调整价格的方法仅适用于工程量清单中按单价支付部分的工程款，总价支付部分不考虑物价浮动对合同价格的调整。

(3) 公式法调价。

① 调价公式。施工过程中每次支付工程进度款时，用该公式综合计算本期内因市场价格浮动应增加或减少的价格调整值。

$$\Delta P = P_0 \left[A + (B_1 \times F_{t1}/F_{01} + B_2 \times F_{t2}/F_{02} + B_3 \times F_{t3}/F_{03} + \cdots\cdots + B_n \times F_{tn}/F_{0n}) - 1 \right]$$

式中 ΔP——需调整的价格差额；

P_0——付款证书中承包人应得到的已完成工程量的金额；

A——定值权重；

B_1、B_2、B_3、…、B_n——各可调因子的变值权重（即可调部分的权重）为各可调因子在投标函投标总报价中所占的比例；

F_{t1}、F_{t2}、F_{t3}、…、F_{tn}——各可调因子的现行价格指数，指约定的付款证书相关周期最后一天的前 42 天的各可调因子的价格指数；

F_{01}、F_{02}、F_{03}、…、F_{0n}——各可调因子的基本价格指数，指基准日期的各可调因子的价格指数。

② 调价公式的基数。价格调整公式中的各可调因子、定值和变值权重，以及基本价格指数及其来源在投标函附录价格指数和权重表中约定，以基准日的价格为准，因此，应在合同调价条款中予以明确。价格指数应首先采用工程项目所在地有关行政管理部门提供的价格指数，缺乏上述价格指数时，也可采用有关部门提供的价格代替。用公式法计算价格的调整，即可以用支付工程进度款时的市场平均价格指数或价格计算调整值，而不必考虑承包人具体购买材料的价格高低，又可以避免采用票据法调整价格时，每次中期支付工程进度款前去核实承包人购买材料的发票或单证后，再计算调整价格的烦琐程序。

(三) 明确保险责任

1. 工程保险和第三者责任保险

(1) 办理保险的责任。

① 承包人办理保险。标准施工合同和简明施工合同的通用条款中考虑到承包人是工程施工的最直接责任人，因此均规定由承包人负责投保"建筑工程一切险""安装工程一切险"和"第三者责任保险"，并承担办理保险的费用。具体的投保内容、保险金额、保险费率、保险期限等有关内容在专用条款中约定。

承包人应在专用合同条款约定的期限内向发包人提交各项保险生效的证据和保险单副本，保险单必须与专用合同条款约定的条件一致。承包人需要变动保险合同条款时，应事先征得发包人同意，并通知监理人。保险人做出保险责任变动的，承包人应在收到保险人通知后立即通知发包人和监理人。承包人应与保险人保持联系，使保险人能够随时了解工程实施中的变动，并确保按保险合同条款要求持续保险。

② 发包人办理保险。如果一个建设工程项目的施工采用平行发包的方式分别交由多个

承包人施工，由几家承包人分别投保，有可能产生重复投保或漏保，此时由发包人投保为宜。双方可在专用条款中约定，由发包人办理工程保险和第三者责任保险。

无论是由承包人还是发包人办理工程险和第三者责任保险，均必须以发包人和承包人的共同名义投保，以保障双方均有出现保险范围内的损失时，可从保险公司获得赔偿。

（2）保险金不足的补偿。如果投保工程一切险的保险金额少于工程实际价值，工程受到保险事件的损害时，不能从保险公司获得实际损失的全额赔偿，则损失赔偿的不足部分按合同相应条款的约定，由该事件的风险责任方负责补偿。例如，某些大型工程项目经常因工程投资额巨大，为了减少保险费的支出，采用不足额投保方式，即以建筑安装工程费的60%~70%作为投保的保险金额，因此受到保险范围内的损害后，保险公司按实际损失的相应比例予以赔偿。

标准施工合同要求在专用条款具体约定保险金不足以赔偿损失时，承包人和发包人应承担责任。如永久工程损失的差额由发包人补偿，临时工程、施工设备等损失由承包人负责。

（3）未按约定投保的补偿。

① 如果负有投保义务的一方当事人未按合同约定办理保险，或未能使保险持续有效，另一方当事人可代为办理，所需费用由对方当事人承担。

② 当负有投保义务的一方当事人未按合同约定办理某项保险，导致受益人未能得到保险人的赔偿，原应从该项保险得到的保险赔偿应由负有投保义务的一方当事人支付。

2. 人员工伤事故保险和人身意外伤害保险

发包人和承包人应按照相关法律规定为履行合同的本方人员缴纳工伤保险费，并分别为自己现场项目管理机构的所有人员投保人身意外伤害保险。

3. 其他保险

（1）承包人的施工设备保险。承包人应以自己的名义投保施工设备保险，作为工程一切险的附加保险，因为此项保险内容发包人没有投保。

（2）进场材料和工程设备保险。由当事人双方具体约定，在专用条款内写明。通常情况下，应是谁采购的材料和工程设备，由谁办理相应的保险。

（四）发包人义务

为了保障承包人按约定的时间顺利开工，发包人应按合同约定的责任完成满足开工的准备工作。

1. 提供施工场地

（1）施工现场。发包人应及时完成施工场地的征用、移民、拆迁工作，并在开工后急需解决其遗留问题。同时，按专用合同条款约定的时间和范围向承包人提供施工场地。施工场地包括永久工程用地和施工的临时占地，施工场地的移交可以一次完成，也可以分次移交，以不影响单位工程的开工为原则。

（2）地下管线和地下设施的相关资料。发包人应按专用条款约定及时向承包人提供施工场地范围内地下管线和地下设施等有关资料。地下管线包括供水、排水、供电、供气、供热、通信、广播电视等的埋设位置，以及地下水文、地质等资料。发包人应保证资料的真实、准确、完整，但不对承包人据此判断、推论错误导致编制施工方案的后果承担责任。

(3) 现场外的道路通行权。发包人应根据合同工程的施工需要，负责办理取得出入施工场地的专用和临时道路的通行权，以及取得为工程建设所需修建场外设施的权利，并承担有关费用，开通施工场地与城乡公共道路的通道，以及专用条款约定的施工场地内的主要交通干道。

2. 组织设计交底

发包人应根据合同进度计划，组织设计单位向承包人和监理人对提供的施工图纸与设计文件进行交底，以便承包人制订施工方案和编制施工组织设计。

3. 约定开工时间

考虑到不同行业和项目的差异，标准施工合同的通用条款中没有将开工时间作为合同条款，具体工程项目可根据实际情况在合同协议书或专用条款中约定。

（五）承包人义务

1. 现场查勘

承包人在投标阶段仅依据招标文件中提供的资料和较概略的图纸编制了供评标的施工组织设计或施工方案。签订合同协议书后，承包人应对施工场地和周围环境进行查勘，核对发包人提供的有关资料，并进一步收集相关的地质、水文、气象条件、交通条件、风俗习惯，以及其他为完成合同工作有关的当地资料，以便编制施工组织设计和专项施工方案。

在全部合同施工过程中，应视为承包人已充分估计了应承担的责任和风险，不得再以不了解现场情况为理由而推脱合同责任。对现场查勘中发现的实际情况与发包人所提供资料有重大差异之处，应及时通知监理人，由其作出相应的指示或说明，以便明确合同责任。

2. 编制工程施工实施计划

（1）施工组织设计。承包人应按合同约定的工作内容和施工进度要求，编制施工组织设计和施工进度计划，并对所有施工作业和施工方法的完备性、安全性、可靠性负责。《建设工程安全生产管理条例》规定，在施工组织设计中应针对深基坑工程、地下暗挖工程、高大模板工程、高空作业工程、深水作业工程、大爆破工程的施工编制专项施工方案。对于前3项危险性较大的分部分项工程的专项施工，还需经5人以上专家论证方案的安全性和可靠性。施工组织设计完成后，按专用条款的约定，将施工进度计划和施工方案说明报送监理人审批。

（2）质量管理体系。在施工场地设置专门的质量检查机构，配备专职质量检查人员，建立完善的质量检查制度。在合同约定的期限内，提交工程质量保证措施文件，包括质量检查机构的组织和岗位责任、质检人员的组成、质量检查程序和实施细则等，报送监理人审批。

（3）环境保护措施计划。承包人在施工过程中，应遵守有关环境保护的法律和法规，履行合同约定的环境保护义务，按合同约定的环保工作内容，编制施工环保措施计划，报送监理人审批。

3. 施工现场内的交通道路和临时工程

承包人应负责修建、维修、养护和管理施工所需的临时道路，以及为开始施工所需的临时工程和必要的设施，满足开工的要求。

4. 工程施工测量控制网

承包人依据监理人提供的测量基准点、基准线和水准点及其书面资料，根据国家测绘基准、测绘系统和工程测量技术规范及合同中对工程精度的要求，测设施工控制网，并将施工控制网点的资料报送监理人审批。

在施工过程中承包人负责管理施工控制网点，对丢失或损坏的施工控制网点应及时修复，并在工程竣工后将施工控制网点移交发包人。

5. 提出开工申请

承包人的施工前期准备工作满足开工条件后，向监理人提交工程开工报审表。开工报审表应详细说明按合同进度计划正常施工所需的施工道路、临时设施、材料设备、施工人员等施工组织措施的落实情况及工程的进度安排。

（六）监理人职责

1. 审查承包人的实施方案

（1）审查的内容。监理人对承包人报送的施工组织设计、质量管理体系、环境保护措施进行认真审查，批准或要求承包人对不满足合同要求的部分进行修改。

（2）审查进度计划。监理人对承包人的施工组织设计中的进度计划审查，不仅要看施工阶段的时间安排是否满足合同要求，更应评审拟采用的施工组织、技术措施能否保证计划的实现。监理人审查后，应在专用条款约定的期限内，批复或提出修改意见，否则该进度计划视为已得到批准。经监理人批准的施工进度计划称为"合同进度计划"。监理人为了便于工程进度管理，可以要求承包人在合同进度计划的基础上编制并提交分阶段和分项的进度计划，特别是合同进度计划关键线路上的单位工程或分部工程的详细施工计划。

（3）合同进度计划。合同进度计划是控制合同工程进度的依据，对承包人、发包人和监理人均有约束力，不仅要求承包人按计划施工，还要求发包人的材料供应、图纸发放等不应造成施工延误，以及监理人应按照计划进行协调管理。合同进度计划的另一重要作用是，施工进度受到非承包人责任原因的干扰后，判定是否应给承包人顺延合同工期的主要依据。

2. 开工通知

（1）发出开工通知的条件。当发包人的开工前期工作已完成且临近约定的开工日期时，应委托监理人按专用条款约定的时间向承包人发出开工通知。如果约定的开工已届至但发包人应完成的开工配合义务尚未完成（如现场移交延误），由于监理人不能按时发出开工通知，则要顺延合同工期并赔偿承包人的相应损失。

如果发包人开工前的配合工作已完成且约定的开工日期已到期，但承包人的开工准备还不满足开工条件，监理人仍应按时发出开工的指示，合同工期不予以顺延。

（2）发出开工通知的时间。监理人征得发包人同意后，应在开工日期7天前向承包人发出开工通知，合同工期自开工通知中载明的开工之日计算。

四、施工合同履行管理

（一）合同履行涉及的时间期限

1. 合同工期

合同工期是指承包人在投标函内承诺完成合同工程的时间期限，以及按照合同条款通过变更和索赔程序应给予顺延工期的时间之和。合同工期的作用是用于判定承包人是否按期竣工的标准。

2. 施工期

承包人施工期从监理人发出的开工通知中写明的开工日起算，至工程接收证书中写明的实际竣工日止。以此期限与合同工期比较，判定是提前竣工还是延误竣工。延误竣工承包人承担拖期赔偿责任，提前竣工是否应获得奖励需视专用条款中是否有约定。

3. 缺陷责任期

缺陷责任期从工程接收证书中写明的竣工日开始起算，期限视具体工程的性质和使用条件的不同在专用条款内约定（一般为一年）。对于合同内约定有分部移交的单位工程，按提前验收的该单位工程接收证书中确定的竣工日为准，起算时间相应提前。由于承包人拥有施工技术、设备和施工经验，缺陷责任期内工程运行期间出现的工程缺陷，承包人应负责修复，直到检验合格为止。修复费用以缺陷原因的责任划分，经查验属于发包人原因造成的缺陷，承包人修复后可获得查验、修复的费用及合理利润。如果承包人不能在合理时间内修复缺陷，发包人可以自行修复或委托其他人修复，修复费用由缺陷原因的责任方承担。承包人责任原因产生的较大缺陷或损坏，致使工程不能按原定目标使用，经修复后需要再行检验或试验时，发包人有权要求延长该部分工程或设备的缺陷责任期。影响工程运行的有缺陷工程或部位，在修复检验合格日前已经过的时间归于无效，重新计算缺陷责任期，但包括延长时间在内的缺陷责任期最长时间不得超过2年。

4. 保修期

保修期自实际竣工日起算，发包人和承包人按照有关法律、法规的规定，在专用条款内约定工程质量保修范围、期限和责任。对于提前验收的单位工程起算时间相应提前。承包人对保修期内出现的不属于其责任原因的工程缺陷，不承担修复义务。

（二）工程施工进度管理

1. 合同进度计划的动态管理

为了保证实际施工过程中承包人能够按计划施工，监理人通过协调保障承包人的施工不受到外部或其他承包人的干扰，对已确定的施工计划要进行动态管理。标准施工合同的通用条款规定，无论何种原因造成工程的实际进度与合同进度计划不符，包括实际进度超前或滞后于计划进度，均应修订合同进度计划，以使进度计划具有实际的管理和控制作用；承包人可以主动向监理人提交修订合同进度计划的申请报告，并附有关措施和相关资料，报监理人审批；监理人也可以向承包人发出；修订合同进度计划的指示，承包人应按该指示修订合同进度计划后报监理人审批。监理人应在专用合同条款约定的期限内予以批复。如果修订的合同进度计划对竣工时间有较大影响或需要补偿额超过监理人独立确定的范围时，在批复前应取得发包人同意。

2. 可以顺延合同工期的情况

（1）发包人原因延长合同工期。通用条款中明确规定，由于发包人原因导致的延误，承包人有权获得工期顺延和（或）费用加利润补偿。情况包括以下几项：

① 增加合同工作内容；

② 改变合同中任何一项工作的质量要求或其他特性；

③ 发包人迟延提供材料、工程设备或变更交货地点；
④ 因发包人原因导致的暂停施工；
⑤ 提供图纸延误；
⑥ 未按合同约定及时支付预付款、进度款；
⑦ 发包人造成工期延误的其他原因。

(2) 异常恶劣的气候条件。按照通用条款的规定，出现专用合同条款约定的异常恶劣气候条件导致工期延误，承包人有权要求发包人延长工期。监理人处理气候条件对施工进度造成不利影响的事件时，应注意以下两条基本原则：

① 正确区分气候条件对施工进度影响的责任。判明因气候条件对施工进度产生影响的持续期间内，属于异常恶劣气候条件有多少天。如土方填筑工程的施工中，因连续降雨导致停工15天，其中6天的降雨强度超过专用条款约定的标准构成延长合同工期的条件，而其余9天的停工或施工效率降低的损失，属于承包人应承担的不利气候条件风险。

② 异常恶劣气候条件的停工是否影响总工期。异常恶劣气候条件导致的停工是进度计划中的关键工作，则承包人有权获得合同工期的顺延。如果被迫暂停施工的工作不在关键线路上且总时差多于停工天数，仍然不必顺延合同工期，但对施工成本的增加可以获得补偿。

3. 承包人原因的延误

未能按合同进度计划完成工作时，承包人应采取措施加快进度，并承担加快进度所增加的费用。由于承包人原因造成工期延误，承包人应支付逾期竣工违约金。

订立合同时，应在专用条款内约定逾期竣工违约金的计算方法和逾期违约金的最高限额。专用条款说明中建议，违约金计算方法约定的日拖期赔偿额，可采用每天为多少钱或每天为签约合同价的千分之几；最高赔偿限额为签约合同价的3%。

4. 暂停施工

(1) 暂停施工的责任。施工过程中发生被迫暂停施工的原因，可能源于发包人的责任，也可能属于承包人的责任。通用条款规定，承包人责任引起的暂停施工，增加的费用和工期由承包人承担；发包人暂停施工的责任，承包人有权要求发包人延长工期和（或）增加费用，并支付合理利润。

(2) 承包人责任的暂停施工，主要有以下几种：
① 承包人责任的暂停施工
② 承包人违约引起的暂停施工；
③ 由于承包人原因为工程合理施工和安全保障所必需的暂停施工；
④ 承包人擅自暂停施工；
⑤ 承包人其他原因引起的暂停施工；
⑥ 专用合同条款约定由承包人承担的其他暂停施工。

(3) 发包人责任的暂停施工。发包人承担合同履行的风险较大，造成暂停施工的原因可能来自未能履行合同的行为责任，也可能源于自身无法控制但应承担风险的责任。大体可以分为以下几类原因致使施工暂停：

① 发包人未履行合同规定的义务。此类原因较为复杂，包括自身未能尽到管理责任，如发包人采购的材料未能按时到货致使停工待料等；也可能源于第三者责任原因，如施工

过程中出现设计缺陷导致停工等待变更的图纸等。

② 不可抗力。不可抗力的停工损失属于发包人应承担的风险，如施工期间发生地震、泥石流等自然灾害导致暂停施工。

③ 协调管理原因。同时在现场的两个承包人发生施工干扰，监理人从整体协调考虑，指示某一承包人暂停施工。

④ 行政管理部门的指令。某些特殊情况下可能执行政府行政管理部门的指示，暂停一段时间的施工。如奥林匹克运动会和世界博览会期间，为了环境保护的需要，某些在建工程按照政府文件要求暂停施工。

(4) 暂停施工的程序。监理人根据施工现场的实际情况，认为必要时可向承包人发出暂停施工的指示，承包人应按监理人指示暂停施工。无论由于何种原因引起的暂停施工，监理人应与发包人和承包人协商，采取有效措施积极消除暂停施工的影响。暂停施工期间由承包人负责妥善保护工程并提供安全保障。当工程具备复工条件时，监理人应立即向承包人发出复工通知，承包人收到复工通知后，应在指示的期限内复工。承包人无故拖延和拒绝复工，由此增加的费用和工期延误由承包人承担。因发包人原因无法按时复工时，承包人有权要求延长工期和（或）增加费用，以及合理利润。

(5) 紧急情况下的暂停施工。由于发包人的原因发生暂停施工的紧急情况，且监理人未及时下达暂停施工指示，承包人可先暂停施工并及时向监理人提出暂停施工的书面请求。监理人应在接到书面请求后的 24 小时内予以答复，逾期未答复视为同意承包人的暂停施工请求。

5. 发包人要求提前竣工

如果发包人根据实际情况向承包人提出；提前竣工要求，由于涉及合同约定的变更，应与承包人通过协商达成提前竣工协议作为合同文件的组成部分。协议的内容应包括：承包人修订进度计划及为保证工程质量和安全采取的赶工措施；发包人应提供的条件；所需追加的合同价款；提前竣工给发包人带来效益应给承包人的奖励等。专用条款使用说明中建议，奖励金额可为发包人实际效益的 20%。

（三）施工质量管理

1. 质量责任

因承包人原因造成工程质量达不到合同约定验收标准，监理人有权要求承包人返工直至符合合同要求为止，由此造成的费用增加和（或）工期延误由承包人承担。因发包人原因造成工程质量达不到合同约定验收标准，发包人应承担由于承包人返工造成的费用增加和（或）工期延误，并支付承包人合理利润。

2. 承包人的管理

(1) 质量检查制度。承包人应在施工场地设置专门的质量检查机构，配备专职质量检查人员，建立完善的质量检查制度。

(2) 规范施工作业的操作程序。承包人应加强对施工人员的质量教育和技术培训，定期考核施工人员的劳动技能，严格执行规范和操作规程。

(3) 撤换不称职的人员。当监理人要求撤换不能胜任本职工作、行为不端或玩忽职守的承包人项目经理和其他人员时，承包人应予以撤换。

3. 质量检查

（1）材料和设备的检验。承包人应对使用的材料和设备进行进场检验与使用前的检验，不允许使用不合格的材料和有缺陷的设备。承包人应按合同约定进行材料、工程设备和工程的试验与检验，并为监理人对材料、工程设备和工程的质量检查提供必要的试验资料与原始记录。按合同约定由监理人与承包人共同进行试验和检验的，承包人负责提供必要的试验资料和原始记录。

（2）施工部位的检查。承包人应对施工工艺进行全过程的质量检查和检验，认真执行自检、互检和工序交叉检验制度，尤其要做好工程隐蔽前的质量检查。承包人自检确认的工程隐蔽部位具备覆盖条件后，通知监理人在约定的期限内检查，承包人的通知应附有自检记录和必要的检查资料。经监理人检查确认质量符合隐蔽要求，并在检查记录上签字后，承包人才能进行覆盖。监理人检查确认质量不合格的，承包人应在监理人指示的时间内修整或返工后，由监理人重新检查。

承包人未通知监理人到场检查，私自将工程隐蔽部位覆盖，监理人有权指示承包人钻孔探测或揭开检查，由此增加的费用和（或）工期延误由承包人承担。

4. 监理人的质量检查和试验

（1）与承包人的共同检验和试验。监理人应与承包人共同进行材料、设备的试验和工程隐蔽前的检验。收到承包人共同检验的通知后，监理人既未发出变更检验时间的通知，又未按时参加，承包人为了不延误施工可以单独进行检查和试验，将记录送交监理人后可继续施工。此次检查或试验视为监理人在场情况下进行，监理人应签字确认。

（2）监理人指示的检验和试验。

①材料、设备和工程的重新检验与试验。监理人对承包人的试验和检验结果有疑问，或为查清承包人试验和检验成果的可靠性要求承包人重新试验和检验时，由监理人与承包人共同进行。重新试验和检验的结果证明该项材料、工程设备或工程的质量不符合合同要求，由此增加的费用和（或）工期延误由承包人承担；重新试验和检验结果证明符合合同要求，由发包人承担由此增加的费用和（或）工期延误，并支付承包人合理利润。

②隐蔽工程的重新检验。监理人对已覆盖的隐蔽工程部位质量有疑问时，可要求承包人对已覆盖的部位进行钻孔探测或揭开重新检验，承包人应遵照执行，并在检验后重新覆盖恢复原状。经检验证明工程质量符合合同要求，由发包人承担由此增加的费用和（或）工期延误，并支付承包人合理利润；经检验证明工程质量不符合合同要求，由此增加的费用和（或）工期延误由承包人承担。

5. 对发包人提供的材料和工程设备管理

承包人应根据合同进度计划的安排，向监理人报送要求发包人交货的日期计划。发包人应按照监理人与合同双方当事人商定的交货日期，向承包人提交材料和工程设备，并在到货7天前通知承包人。承包人会同监理人在约定的时间内，在交货地点共同进行验收发包人提供的材料和工程设备验收后，由承包人负责接收、保管和施工现场内的二次搬运所发生的费用。发包人要求向承包人提前接货的物资，承包人不得拒绝，但发包人应承担承包人由此增加的保管费用。发包人提供的材料和工程设备的规格、数量或质量不符合合同要求，或由于发包人原因发生交货日期延误及交货地点变更等情况时，发包人应承担由此增加的费用和（或）工期延误，并向承包人支付合理利润。

6. 对承包人施工设备的控制

承包人使用的施工设备不能满足合同进度计划或质量要求时，监理人有权要求承包人增加或更换施工设备，增加的费用和工期延误由承包人承担。

承包人的施工设备和临时设施应专用于合同工程，未经监理人同意，不得将施工设备和临时设施中的任何部分运出施工场地或挪作他用。对目前闲置的施工设备或后期不再使用的施工设备，经监理人根据合同进度计划审核同意后，承包人方可将其撤离施工现场。

（四）工程款支付管理

1. 通用条款中涉及支付管理的概念

标准施工合同的通用条款对支付管理涉及价格的用词做出了明确的规定。

（1）签约合同价。签约合同价是指签订合同时合同协议书中写明的，包括暂列金额、暂估价的合同总金额，即中标价。

（2）合同价格。合同价格是指承包人按合同约定完成了包括缺陷责任期内的全部承包工作后，发包人应付给承包人的金额。合同价格即承包人完成施工、竣工、保修全部义务后的工程结算总价，包括履行合同过程中按合同约定进行的变更、价款调整、通过索赔应予以补偿的金额。

两者的区别表现为，签约合同价是写在协议书和中标通知书内的固定数额，作为结算价款的基数；而合同价格是承包人最终完成全部施工和保修义务后应得的全部合同价款，包括施工过程中按照合同相关条款的约定，在签约合同价基础上应给承包人补偿或扣减的费用之和。因此，只有在最终结算时，合同价格的具体金额才可以确定。

2. 签订合同时签约合同价内尚不确定的款项

（1）暂估价。暂估价是指发包人在工程量清单中给出的，用于支付必然发生但暂时不能确定价格的材料、设备及专业工程的金额。该笔款项属于签约合同价的组成部分，合同履行阶段一定发生，但招标阶段由于局部设计深度不够，质量标准尚未最终确定；投标时市场价格差异较大等原因，要求承包人按暂估价格报价部分，合同履行阶段再最终确定该部分的合同价格金额。

暂估价内的工程材料、设备或专业工程施工，属于依法必须招标的项目，施工过程中由发包人和承包人以招标的方式选择供应商或分包人，按招标的中标价确定。未达到必须招标的规模或标准时，材料和设备由承包人负责提供，经监理人确认相应的金额；专业工程施工的价格由监理人进行估价确定。与工程量清单中所列暂估价的金额差及相应的税金等其他费用列入合同价格。

（2）暂列金额。暂列金额是指已标价工程量清单中所列的一笔款项，用于在签订协议书时尚未确定或不可预见变更的施工及其所需材料、工程设备、服务等的金额，包括以计日工方式支付的款项。

上述两笔款项均属于包括在签约合同价内的金额，两者的区别表现为：暂估价是在招标投标阶段暂时不能合理确定价格，但合同履行阶段必然发生，发包人一定予以支付的款项；暂列金额则指招标投标阶段已经确定价格，监理人在合同履行阶段根据工程实际情况指示承包人完成相关工作后给予支付的款项。签约合同价内约定的暂列金额可能全部使用或部分使用，因此，承包人不一定能够全部获得支付。

（3）费用和利润。通用条款内对"费用"的定义为：履行合同所发生的或将要发生的不计利润的所有合理开支，包括管理费和应分摊的其他费用。

合同条款中费用涉及两个方面：一是施工阶段处理变更或索赔时，确定应给承包人补偿的款额；二是按照合同责任应由承包人承担的开支。通用条款中很少涉及应给予承包人补偿的事件，分别明确调整价款的内容为"增加的费用"或"增加的费用及合理利润"。

导致承包人增加开支的事件，如果属于发包人也无法合理预见和克服的情况，应补偿费用但不计利润；若属于发包人应予控制而未做好的情况，如因图纸资料错误导致的施工放线返工，则应补偿费用和合理利润。

利润可以通过工程量清单单价分析表中相关子项标明的利润或拆分报价单费用组成确定，也可以在专用条款内具体约定利润占费用的百分比。

（4）质量保证金。质量保证金（保留金）是将承包人的部分应得款扣留在发包人手中，用于因施工原因修复缺陷工程的开支项目。发包人和承包人需要在专用条款内约定两个值：一是每次支付工程进度款时应扣质量保证金的比例（如10%）；二是质量保证金总额，可以采用某一金额或签约合同价的某一百分比。住房和城乡建设部、财政部《建设工程质量保证金管理办法》（建质〔2017〕138号）规定，发包人应按照合同约定方式预留保证金，保证金总预留比例不得高于工程价款结算总额的3%。合同约定由承包人以银行保函替代预留保证金的，保函金额不得高于工程价款结算总额的3%。质量保证金从第一次支付工程进度款时开始起扣，从承包人本期应获得的工程进度付款中，扣除预付款的支付、扣回及因物价浮动对合同价格的调整三项金额后的款额为基数，按专用条款约定的比例扣留本期的质量保证金。累计扣留达到约定的总额为止。

质量保证金用于约束承包人在施工阶段、竣工阶段和缺陷责任期内，均必须按照合同要求对施工的质量和数量承担约定的责任。监理人在缺陷责任期满颁发缺陷责任终止证书后，承包人向发包人申请到期应返还承包人质量保证金的金额，发包人应在14天内会同承包人按照合同约定的内容核实承包人是否完成缺陷修复责任。如无异议，发包人应当在核实后将剩余质量保证金返还承包人。

如果约定的缺陷责任期满时，承包人还没有完成全部缺陷修复或部分单位工程延长的缺陷责任期尚未到期，发包人有权扣留与未履行缺陷责任剩余工作所需金额相应的质量保证金。

3. 工程量计量

已完成合格工程量计量的数据，是工程进度款支付的依据。工程量清单或报价单内承包工作的内容，既包括单价支付的项目，也可能有总价支付部分，如设备安装工程的施工。单价支付与总价支付的项目在计量和付款中有较大区别。单价子目已完成工程量按月计量；总价子目的计量周期按已批准承包人的支付分解报告确定。

（1）单价子目的计量。对已完成的工程进行计量后，承包人向监理人提交进度付款申请单、已完成工程量报表和有关计量资料。监理人应在收到承包人提交的工程量报表后的7天内进行复核，监理人未在约定时间内复核，承包人提交的工程量报表中的工程量视为承包人实际完成的工程量，据此计算工程价款。

监理人对数量有异议或监理人认为有必要时，可要求承包人进行共同复核和抽样复测。承包人应协助监理人进行复核，并按监理人要求提供补充计量资料。承包人未按监理人要求参加复核，监理人单方复核或修正的工程量作为承包人实际完成的工程量。

（2）总价子目的计量。总价子目的计量和支付应以总价为基础，不考虑市场价格浮动的调整。承包人实际完成的工程量，是进行工程目标管理和控制进度支付的依据。

承包人在合同约定的每个计量周期内，对已完成的工程进行计量，并向监理人提交进度付款申请单、专用条款约定的合同总价支付分解表所表示的阶段性或分项计量的支持性资料，以及所达到工程形象进度或分阶段完成的工程量和有关计量资料。监理人对承包人提交的资料进行复核，有异议时可要求承包人进行共同复核和抽样复测。除变更外，总价子目表中标明的工程量是用于结算的工程量，通常不进行现场计量，只进行图纸计量。

4. 工程进度款的支付

（1）进度付款申请单。承包人应在每个付款周期末，按监理人批准的格式和专用条款约定的份数，向监理人提交进度付款申请单，并附相应的支持性证明文件。通用条款中要求进度付款申请单的内容包括以下几项：

① 截至本次付款周期末已实施工程的价款；

② 变更金额；

③ 索赔金额；

④ 本次应支付的预付款和扣减的返还预付款；

⑤ 本次扣减的质量保证金；

⑥ 根据合同应增加和扣减的其他金额。

（2）进度款支付证书。监理人在收到承包人进度付款申请单及相应的支持性证明文件后的14天内完成核查，提出发包人到期应支付给承包人的金额及相应的支持性材料。经发包人审查同意后，由监理人向承包人出具经发包人签认的进度付款证书。监理人有权扣发承包人未能按照合同要求履行任何工作或义务的相应金额，如扣除质量不合格部分的工程款等。

通用条款规定，监理人出具的进度付款证书，不应视为监理人已同意、批准或接受了承包人完成的该部分工作，在对以往历次已签发的进度付款证书进行汇总和复核中发现错、漏或重复的，监理人有权予以修正，承包人也有权提出修正申请。经双方复核同意的修正，应在本次进度付款中支付或扣除。

（3）进度款的支付。发包人应在监理人收到进度付款申请单后的28天内，将进度应付款支付给承包人。发包人不按期支付，按专用合同条款的约定支付逾期付款违约金。

（五）变更管理

施工过程中出现的变更包括监理人指示的变更和承包人申请的变更两类。监理人可按通用条款约定的变更程序向承包人做出变更指示，承包人应遵照执行。没有监理人的变更指示，承包人不得擅自变更。

1. 变更的范围和内容

标准施工合同通用条款规定的变更范围包括以下几项：

（1）取消合同中任何一项工作，但被取消的工作不能转由发包人或其他人实施；

（2）改变合同中任何一项工作的质量或其他特性；

（3）改变合同工程的基线、标高、位置或尺寸；

（4）改变合同中任何一项工作的施工时间或改变已批准的施工工艺或顺序；

（5）为完成工程需要追加的额外工作。

2. 监理人指示变更

监理人根据工程施工的实际需要或发包人要求实施的变更，可以进一步划分为直接指示的变更和通过与承包人协商后确定的变更两种情况。

（1）直接指示的变更。直接指示的变更属于必须实施的变更，如按照发包人的要求提高质量标准、需要进行的设计修改、协调施工中的交叉干扰等情况。此时不需要征求承包人意见，监理人经过发包人同意后发出变更指示要求承包人完成变更工作。

（2）与承包人协商后确定的变更。此类情况属于可能发生的变更，与承包人协商后再确定是否实施变更，如增加承包范围外的某项新增工作或改变合同文件中的要求等。

监理人首先向承包人发出变更意向书，说明变更的具体内容、完成变更的时间要求等，并附必要的图纸和相关资料。

承包人收到监理人的变更意向书后，如果同意实施变更，则向监理人提出书面变更建议。建议书的内容包括拟实施变更工作的计划、措施、竣工时间等内容的实施方案以及费用和（或）工期要求。若承包人收到监理人的变更意向书后认为难以实施此项变更，也应立即通知监理人，说明原因并附详细依据，如不具备实施变更项目的施工资质、无相应的施工机具等原因或其他理由。

监理人审查承包人的建议书。如果承包人根据变更意向书要求提交的变更实施方案可行并经发包人同意后，监理人发出变更指示。如果承包人不同意变更，监理人与承包人和发包人协商后确定撤销、改变或不改变变更意向书。

3. 承包人申请变更

承包人提出的变更可能涉及建议变更和要求变更两类。

（1）承包人建议的变更。承包人对发包人提供的图纸、技术要求及其他方面，提出了可能降低合同价格、缩短工期或提高工程经济效益的合理化建议，均应以书面形式提交监理人。合理化建议书的内容应包括建议工作的详细说明、进度计划和效益以及与其他工作的协调等，并附必要的设计文件。监理人与发包人协商是否采纳承包人提出的建议。建议被采纳并构成变更的，监理人向承包人发出变更指示。承包人提出的合理化建议使发包人获得降低工程造价、缩短工期、提高工程运行效益等实际利益，应按专用合同条款中的约定给予奖励。

（2）承包人要求的变更。承包人收到监理人按合同约定发出的图纸和文件，经检查认为其中存在属于变更范围的情形，如提高了工程质量标准、增加工作内容、工程的位置或尺寸发生变化等，可向监理人提出书面变更建议。变更建议应阐明要求变更的依据，并附必要的图纸和说明。

监理人收到承包人的书面建议后,应与发包人共同研究,确认存在变更的,应在收到承包人书面建议后的 14 天内做出变更指示。经研究后不同意作为变更的,由监理人书面答复承包人。

4. 变更估价

(1) 变更估价的程序。承包人应在收到变更指示或变更意向书后的 14 天内,向监理人提交变更报价书,详细开列变更工作的价格组成及其依据,并附必要的施工方法说明和有关图纸。变更工作如果影响工期,承包人应提出调整工期的具体细节。监理人收到承包人变更报价书后的 14 天内,根据合同约定的估价原则,商定或确定变更价格。

(2) 变更的估价原则。

① 已标价工程量清单中有适用于变更工作的子目,采用该子目的单价计算变更费用。

② 已标价工程量清单中无适用于变更工作的子目,但有类似子目,可在合理范围内参照类似子目的单价,由监理人商定或确定变更工作的单价。

③ 已标价工程量清单中无适用或类似子目的单价,可按照成本加利润的原则,由监理人商定或确定变更工作的单价。

5. 不利物质条件的影响

不利物质条件属于发包人应承担的风险,是指承包人在施工场地遇到的不可预见的自然物质条件、非自然的物质障碍和污染物,包括地下和水文条件,但不包括气候条件。

承包人遇到不利物质条件时,应采取适应不利物质条件的合理措施继续施工,并通知监理人。监理人应当及时发出指示,构成变更的,按变更对待。如果监理人没有发出指示,承包人因采取合理措施而增加的费用和工期延误,仍由发包人承担。

(六) 不可抗力

1. 不可抗力事件

不可抗力是指承包人和发包人在订立合同时不可预见,在工程施工过程中不可避免发生并不能克服的自然灾害和社会性突发事件,如地震、海啸、瘟疫、水灾、骚乱、暴动、战争和专用合同条款约定的其他情形。

2. 不可抗力造成的损失

通用条款规定,不可抗力造成的损失由发包人和承包人分别承担,具体情况如下:

(1) 永久工程,包括已运至施工场地的材料和工程设备的损害,以及因工程损害造成的第三者人员伤亡和财产损失由发包人承担;

(2) 承包人设备的损坏由承包人承担;

(3) 发包人和承包人各自承担其人员伤亡和其他财产损失及其相关费用;

(4) 停工损失由承包人承担,但停工期间应监理人要求照管工程和清理、修复工程的金额由发包人承担;

(5) 不能按期竣工的,应合理延长工期,承包人不需支付逾期竣工违约金。发包人要求赶工的,承包人应采取赶工措施,赶工费用由发包人承担。

3. 因不可抗力解除合同

合同一方当事人因不可抗力导致不可能继续履行合同义务时,应当及时通知对方解除合同。合同解除后,承包人应撤离施工场地。合同解除后,已经订货的材料、设备由订货方负责退货或解除订货合同,不能退还的货款和因退货、解除订货合同发生的费用,由发包人承担,因未及时退货造成的损失由责任方承担。合同解除后的付款,监理人与当事人双方协商后确定。

(七) 索赔管理

1. 承包人提出索赔要求

承包人根据合同认为有权得到追加付款和(或)延长工期时,应按规定程序向发包人提出索赔。承包人应在引起索赔事件发生的后 28 天内,向监理人递交索赔意向通知书,并说明发生索赔事件的事由。承包人未在前述 28 天内发出索赔意向通知书,丧失要求追加付款和(或)延长工期的权利。

承包人应在发出索赔意向通知书后 28 天内,向监理人递交正式的索赔通知书,详细说明索赔理由及要求追加的付款金额和(或)延长的工期,并附必要的记录和证明材料。对于具有持续影响的索赔事件,承包人应按合理时间间隔陆续递交延续的索赔通知,说明连续影响的实际情况和记录,列出累计的追加付款金额和(或)工期延长天数。在索赔事件影响结束后的 28 天内,承包人应向监理人递交最终索赔通知书,说明最终要求索赔的追加付款金额和延长的工期,并附必要的记录和证明材料。

2. 监理人处理承包人的索赔

监理人收到承包人提交的索赔通知书后,应及时审查索赔通知书的内容、查验承包人的记录和证明材料,必要时监理人可要求承包人提交全部原始记录副本。

监理人首先应争取通过与发包人和承包人协商达成索赔处理的一致意见,如果分歧较大,再单独确定追加的付款和(或)延长的工期。监理人应在收到索赔通知书或有关索赔的进一步证明材料后的 42 天内,将索赔处理结果答复承包人。承包人接受索赔处理结果,发包人应在做出索赔处理结果答复后 28 天内完成赔付。承包人不接受索赔处理结果的,按合同争议解决。

3. 承包人提出索赔的期限

竣工阶段发包人接受了承包人提交并经监理人签认的竣工付款证书后,承包人不能再对施工阶段、竣工阶段的事项提出索赔要求。缺陷责任期满承包人提交的最终结清申请单中,只限于提出工程接收证书颁发后发生的索赔。提出索赔的期限至发包人接受最终结清证书时止,即合同终止后承包人就失去索赔的权利。

4. 标准施工合同中可以给承包人补偿的条款

标准施工合同中可以给承包人补偿的条款见表 5-1。

表 5-1 标准施工合同中可以给承包人补偿的条款

序号	款号	简要内容	可以补偿的内容		
			工期	费用	利润
1	1.10.1	文物、化石	√	√	×
2	3.4.5	监理人的指示延误或错误指示	√	√	√
3	4.11.2	不利的物质条件	√	√	×

续表

序号	款号	简要内容	可以补偿的内容		
			工期	费用	利润
4	5.2.4	发包人提供的材料和工程设备提前交货	√	√	√
5	5.4.3	发包人提供的材料和工程设备不符合合同要求	√	√	√
6	8.3	基准资料的错误	√	√	√
7	11.3（1）	增加合同工作内容	√	√	√
8	11.3（2）	改变合同中任何一项工作的质量要求或其他特性	√	√	√
9	11.3（3）	发包人迟延提供材料、工程设备或变更交货地点的	√	√	√
10	11.3（4）	因发包人原因导致的暂停施工	√	√	√
11	11.3（5）	提供图纸延误	√	√	√
12	11.3（6）	未按合同约定及时支付预付款、进度款	√	√	√
13	11.4	异常恶劣的气象条件	√	×	×
14	12.2	发包人原因的暂停施工	√	√	√
15	12.4.2	发包人原因的无法按时复工	√	√	√
16	13.1.3	发包人原因导致的工程质量缺陷	√	√	√
17	13.5.3	隐蔽工程重新检验质量合格	√	√	√
18	13.6.2	发包人提供的材料和设备不合格，承包人采取补救	√	√	√
19	14.1.3	对材料或设备的重新试验或检验证明质量合格	√	√	√
20	16.1	附加浮动引起的价格调整	×	√	×
21	16.2	法规变化引起的价格调整	×	√	×
22	18.4.2	发包人提前占用工程导致承包人费用增加	√	√	√
23	18.6.2	发包人原因试运行失败，承包人修复	×	√	√
24	22.2.2	因发包人违约承包人暂停施工	√	√	√
25	21.3（4）	不可抗力停工期间的照管和后续清理	×	√	×
26	21.3（5）	不可抗力不能按期竣工	√	×	×

（八）竣工验收

1. 竣工验收合格

竣工验收合格，监理人应在收到竣工验收申请报告后的56天内，向承包人出具经发包人签认的工程接收证书。以承包人提交竣工验收申请报告的日期为实际竣工日期，并在工程接收证书中写明。实际竣工日用以计算施工期限，与合同工期对照判定承包人是提前竣工还是延误竣工。

2. 竣工验收基本合格

竣工验收基本合格但提出了需要整修和完善要求时，监理人应指示承包人限期修好，并缓发工程接收证书。经监理人复查整修和完善工作达到了要求，再签发工程接收证书，竣工日仍为承包人提交竣工验收申请报告的日期。

3. 竣工验收不合格

竣工验收不合格，监理人应按照验收意见发出指示，要求承包人对不合格工程认真返工重做或进行补救处理，并承担由此产生的费用。承包人在完成不合格工程的返工重做或补救工作后，应重新提交竣工验收申请报告。重新验收如果合格，则工程接收证书中注明的实际竣工日，应为承包人重新提交竣工验收报告的日期。

4. 发包人未验收

发包人在收到承包人竣工验收申请报告56天后未进行验收，视为验收合格。实际竣工日期以提交竣工验收申请报告的日期为准，但发包人由于不可抗力不能进行验收的情况除外。

（九）缺陷责任期管理

缺陷责任期自实际竣工日期起计算。在全部工程竣工验收前，已经发包人提前验收的单位工程，其缺陷责任期的起算日期相应提前。工程移交发包人运行后，缺陷责任期内出现的工程质量缺陷可能是承包人的施工质量原因，也可能属于非承包人应负责的原因导致，应由监理人与发包人和承包人共同查明原因，分清责任。对于工程主要部位承包人责任的缺陷工程修复后，缺陷责任期相应延长。任何一项缺陷或损坏修复后，经检查证明其影响了工程或工程设备的使用性能，承包人应重新进行合同约定的试验和试运行，试验和试运行的全部费用应由责任方承担。

小试牛刀

1. 国家发展和改革委员会等九部委联合颁发的适用于一定规模以上，且设计和施工不是由同一承包商承担的工程施工招标文件是（　　）。
   A.《标准总承包招标文件》　　　　　B.《简明施工招标文件》
   C.《标准设计招标文件》　　　　　　D.《标准施工招标文件》
2. 简明施工合同适用于工期为（　　）个月内的工程施工。
   A. 12　　　　B. 13　　　　C. 14　　　　D. 24
3. 建设工程施工合同当事人包括发包人和（　　）。
   A. 勘察人　　B. 设计人　　C. 监理人　　D. 承包人
4. 施工合同通用条款规定的基准日期是（　　）。
   A. 投标截止时间前14天的日期　　　　B. 投标截止时间后14天的日期
   C. 投标截止时间前28天的日期　　　　D. 投标截止时间后28天的日期
5. 组织设计单位对提供的施工图纸和设计文件进行交底的是（　　）。
   A. 承包人　　B. 发包人　　C. 监理人　　D. 设计人
6. 监理人征得发包人同意后，应向承包人发出开工通知的时间是（　　）。
   A. 开工日期7天前　　　　　　　　　B. 开工日期14天前
   C. 开工日期21天前　　　　　　　　　D. 开工日期28天前
7. 承包人应在施工场地设置专门的质量检查机构，应配备的人员是（　　）。
   A. 专职质量检查人员　　　　　　　　B. 专职安全检查人员

C. 专职质量巡视人员　　　　　　　D. 专职质量旁站人员

8. 下列选项中属于不可抗力事件的是（　　）。
　　A. 暴雨天气　　B. 战争　　C. 不利地质条件　　D. 高温天气

9. 竣工验收合格，监理人应向承包人出具经发包人签认的工程接收证书的时间是（　　）。
　　A. 收到竣工验收申请报告后的 21 天内
　　B. 收到竣工验收申请报告后的 28 天内
　　C. 收到竣工验收申请报告后的 56 天内
　　D. 收到竣工验收申请报告后的 70 天内

10. 建设工程的缺陷责任期的起算日期应为（　　）。
　　A. 发包人审批的日期　　　　　　B. 竣工验收会议结束日期
　　C. 实际竣工日期　　　　　　　　D. 监理人审批的日期

单元三　建设工程材料设备采购合同管理

一、材料设备采购合同特点及分类

1. 材料设备采购合同的概念

建设工程材料设备采购合同，是出卖人转移建设工程材料设备的所有权于买受人，买受人支付价款的合同。2017 年，为进一步完善标准文件编制规则，构建覆盖主要采购对象、多种合同类型、不同项目规模的标准文件体系，提高招标文件编制质量，促进招标投标活动的公开、公平和公正，营造良好市场竞争环境，国家发展改革委会同工业和信息化部、住房和城乡建设部、交通运输部、水利部、商务部、国家新闻出版广电总局、国家铁路局、中国民用航空局，发布了《标准材料采购招标文件》和《标准设备采购招标文件》，其中，包含有合同条款即格式。本单元以《民法典》合同编、《标准材料采购招标文件》和《标准设备采购招标文件》为依据，介绍建设工程材料、设备采购合同的内容，并将该合同文本分别简称为九部委材料采购合同文本、九部委设备采购合同文本。

建设工程材料设备采购合同属于买卖合同，具有买卖合同的一般特点：
（1）出卖人与买受人订立买卖合同，是以转移财产所有权为目的。
（2）买卖合同的买受人取得财产所有权，必须支付相应的价款；出卖人转移财产所有权，必须以买受人支付价款为对价。
（3）买卖合同是双务、有偿合同。所谓双务有偿是指合同双方互负一定义务，出卖人应当保质、保量、按期交付合同订购的物资、设备，买受人应当按合同约定的条件接收货物并及时支付货款。
（4）买卖合同是诺成合同。除法律有特殊规定的情况外，当事人之间意思表示一致，买卖合同即可成立，并不以实物的交付为合同成立的条件。

2. 材料设备采购合同的特点

建设工程材料设备采购合同与建设项目的建设密切相关，其特点主要表现为以下几个方面：

(1) 建设工程材料设备采购合同的当事人。建设工程材料设备采购合同的买受人即采购人，可以是发包人，也可能是承包人，依据合同的承包方式来确定。永久工程的大型设备一般情况下由发包人采购。施工中使用的工程材料采购责任，按照施工合同专用条款的约定执行。通常分为发包人负责采购供应；承包人负责采购，包工包料承包；大宗建筑材料由发包人采购供应，当地材料和数量较少的材料由承包人负责三类方式。采购合同的出卖人即供货人，可以是生产厂家，也可以是从事物资流转业务的供应商。

(2) 材料设备采购合同的标的。建设工程材料设备采购合同的标的品种繁多，供货条件差异较大。

(3) 材料设备采购合同的内容。建设工程材料设备采购合同视标的的特点、合同涉及的条款繁简程度差异较大。建筑材料采购合同的条款一般限于物资交货阶段，主要涉及交接程序、检验方式、质量要求和合同价款的支付等。大型设备的采购除交货阶段的工作外，往往还需包括设备生产制造阶段、设备安装调试阶段、设备试运行阶段、设备性能达标检验和保修等方面的条款约定。

(4) 材料设备供应的时间。建设工程材料设备采购合同的履行与施工进度密切相关。出卖人必须严格按照合同约定的时间交付订购的货物。延误交货将导致工程施工的停工待料，不能使建设项目及时发挥效益。提前交货通常买受人也不同意接受，一方面货物将占用施工现场有限的场地影响施工；另一方面增加了买受人的仓储保管费用。如出卖人提前将500吨水泥发运到施工现场，而买受人仓库已满只好露天存放，为了防潮则需要投入很多物资进行维护保管。

3. 材料设备采购合同的分类

按照不同的标准，建设工程材料设备采购合同可以有不同的分类。

(1) 按照标的不同的分类。按照标的不同，建设工程材料设备采购合同可以分为材料采购合同和设备采购合同。材料采购合同采购的是建筑材料，是指用于建筑和土木工程领域的各种材料的总称，如钢、木材、玻璃、水泥、涂料等，也包括用于建筑设备的材料，如电线、水管等；设备采购合同采购的设备，既可能是安装于工程中的设备，如安装在电力工程中的发电机、发动机等，也包括在施工过程中使用的设备，如塔式起重机等。

(2) 按照履行时间不同的分类。按照履行时间的不同，建设工程材料设备采购合同可以分为即时买卖合同和非即时买卖合同。即时买卖合同是指当事人双方在买卖合同成立的同时，就履行了全部义务，即移转了材料设备的所有权、价款的占有。即时买卖合同以外的合同就是非即时买卖合同。由于建设工程材料设备采购合同的标的数量较大，一般都采用非即时买卖合同。非即时买卖合同的表现有很多种。建设工程材料设备采购合同比较常见的是货样买卖、试用买卖、分期交付买卖和分期付款买卖等。

① 货样买卖，是指当事人双方按照货样或样本所显示的质量进行交易。凭样品买卖的当事人应当封存样品，并可以对样品质量予以说明。出卖人交付的标的物应当与样品及其说明的质量相同。凭样品买卖的买受人不知道样品有隐蔽瑕疵的，即使交付的标的物与样品相同，出卖人交付的标的物质量仍然应当符合同种物的通常标准。

② 试用买卖，是指出卖人允许买受人试验其标的物、买受人认可后再支付价款的交易。试用买卖的当事人可以约定标的物的试用期间，试用买卖的买受人在试用期内可以购买标的物，也可以拒绝购买。试用期间届满，买受人对是否购买标的物未作表示的，视为购买。

③ 分期交付买卖，是指购买的标的物要分批交付。由于工程建设的工期较长，这种交付方式很常见。出卖人分批交付标的物的，出卖人对其中一批标的物不交付或交付不符合约定，致使该批标的物不能实现合同目的的，买受人可以就该批标的物解除。出卖人不交付其中一批标的物或者交付不符合约定，致使今后其他各批标的物的交付不能实现合同目的，买受人可以就该批及今后其他各批标的物解除。买受人如果就其中一批标的物解除，该批标的物与其他各批标的物相互依存的，可以就已经交付和未交付的各批标的物解除。

④ 分期付款买卖，是指买受人分期支付价款。在工程建设中，这种付款方式也很常见。分期付款的买受人未支付到期价款的金额达到全部价款的五分之一的，出卖人可以要求买受人支付全部价款或解除合同。出卖人解除合同的，可以向买受人要求支付该标的物的使用费。

(3) 按照合同订立方式不同的分类。按照合同订立方式的不同，建设工程材料设备采购合同可以分为竞争买卖合同和自由买卖合同。竞争买卖包括招标投标和拍卖。在建设工程领域，一般都是通过招标投标进行竞争。竞争买卖以外的交易则是自由买卖。

4. 九部委材料、设备采购合同文本的构成

九部委材料、设备采购合同文本均由通用合同条款、专用合同条款和合同附件格式构成。九部委材料、设备采购合同文本适用于依法必须招标的与工程建设有关的材料、设备采购项目。"专用合同条款"可对"通用合同条款"进行补充、细化，但除"通用合同条款"明确规定可以作出不同约定外，"专用合同条款"补充和细化的内容不得与"通用合同条款"相抵触，否则抵触内容无效。九部委材料、设备采购合同文本合同附件包括合同协议书和履约保证金格式。组成合同的各项文件应互相解释，互为说明。

(1) 除专用合同条款另有约定外，材料采购合同解释合同文件的优先顺序如下：

① 合同协议书；

② 中标通知书；

③ 投标函；

④ 商务和技术偏差表；

⑤ 专用合同条款；

⑥ 通用合同条款；

⑦ 供货要求；

⑧ 分项报价表；

⑨ 中标材料质量标准的详细描述；

⑩ 相关服务计划；

⑪ 其他合同文件。

(2) 除专用合同条款另有约定外，设备采购合同解释合同文件的优先顺序如下：

① 合同协议书；

② 中标通知书；

③ 投标函；

④ 商务和技术偏差表；

⑤ 专用合同条款；

⑥ 通用合同条款；
⑦ 供货要求；
⑧ 分项报价表；
⑨ 中标设备技术性能指标的详细描述；
⑩ 技术服务和质保期服务计划；
⑪ 其他合同文件。

二、材料采购包装、标记、运输和交付

（一）包装

卖方应对合同材料进行妥善包装，以满足合同材料运至施工场地及在施工场地保管的需要。包装应采取防潮、防晒、防锈、防腐蚀、防震动及防止其他损坏的必要保护措施，从而保护合同材料能够经受多次搬运、装卸、长途运输并适宜保管。除专用合同条款另有约定外，买方无须将包装物退还给卖方。

（二）标记

除专用合同条款另有约定外，卖方应按合同约定在材料包装上以不可擦除的、明显的方式作出必要的标记。根据合同材料的特点和运输、保管的不同要求，卖方应对合同材料清楚地标注"小心，轻放""此端朝上，请勿倒置""保持干燥"等字样和其他适当标记。如果合同材料中含有易燃易爆物品、腐蚀物品、放射性物质等危险品，卖方应标明危险品标志。

（三）运输

卖方应自行选择适宜的运输工具及线路安排合同材料运输。除专用合同条款另有约定外，卖方应在合同材料预计启运 7 日前，将合同材料名称、装运材料数量、质量、体积（用 m^3 表示）、合同材料单价、总金额、运输方式、预计交付日期和合同材料在装卸、保管中的注意事项等预通知买方，并在合同材料启运后 24 小时之内正式通知买方。

如果合同材料中包括单个包装超大和（或）超重的，卖方应将超大和（或）超重的每个包装的质量和尺寸通知买方；如果合同材料中包括易燃易爆物品、腐蚀物品、放射性物质等危险品，则危险品的品名、性质、装卸，保管方面的特殊要求、注意事项和处理意外情况的方法等，也应一并通知买方。

（四）交付

除专用合同条款另有约定外，卖方应根据合同约定的交付时间和批次在施工场地卸货后将合同材料交付给买方，买方对卖方交付的合同材料的外观及件数进行清点核验后应签发收货清单。买方签发收货清单不代表对合同材料的接受，双方还应按合同约定进行后续的检验和验收。

合同材料的所有权和风险自交付时起由卖方转移至买方，合同材料交付给买方之前包括运输在内的所有风险均由卖方承担。

除专用合同条款另有约定外，买方如果发现技术资料存在短缺和（或）损坏，卖方应在收到买方的通知后 7 日内免费补齐短缺和（或）损坏的部分。如果买方发现卖方提供的

技术资料有误，卖方应在收到买方通知后7日内免费替换。如由于买方原因导致技术资料丢失和（或）损坏，卖方应在收到买方的通知后7日内补齐丢失（和）或损坏的部分，但买方应向卖方支付合理的复制、邮寄费用。

（五）检验和验收

1. 卖方的检验

合同材料交付前，卖方应对其进行全面检验，并在交付合同材料时向买方提交合同材料的质量合格证书。

2. 买方的检验方式

合同材料交付后，买方应在专用合同条款约定的期限内安排对合同材料的规格、质量等进行检验，检验按照专用合同条款约定的下列其中一种方式进行：

（1）由买方对合同材料进行检验；

（2）由专用合同条款约定的拥有资质的第三方检验机构对合同材料进行检验；

（3）专用合同条款约定的其他方式。

3. 检验日期与地点

买方应在检验日期3日前将检验的时间和地点通知卖方，卖方应自付费用派遣代表参加检验。若卖方未按买方通知到场参加检验，则检验可正常进行，卖方应接受对合同材料的检验结果。

除专用合同条款另有约定外，买方在全部合同材料交付后3个月内未安排检验和验收的，卖方可签署进度款支付函提交买方，如买方在收到后7日内未提出书面异议，则进度款支付函自签署之日起生效。进度款支付函的生效不免除卖方继续配合买方进行检验和验收的义务，合同材料验收后双方应签署合同材料验收证书。

4. 检验合格

合同材料经检验合格，买卖双方应签署合同材料验收证书一式两份，双方各持一份。若合同约定了合同材料的最低质量标准，且合同材料经检验达到了合同约定的最低质量标准的，视为合同材料符合质量标准，买方应验收合同材料，但卖方应按专用合同条款的约定进行减价或向买方支付补偿金。合同材料由第三方检验机构进行检验的，第三方检验机构的检验结果对双方均具有约束力。合同材料验收证书的签署不能免除卖方在质量保证期内对合同材料应承担的保证责任。

三、设备采购的全过程交付

（一）设备监造

专用合同条款约定买方对合同设备进行监造的，双方应按本条款及专用合同条款约定履行。在合同设备的制造过程中，买方可派出监造人员，对合同设备的生产制造进行监造，监督合同设备制造、检验等情况。监造的范围、方式等应符合专用合同条款和（或）供货要求等合同文件的约定。

除专用合同条款和（或）供货要求等合同文件另有约定外，买方监造人员可到合同设备及其关键部件的生产制造现场进行监造，卖方应予以配合。卖方应免费为买方监造人员提供工作条件及便利，包括但不限于必要的办公场所、技术资料、检测工具及出入许可等。

除专用合同条款另有约定外，买方监造人员的交通、食宿费用由买方承担。

卖方制订生产制造合同设备的进度计划时，应将买方监造纳入计划安排，并提前通知买方；买方进行监造不应影响合同设备的正常生产。除专用合同条款和（或）供货要求等合同文件另有约定外，卖方应提前7日将需要买方监造人员现场监造事项通知买方；如买方监造人员未按通知出席，不影响合同设备区其关键部件的制造或检验，但买方监造人员有权事后了解、查阅、复制相关制造或检验记录。

买方监造人员在监造中如发现合同设备及其关键部件不符合合同约定的标准，则有权提出意见和建议。卖方应采取必要措施消除合同设备的不符，由此增加的费用和（或）造成的延误由卖方负责。

买方监造人员对合同设备的监造，不视为对合同设备质量的确认，不影响卖方交货后买方依照合同约定对合同设备提出质量异议和（或）退货的权利，也不免除卖方依照合同约定对合同设备所应承担的任何义务或责任。

（二）设备交货前检验

专用合同条款约定买方参与交货前检验的，合同设备交货前，卖方应会同买方代表根据合同约定对合同设备进行交货前检验并出具交货前检验记录，有关费用由卖方承担。卖方应免费为买方代表提供工作条件及便利，包括但不限于必要的办公场所、技术资料、检测工具及出入许可等。除专用合同条款另有约定外，买方代表的交通、食宿费用由买方承担。

除专用合同条款和（或）供货要求等合同文件另有约定外，卖方应提前7日将需要买方代表检验事项通知买方；如买方代表未按通知出席，不影响合同设备的检验。若卖方未依照合同约定提前通知买方而自行检验，则买方有权要求卖方暂停发货并重新进行检验，由此增加的费用和（或）造成的延误由卖方负责。买方代表在检验中如发现合同设备不符合合同约定的标准，则有权提出异议。卖方应采取必要措施消除合同设备的不符，由此增加的费用和（或）造成的延误由卖方负责。

买方代表参与交货前检验及签署交货前检验记录的行为，不视为对合同设备质量的确认，不影响卖方交货后买方依照合同约定对合同设备提出；质量异议和（或）退货的权利，也不免除卖方依照合同约定对合同设备所应承担的任何义务或责任。

（三）包装、标记、运输和交付

1. 包装

卖方应对合同设备进行妥善包装，以满足合同设备运至施工场地及在施工场地保管的需要。包装应采取防潮、防晒、防锈、防腐蚀、防震动及防止其他损坏的必要保护措施，从而保护合同设备能够经受多次搬运、装卸、长途运输并适宜保管。每个独立包装箱内应附装箱清单、质量合格证、装配图、说明书、操作指南等资料。除专用合同条款另有约定外，买方无须将包装物退还给卖方。

2. 标记

除专用合同条款另有约定外，卖方应在每一包装箱相邻的四个侧面以不可擦除的、明显的方式标记必要的装运信息和标记，以满足合同设备运输和保管的需要。根据合同设备的特点和运输、保管的不同要求，卖方应在包装箱上清楚地标注"小心，轻放""此端朝上，请勿倒置""保持干燥"等字样和其他适当标记。对于专用合同条款约定的超大超重件，卖方应在包装箱两侧标注"重心"和"起吊点"以便装卸和搬运。如果发运合同设备中含有易燃易爆物品、腐蚀物品、放射性物质等危险品，则应在包装箱上标明危险品标志。

3. 运输

卖方应自行选择适宜的运输工具及线路安排合同设备运输。除专用合同条款另有约定外，每件能够独立运行的设备应整套装运。该设备安装、调试、考核和运行所使用的备品、备件、易损易耗件等应随相关的主机一同装运。

除专用合同条款另有约定外，卖方应在合同设备预计启运 7 日前，将合同设备名称、数量、箱数、总毛重、总体积（用 m³ 表示）、每箱尺寸（长×宽×高）、装运合同设备总金额、运输方式、预计交付日期和合同设备在运输、装卸、保管中的注意事项等预通知买方，并在合同设备启运后 24 小时之内正式通知买方。

如果发运合同设备中包括专用合同条款约定的超大超重包装，则卖方应将超大和（或）超重的每个包装箱的重量和尺寸通知买方；如果发运合同设备中包括易燃易爆物品、腐蚀物品、放射性物质等危险品，则危险品的品名、性质、在运输、装卸、保管方面的特殊要求、注意事项和处理意外情况的方法等，也应一并通知买方。

4. 交付

除专用合同条款另有约定外，卖方应根据合同约定的交付时间和批次在施工场地车面上将合同设备交付给买方。买方对卖方交付的包装的合同设备的外观及件数进行清点核验后应签发收货清单，并自负风险和费用进行卸货。买方签发收货清单不代表对合同设备的接受，双方还应按合同约定进行后续的检验和验收。

合同设备的所有权和风险自交付时起由卖方转移至买方，合同设备交付给买方之前包括运输在内的所有风险均由卖方承担。

除专用合同条款另有约定外，买方如果发现技术资料存在短缺和（或）损坏，卖方应在收到买方的通知后 7 日内免费补齐短缺和（或）损坏的部分。如果买方发现卖方提供的技术资料有误，卖方应在收到买方通知后 7 日内免费替换。如由于买方原因导致技术资料丢失和（或）损坏，卖方应在收到买方的通知后 7 日内补齐丢失和（或）损坏的部分，但买方应向卖方支付合理的复制、邮寄费用。

（四）开箱检验、安装、调试、考核、验收

1. 开箱检验

合同设备交付后应进行开箱检验，即合同设备数量及外观检验。开箱检验在专用合同条款约定的下列任一种时间进行：合同设备交付时；合同设备交付后的一定期限内。如开箱检验不在合同设备交付时进行，买方应在开箱检验 3 日前将开箱检验的时间和地点通知卖方。

除专用合同条款另有约定外，合同设备的开箱检验应在施工场地进行。开箱检验由买卖双方共同进行，卖方应自付费用派遣代表到场参加开箱检验。在开箱检验中，买方和卖方应共同签署数量、外观检验报告，报告应列明检验结果，包括检验合格或发现的任何短缺、损坏或其他与合同约定不符的情形。如果卖方代表未能依约或按买方通知到场参加开箱检验，买方有权在卖方代表未在场的情况下进行开箱检验，并签署数量、外观检验报告，

对于该检验报告和检验结果，视为卖方已接受，但卖方确有合理理由且事先与买方协商推迟开箱检验时间的除外。

如开箱检验不在合同设备交付时进行，则合同设备交付以后到开箱检验之前，应由买方负责按交货时外包装原样对合同设备进行妥善保管。除专用合同条款另有约定外，在开箱检验时如果合同设备外包装与交货时一致，则开箱检验中发现的合同设备的短缺、损坏或其他与合同约定不符的情形，由卖方负责，卖方应补齐、更换及采取其他补救措施。如果在开箱检验时合同设备外包装不是交货时的包装或虽是交货时的包装但与交货时不一致且出现很可能导致合同设备短缺或损坏的包装破损，则开箱检验中发现合同设备短缺、损坏或其他与合同约定不符的情形的风险，由买方承担，但买方能够证明是由于卖方原因或合同设备交付前非买方原因导致的除外。

如双方在专用合同条款和（或）供货要求等合同文件中约定由第三方检测机构对合同设备进行开箱检验或在开箱检验过程中另行约定由第三方检验的，则第三方检测机构的检验结果对双方均具有约束力。

开箱检验的检验结果不能对抗在合同设备的安装、调试、考核、验收中及质量保证期内发现的合同设备质量问题，也不能免除或影响卖方依照合同约定对买方负有的包括合同设备质量在内的任何义务或责任。

2. 安装、调试

开箱检验完成后，双方应对合同设备进行安装、调试，以使其具备考核的状态。安装、调试应按照专用合同条款约定的下列任一种方式进行：卖方按照合同约定完成合同设备的安装、调试工作；买方或买方安排第三方负责合同设备的安装、调试工作，卖方提供技术服务。除专用合同条款另有约定外，在安装、调试过程中，如由于买方或买方安排的第三方未按照卖方现场服务人员的指导导致安装、调试不成功和（或）出现合同设备损坏，买方应自行承担责任。如在买方或买方安排的第三方按照卖方现场服务人员的指导进行安装、调试的情况下出现安装、调试不成功和（或）造成合同设备损坏的情况，卖方应承担责任。除专用合同条款另有约定外，安装、调试中合同设备运行需要的用水、用电、其他动力和原材料（如需要）等均由买方承担。

3. 考核

安装、调试完成后，双方应对合同设备进行考核，以确定合同设备是否达到合同约定的技术性能考核指标。除专用合同条款另有约定外，考核中合同设备运行需要的用水、用电、其他动力和原材料（如需要）等均由买方承担。

如由于卖方原因合同设备在考核中未能达到合同约定的技术性能考核指标，则卖方应在双方同意的期限内采取措施消除合同设备中存在的缺陷，并在缺陷消除以后，尽快进行再次考核。

由于卖方原因未能达到技术性能考核指标时，为卖方进行考核的机会不超过3次。如果由于卖方原因，3次考核均未能达到合同约定的技术性能考核指标，则买卖双方应就合同的后续履行进行协商，协商不成的，买方有权解除合同。但如合同中约定了或双方在考核中另行达成了合同设备的最低技术性能考核指标，且合同设备达到了最低技术性能考核指标的，视为合同设备已达到技术性能考核指标，买方无权解除合同，且应接受合同设备，但卖方应按专用合同条款的约定进行减价或向买方支付补偿金。

如由于买方原因合同设备在考核中未能达到合同约定的技术性能考核指标，则卖方应协助买方安排再次考核。由于买方原因未能达到技术性能考核指标时，为买方进行考核的机会不超过3次。

考核期间，双方应及时共同记录合同设备的用水、用电、其他动力和原材料（如有）的使用及设备考核情况。对于未达到技术性能考核指标的，应如实记录设备表现、可能原因及处理情况等。

4. 验收

如合同设备在考核中达到或视为达到技术性能考核指标，则买卖双方应在考核完成后7日内或专用合同条款另行约定的时间内签署合同设备验收证书一式两份，双方各持一份。验收日期应为合同设备达到或视为达到技术性能考核指标的日期。如由于买方原因合同设备在3次考核中均未能达到技术性能考核指标，买卖双方应在考核结束后7日内或专用合同条款另行约定的时间内签署验收款支付函。

除专用合同条款另有约定外，卖方有义务在验收款支付函签署后12个月内应买方要求提供相关技术服务，协助买方采取一切必要措施使合同设备达到技术性能考核指标。买方应承担卖方因此产生的全部费用。

除专用合同条款另有约定外，如由于买方原因在最后一批合同设备交货后6个月内未能开始考核，则买卖双方应在上述期限届满后7日内或专用合同条款另行约定的时间内签署验收款支付。除专用合同条款另有约定外，卖方有义务在验收款支付函签署后6个月内应买方要求提供不超出合同范围的技术服务，协助买方采取一切必要措施使合同设备达到技术性能考核指标，且买方无须因此向卖方支付费用。在上述6个月的期限内，如合同设备经过考核达到或视为达到技术性能考核指标，则买卖双方应签署合同设备验收证书。

合同设备验收证书的签署不能免除卖方在质量保证期内对合同设备应承担的保证责任。

（五）技术服务

卖方应派遣技术熟练、称职的技术人员到施工场地为买方提供技术服务。卖方的技术服务应符合合同的约定。买方应免费为卖方技术人员提供工作条件及便利，包括但不限于必要的办公场所、技术资料及出入许可等。除专用合同条款另有约定外，卖方技术人员的交通、食宿费用由卖方承担。

卖方技术人员应遵守买方施工现场的各项规章制度和安全操作规程，并服从买方的现场管理。如果任何技术人员不合格，买方有权要求卖方撤换，因撤换而产生的费用应由卖方承担。在不影响技术服务并且征得买方同意的条件下，卖方也可自付费用更换其技术人员。

小试牛刀

1. 建设工程材料设备采购合同属于的合同类型是（   ）。
   A. 买卖合同　　　B. 委托合同　　　C. 承包合同　　　D. 承诺合同
2. 应对合同材料进行妥善包装的单位是（   ）。
   A. 买方　　　　　B. 卖方　　　　　C. 运输方　　　　D. 第三方
3. 材料采购合同采购的内容是（   ）。

A. 工程设备　　B. 咨询服务　　C. 施工安装　　D. 建筑材料

4. 按照标的不同，建设工程材料设备采购合同可以分为材料采购合同和（　　）。
   A. 安装采购合同　　　　　　　B. 施工采购合同
   C. 设备采购合同　　　　　　　D. 设施采购合同

5. 除专用合同条款另有约定外，设备采购买方监造人员的交通、食宿费用承担方是（　　）。
   A. 设计人　　B. 监理人　　C. 卖方　　D. 买方

6. 专用合同条款约定买方对合同设备进行监造的，双方应按约定履行的合同条款是（　　）。
   A. 本款
   B. 专用合同条款
   C. 本款及专用合同条款
   D. 本款及通用合同条款

7. 应派遣技术熟练、称职的技术人员到施工场地提供技术服务的单位是（　　）。
   A. 买方　　B. 卖方　　C. 监理人　　D. 监造人

8. 合同材料经检验合格，买卖双方应签署合同材料验收证书的数量为（　　）。
   A. 一式两份，双方各持一份
   B. 一式三份，买方、卖方、监理人各持一份
   C. 一式四份，买方、卖方、监理人、设计人各持一份
   D. 一式五份，买方、卖方、监理人、设计人、监造人各持一份

9. 除专用合同条款另有约定外，设备采购合同解释合同文件的优先顺序中排在投标函之后的是（　　）。
   A. 合同协议书　　　　　　　B. 商务和技术偏差表
   C. 中标通知书　　　　　　　D. 通用条款

10. 建设工程材料设备采购合同的履行与施工目标控制中密切相关的指标是（　　）。
    A. 投资　　B. 成本　　C. 质量　　D. 进度

实例分析

建设工程索赔补偿原则

案例事件

事件一：建设单位 A 公司按照建设工程施工合同约定进行住宅楼电梯设备采购，按约定于 2023 年 5 月 2 日准时运抵施工现场。施工单位 B 公司施工项目部在进行电梯设备安装时，发现该电梯设备和之前合同约定的参数不符，导致施工单位 B 公司施工项目部产生费用损失 5 万元和安装工程工期延误 8 天。

事件二：建设单位 A 公司为了庆祝主体结构封顶，在施工现场举办了盛大庆祝活动。出于现场安全需要，施工单位 B 公司施工项目部暂停施工 2 天，主体结构封顶庆祝活动还导致施工现场人工、机械窝工费 7 000 元。

事件三：施工单位 B 公司施工项目部经项目监理机构同意进行了车库防水外墙土石方回填，事后项目监理机构对该处防水外墙施工质量产生怀疑，要求施工单位 B 公司施工项目部打开重新验收。施工单位 B 公司施工项目部服从项目监理机构指令进行了土方打开，

经重新验收，该处工程质量合格。

事件四：施工现场正在进行土石方施工，突然挖到一处东汉时期的地下墓穴。施工单位B公司施工项目部立即暂停施工，并对现场采取了保护措施。事件导致现场暂停施工5天，施工单位B公司施工项目部为保护现场投入费用4万元。

事件五：施工现场遭遇百年不遇的特大水灾，导致施工单位的挖掘机、装载机损坏，经济损失10万元，现场停工25天。施工现场已建工程因水灾损坏，导致损坏施工现场项目部外路边摊Q单位鱼档设备，导致Q单位鱼档损失7 000元。

事件六：建设单位A公司和施工单位B公司约定防盗门由建设单位A公司采购，但是建设单位A公司提前28天将防盗门运抵施工现场，施工单位B公司施工项目部为协调防盗门存储场地花销2万元和工期延误5天。

案例事件索赔补偿原则见表5-2，案例事件索赔审批结果见表5-3。

表5-2 案例事件索赔补偿原则

索赔补偿原则		
原因和风险	导致结果	处理原则
非承包人原因（发包人原因＋发包人应承担的风险）	导致施工延误或暂停	补偿工期
发包人有过错	导致承包人损失	补偿费用和利润
发包人无过错	导致承包人损失	补偿费用
异常恶劣的气候条件	导致承包人损失	不需补偿费用和利润（损失自担）
不可抗力		

表5-3 案例事件索赔审批结果

事件	项目监理机构审批补偿结果	审批理由
事件一：费用损失5万元和安装工程工期延误8天	补偿费用和利润；补偿工期	发包人有过错导致承包人损失；非承包人原因导致施工延误或暂停
事件二：施工项目部暂停施工2天，施工现场人工、机械窝工费7 000元	补偿费用和利润；补偿工期	发包人有过错导致承包人损失；非承包人原因导致施工延误或暂停
事件三：经项目监理机构同意后的重新打开验收质量合格	补偿费用和利润；补偿工期	发包人（包含监理人）有过错导致承包人损失；非承包人原因导致施工延误或暂停
事件四：挖到东汉时期的地下墓穴采取保护措施投入费用4万元，现场暂停施工5天	补偿费用；补偿工期	发包人无过错导致承包人损失；非承包人原因（包含发包人应承担的风险）导致施工延误或暂停
事件五：施工单位经济损失10万元，现场停工25天。项目部外Q单位鱼档损失7 000元	补偿工期，不需补偿费用和利润。Q单位鱼档损失应有发包人承担	不可抗力和异常恶劣的气候条件导致承包人损失；不可抗力导致第三方损失
事件六：建设单位A公司提前28天将防盗门运抵施工现场，施工项目部为协调防盗门存储场地花销2万元和工期延误5天	补偿费用	发包人无过错导致承包人损失；发包人提供的材料和工程设备提前交货

你知道了吗？

如何组织做好合同评审工作？

答：在合同订立前，合同主体相关各方应组织工程管理、经济、技术和法律方面的专业人员进行合同评审，应用文本分析、风险识别等方法完成对合同条件的审查、认定和评估工作。采用招标方式订立合同时，还应对招标文件和投标文件进行审查、认定与评估。

合同评审主要包括下列内容：

（1）合法性、合规性评审。保证合同条款不违反法律、行政法规、地方性法规的强制性规定，不违反国家标准、行业标准、地方标准的强制性条文。

（2）合理性、可行性评审。保证合同权利和义务公平合理，不存在对合同条款的重大误解，不存在合同履行障碍。

（3）合同严密性、完整性评审。保证与合同履行紧密关联的合同条件、技术标准、技术资料、外部环境条件、自身履约能力等条件满足合同履行要求。

（4）与产品或过程有关要求的评审。保证合同内容没有缺项漏项，合同条款没有文字歧义、数据不全、条款冲突等情形，合同组成文件之间没有矛盾。通过招标投标方式订立合同的，合同内容还应当符合招标文件和中标人的投标文件的实质性要求与条件。

（5）合同风险评估。保证合同履行过程中可能出现的经营风险、法律风险处于可以接受的水平。合同评审中发现的问题，应以书面形式提出，并对问题予以澄清或调整。合同当事方还可根据需要进行合同谈判，通过协商、细化、完善、补充、修改或另行约定合同条款和内容。

考场练兵

一、单项选择题

1. 九部委勘察合同文本适用于依法必须招标的与工程建设有关的合同项目是（　　）。
   A. 勘察合同　　　　　　　　　　B. 设计合同
   C. 监理合同　　　　　　　　　　D. 勘察合同和设计合同

2. 关于九部委勘察合同文本的说法，下列正确的是（　　）。
   A. 九部委勘察合同文本由通用合同条款、监造合同条款和合同附件格式构成
   B. 发包人通常可能是工程建设项目的建设单位或者工程施工单位
   C. 依据我国法律规定，作为承包人的勘察单位必须具备法人资格，任何其他组织和个人均不能成为承包人
   D. 勘察工作是一项专业性很强的工作，是工程进度保障的基础

3. 根据《标准勘察招标文件》中的通用合同条款，下列工程勘察合同组成文件中，优先解释顺序排在中标通知书之前的是（　　）。
   A. 合同协议书　　B. 专用合同条款　　C. 勘察费用清单　　D. 通用合同条款

4. 建筑工程勘察合同中的勘察人是具有相应勘察资质的（　　）。
   A. 特别法人　　　B. 企业法人　　　C. 非法人组织　　　D. 非营利法人

5. 在设计合同履行中，关于"开始设计通知"说法，下列正确的是（　　）。
   A. 提前7天向设计人发出
   B. 从发出该通知之日起计算设计服务期限
   C. 应在合同签订之日起60天内发出
   D. 因发包人原因逾期未能发出，设计人应当解除合同
6. 根据《标准设计招标文件》中的通用合同条款，除专用合同条款另有约定外，发包人对设计文件的审查期限，自设计文件接收之日起不应超过（　　）日。
   A. 14　　　　　B. 21　　　　　C. 28　　　　　D. 30
7. 根据《标准施工招标文件》中的通用合同条款，属于发包人义务的是（　　）。
   A. 组织设计交底　　　　　B. 编制施工环保措施计划
   C. 审批施工组织设计　　　D. 组织论证专项施工方案
8. 根据《标准施工招标文件》中的通用合同条款，监理人收到承包人提交进度付款申请单后的处理程序为（　　）。
   A. 监理人核查→发包人确认→发包人出具经监理人签认的进度付款证书
   B. 监理人核查→发包人审查同意→监理人出具经发包人签认的进度付款证书
   C. 监理人核查→发包人审查同意→监理人出具经承包人签认的进度付款证书
   D. 监理人核查→承包人签认→发包人出具进度付款证书
9. 根据《标准施工招标文件》，关于进度款支付证书的说法，下列正确的是（　　）。
   A. 进度款支付证书应由监理人审查承包人进度付款申请单后签发
   B. 监理人出具进度款支付证书视为监理人已批准承包人完成该部分工作
   C. 进度款支付证书应经发包人审查同意并签认后由监理人出具
   D. 进度款支付证书一经签发监理人无权修改
10. 根据材料设备采购合同的特点，如果买方发现卖方提供的技术资料有误，卖方应在收到买方通知后（　　）日内免费替换。
    A. 7　　　　　B. 14　　　　　C. 21　　　　　D. 30

二、多项选择题
1. 设计单位提交的初步设计文件应满足的要求有（　　）。
   A. 符合法律法规、规范标准的任意性规定
   B. 满足发包人要求，保证设计质量
   C. 注明工程合理使用年限
   D. 深度不必满足编制施工图设计文件的需要
   E. 制订保障施工安全的措施
2. 根据《标准设计招标文件》中的通用合同条款，由发包人承担设计服务期延误责任的情形有（　　）。
   A. 发包人未按合同约定期限及时答复设计事项
   B. 发包人未按合同约定及时支付设计费用
   C. 设计人原因导致设计文件未能按期提交
   D. 行政管理部门审查图纸时间延长
   E. 勘察人提供的勘察成果滞后

3. 根据《标准施工招标文件》中的通用合同条款，关于监理人指示的说法，下列正确的有（　　）。
   A. 监理人指示错误给承包人造成的损失应由发包人承担赔偿责任
   B. 监理人根据工程情况变化可以指示免除承包人的部分合同责任
   C. 监理人未按合同约定发出的指示延误导致承包人增加的施工成本应由发包人承担
   D. 监理人根据工程设计变更指示可以改变承包人的有关合同义务
   E. 监理人对承包人施工进度计划变更的批准应视为免除承包人工期延误的责任

4. 有关隐蔽工程及其重新检验说法中，下列正确的有（　　）。
   A. 承包人既可自检也可邀请监理人共同进行检查确认质量符合隐蔽要求后进行覆盖
   B. 承包人未通知监理人到场检查，私自将工程隐蔽部位覆盖的，监理人有权指示承包人钻孔探测或揭开检查，由此增加的费用和（或）工期延误由承包人承担
   C. 若监理人未能按时提出延期检验要求，又未能按时参加验收，承包人可自行检验
   D. 监理人检查确认质量符合隐蔽要求，并在检查记录上签字后，承包人方可进行覆盖
   E. 重新检验如果不合格，应由承包人承担全部费用，但工期予以适当顺延

5. 根据《标准施工合同》，关于工程质量保证金的说法，下列正确的有（　　）。
   A. 质量保证金从第一次支付工程进度款时起扣
   B. 质量保证金主要用于约束承包人在缺陷责任期内履行合同义务
   C. 在缺陷责任期满颁发缺陷责任终止证书时一并向承包人返还质量保证金
   D. 质量保证金总预留比例不得高于工程价款结算总额的5%
   E. 质量保证金累计扣留达到约定总额时不再扣留

6. 发包人因不可抗力导致其履行合同义务受到阻碍时，下列说法正确的有（　　）。
   A. 应立即通知监理人，监理人应立即通知承包人
   B. 如果没有采取有效措施导致损失扩大，应对全部损失承担责任
   C. 如果不可抗力的影响持续时间较长，应及时提交中间报告，并于不可抗力事件结束后14天内提交最终报告
   D. 不能按期竣工的，应合理延长工期
   E. 应承担承包人采购后运至施工现场待安装工程设备的损坏

7. 关于建设工程材料设备采购合同的特点说法，下列不正确的有（　　）。
   A. 合同买受人可以是发包人，也可以是承包人
   B. 合同出卖人只能是生产厂家
   C. 大型设备采购合同的条款一般限于物资交货阶段
   D. 出卖人应尽量提前交货使建设项目及时发挥效益
   E. 出卖人要求提前交货，买受人不得拒绝

8. 建设工程材料采购合同条款主要涉及的内容有（　　）。
   A. 材料生产制造　　　　　　　　B. 材料交接程序
   C. 质量检验方式　　　　　　　　D. 材料质量要求
   E. 合同价款支付

三、案例分析

某实施监理的工程，工程实施过程中发生以下事件：

事件1：甲施工单位将其编制的施工组织设计报送建设单位。建设单位考虑到工程的复杂性，要求项目监理机构审核该施工组织设计；施工组织设计经监理单位技术负责人审核签字后，通过专业监理工程师转交给甲施工单位。

事件2：甲施工单位依据施工合同将深基坑开挖工程分包给乙施工单位，乙施工单位将其编制的深基坑支护专项施工方案报送项目监理机构，专业监理工程师接收并审核批准了该方案。

事件3：主体工程施工过程中，因不可抗力造成损失。甲施工单位及时向项目监理机构提出索赔申请，并附有相关证明材料，要求补偿的经济损失如下：

（1）在建工程损失26万元；
（2）施工单位受伤人员医药费、补偿金4.5万元；
（3）施工机具损坏损失12万元；
（4）施工机械闲置、施工人员窝工损失5.6万元；
（5）工程清理、修复费用3.5万元。

事件4：甲施工单位组织工程竣工预验收后，向项目监理机构提交了工程竣工报验单。项目监理机构组织工程竣工验收后，向建设单位提交了工程质量评估报告。

问题：

（1）指出事件1中的不妥之处，写出正确做法。
（2）指出事件2中专业监理工程师做法的不妥之处，写出正确做法。
（3）逐项分析事件3中的经济损失是否应补偿给甲施工单位，分别说明理由。项目监理机构应批准的补偿金额为多少万元？
（4）指出事件4中的不妥之处，写出正确做法。

重难点归纳

模块六

建设工程安全生产管理法律制度

知识目标

1. 掌握建设工程安全生产许可制度。
2. 掌握建设工程安全生产责任制度。
3. 掌握建设工程安全教育培训制度。
4. 了解建设工程安全生产劳动保护制度。
5. 了解安全生产事故应急预案的规定。

能力目标

1. 能够列举安全教育培训方式。
2. 能够说明施工现场安全防范措施。
3. 能够进行安全生产事故的调查与处理。

素养目标

1. 培养优良的文化道德素质。
2. 具备扎实的专业知识。
3. 培养较强的自我学习能力。

案例引入

A省××饭店发生坍塌事故，造成29人死亡、28人受伤，直接经济损失达1 164.35万元。通过调查，该起事故是一起因违法违规占地建设，且在无专业设计、无资质施工的情形下，多次盲目改造扩建，导致在经营活动中部分建筑物坍塌的生产安全责任事故。

经调查，事故的直接原因是，××饭店建筑结构整体性差，经多次违规加建后，承重砖柱及北楼二层屋面荷载严重超载，同时不排除强降雨影响，最终导致整体坍塌。

事故调查组认定：××饭店经营者违法占用土地建设房屋；两次通过不正当手段取得未经审批的《集体土地建设用地使用证》；拒不执行A省B县国土资源局下达的违法占地建饭店处罚决定和A省B县人民法院下达的行政裁定书；将未经过专业设计与施工、未经过竣工验收的农房用于经营活动。

调查组同时认定：A省B县地方党委政府及村"两委"和土地管理部门、住房城乡建设部门、原工商行政管理部门未认真履行工作职责及安全监管责任，对长期存在的违法违规建设未有效监督、制止和查处，对无证经营行为查处打击不力，农村住房安全隐患排查整治工作不严、不实、不细。

最终依照有关规定，对××饭店经营者，公安机关依法采取刑事强制措施，对××饭店处以罚款，责令其退还非法占用的土地，限期拆除在非法占用的土地上建设的房屋；对事故涉及的41名有关公职人员，相关部门给予了党纪政务处分或诫勉、批评教育、责令检查等处理措施。

课前思考

1. 为什么要实行安全生产许可制度？
2. 安全教育培训方式有哪些？
3. 发生生产安全事故后如何进行处理？

拓展阅读：建设工程安全生产管理条例

单元一　建设工程安全生产许可制度

《安全生产许可证条例》明确规定：国家对矿山企业、建筑施工企业和危险化学品、烟花爆竹、民用爆炸物品生产企业（以下统称企业）实行安全生产许可制度。企业未取得安全生产许可证的，不得从事生产活动。

一、安全生产许可证的申请

省、自治区、直辖市人民政府建设主管部门负责建筑施工企业安全生产许可证的颁发和管理，并接受国务院建设主管部门的指导和监督。

（一）安全生产许可证的申请条件

企业进行生产前，应当依照规定向安全生产许可证颁发管理机关申请领取安全生产许可证，并提供规定的相关文件、资料。安全生产许可证颁发管理机关应当自收到申请之日起45日内审查完毕，经审查符合法律、法规规定的安全生产条件的，颁发安全生产许可证；不符合安全生产条件的，不予颁发安全生产许可证，书面通知企业并说明理由。企业取得安全生产许可证，应当具备以下安全生产条件：

(1) 建立、健全安全生产责任制，制定完备的安全生产规章制度和操作规程；
(2) 安全投入符合安全生产要求；
(3) 设置安全生产管理机构，配备专职安全生产管理人员；

（4）主要负责人和安全生产管理人员经考核合格；

（5）特种作业人员经有关业务主管部门考核合格，取得特种作业操作资格证书；

（6）从业人员经安全生产教育和培训合格；

（7）依法参加工伤保险，为从业人员缴纳保险费；

（8）厂房、作业场所和安全设施、设备、工艺符合有关安全生产法律、法规、标准和规程的要求；

（9）有职业危害防治措施，并为从业人员配备符合国家标准或者行业标准的劳动防护用品；

（10）依法进行安全评价；

（11）有重大危险源检测、评估、监控措施和应急预案；

（12）有生产安全事故应急救援预案、应急救援组织或者应急救援人员，配备必要的应急救援器材、设备；

（13）法律、法规规定的其他条件。

（二）安全生产许可证的办理步骤

安全生产许可证办理前，应严格按照要求准备相应企业资料，可以通过网上或者柜台提交相应的资料。审核通过后会进行网上公示，如不通过会有不通过理由，可以修改后再次申请。公示完成后下发证书或者直接从网上下载电子版证书使用。

安全生产许可证的办理步骤如下：

（1）完成材料准备后向当地安检部门申请；

（2）企业的安全生产材料审核合格；

（3）审核通过后上报建筑主管部门；

（4）有关部门组织专家审查，通过后发证。

二、安全生产许可证的管理

（一）安全生产许可证的有效期和延期

安全生产许可证的有效期为3年。安全生产许可证有效期满需要延期的，企业应当于期满前3个月向原安全生产许可证颁发管理机关办理延期手续。企业在安全生产许可证有效期内，严格遵守有关安全生产的法律、法规，未发生死亡事故的，安全生产许可证有效期届满时，经原安全生产许可证颁发管理机关同意，不再审查，安全生产许可证有效期延期3年。

（二）安全生产许可证的变更、注销、遗失

安全生产许可证的变更包括企业名称变更、企业地址变更和法定代表人变更；企业破产、倒闭、撤销的，可以申请安全生产许可证的注销。安全生产许可证变更、注销、遗失处理见表6-1。

表6-1 安全生产许可证变更、注销、遗失处理

类型	处理方式
安全生产许可证变更	在变更后10日内办理变更手续
安全生产许可证注销	由原发证机关注销
安全生产许可证遗失	由申请人告知资质许可机关，由资质许可机关在官网发布信息

（三）安全生产许可证的撤销

根据规定，以下情况可以撤销已颁发的安全生产许可证：

（1）安全生产许可证颁发管理机关工作人员滥用职权、玩忽职守颁发安全生产许可证的；

（2）超越法定职权颁发安全生产许可证的；

（3）违反法定程序颁发安全生产许可证；

（4）对不具备安全生产条件的建筑施工企业颁发安全生产许可证的；

（5）依法可以撤销已经颁发的安全生产许可证的其他情形。

（四）安全生产许可证的违法行为处理

对于未取得安全生产许可证擅自进行生产的，根据《安全生产许可证条例》第十九条规定：未取得安全生产许可证擅自进行生产的，责令停止生产，没收违法所得，并处10万元以上50万元以下的罚款；造成重大事故或者其他严重后果，构成犯罪的，依法追究刑事责任。

《安全生产许可证条例》第二十条规定：安全生产许可证有效期满未办理延期手续，继续进行生产的，责令停止生产，限期补办延期手续，没收违法所得，并处5万元以上10万元以下的罚款；逾期仍不办理延期手续，继续进行生产的，依照《安全生产许可证条例》第十九条的规定处罚。

《安全生产许可证条例》第二十一条规定：对于转让安全生产许可证的，没收违法所得，处10万元以上50万元以下的罚款，并吊销其安全生产许可证；构成犯罪的，依法追究刑事责任；接受转让的，冒用安全生产许可证或者使用伪造的安全生产许可证的，依照《安全生产许可证条例》第十九条的规定处罚。

[例6-1] ××年×月××日，A市应急管理局执法人员对许某位于××村的胶水生产场地进行执法检查，执法人员检查发现：该生产场地位于××国道北侧，为简易钢结构房屋，共6间；场地内设置有反应釜1台、分散机1台、电子秤1台、简易提升机1台、液压手动叉车1台、油吸等设备；场地内存放有红木胶水4 kg装87桶、20 kg装4桶，另外还有生产原料醋酸乙酯200 L装2桶（其中1桶未满）、异氰酸酯200 L装1桶（未满）、200 L装聚醚多元醇30余桶。执法人员当场抽取了4 kg装红木胶水样品2桶，经××省化工产品质量检验站有限公司进行化学品危险性分类鉴定，抽取的胶水样品为危险化学品。经调查，从2021年10月开始，许某未取得安全生产许可证擅自生产危险化学品——胶水，违法所得3 270元。

许某的行为违反了《安全生产许可证条例》规定，A市应急管理局对其作出责令停止生产，没收违法所得人民币3 270元，并处罚款人民币11万元的行政处罚。请问：处罚决定是否正确？

解： 处罚决定正确。根据《安全生产许可证条例》第二条："国家对矿山企业、建筑施工企业和危险化学品、烟花爆竹、民用爆炸物品生产企业（以下统称企业）实行安全生产许可制度。企业未取得安全生产许可证的，不得从事生产活动。"根据《安全生产许可证条例》第十九条："违反本条例规定，未取得安全生产许可证擅自进行生产的，责令停止生产，没收违法所得，并处10万元以上50万元以下的罚款；造成重大事故或者其他严重后果，构成犯罪的，依法追究刑事责任。"

小试牛刀

1. 下列建筑施工条件中，属于建筑施工企业取得安全生产许可证应当具备的条件是（ ）。
   A. 为职工办理了意外伤害保险
   B. 依法参加工伤保险，为从业人员缴纳保险费
   C. 保证本单位生产经营条件所需资金的投入
   D. 管理人员和作业人员每年至少进行2次安全生产教育培训并考核合格

2. 下列情形中，安全生产许可证颁发管理机关或者其上级行政机关可以撤销已经颁发的安全生产许可证的是（ ）。
   A. 转让安全生产许可证的
   B. 安全生产许可证有效期满未办理延期手续的
   C. 建筑施工企业不再具备安全生产条件的
   D. 超越法定职权颁发安全生产许可证的

3. 关于安全生产许可证有效期的说法，下列正确的有（ ）。
   A. 安全生产许可证的有效期为3年
   B. 施工企业应当向原安全生产许可证颁发管理机关办理延期手续
   C. 安全生产许可证有效期满需要延期的，施工企业应当于期满前1个月办理延期手续
   D. 施工企业在安全生产许可证有效期内，严格遵守有关安全生产的法律、法规，未发生死亡事故的，安全生产许可证有效期届满时，自动延期
   E. 安全生产许可证有效期延期3年

单元二　建设工程安全生产责任制度

建设单位、勘察单位、设计单位、施工单位、工程监理单位及其他与建设工程安全生产有关的单位，必须遵守安全生产法律、法规的规定，保证建设工程安全生产，依法承担建设工程安全生产责任。建设工程安全生产管理应坚持安全第一、预防为主的方针。

一、施工单位安全生产责任

（一）施工单位安全生产责任

施工单位从事建设工程的新建、扩建、改建和拆除等活动，应当具备国家规定的注册资本、专业技术人员、技术装备和安全生产等条件，依法取得相应等级的资质证书，并在其资质等级许可的范围内承揽工程。

实行施工总承包的，由总承包单位对施工现场的安全生产负总责。总承包单位应当自行完成建设工程主体结构的施工。总承包单位依法将建设工程分包给其他单位的，分包合

同中应当明确各自的安全生产方面的权利、义务。总承包单位和分包单位对分包工程的安全生产承担连带责任。分包单位应当服从总承包单位的安全生产管理，分包单位不服从管理导致生产安全事故的，由分包单位承担主要责任。

（二）施工单位安全生产岗位职责

1. 施工单位的项目负责人和主要负责人职责

施工单位的项目负责人应当由取得相应执业资格的人员担任，对建设工程项目的安全施工负责，落实安全生产责任制度、安全生产规章制度和操作规程，确保安全生产费用的有效使用，并根据工程的特点组织制定安全施工措施，消除安全事故隐患，及时、如实报告生产安全事故。

施工单位主要负责人依法对本单位的安全生产工作全面负责。施工单位应当建立健全安全生产责任制度和安全生产教育培训制度，制定安全生产规章制度和操作规程，保证本单位安全生产条件所需资金的投入。对所承担的建设工程进行定期和专项安全检查，并做好安全检查记录。

2. 施工单位安全生产管理人员职责

根据《中华人民共和国安全生产法》第二十四条规定："矿山、金属冶炼、建筑施工、运输单位和危险物品的生产、经营、储存、装卸单位，应当设置安全生产管理机构或者配备专职安全生产管理人员。前款规定以外的其他生产经营单位，从业人员超过 100 人的，应当设置安全生产管理机构或者配备专职安全生产管理人员；从业人员在 100 人以下的，应当配备专职或者兼职的安全生产管理人员。"

安全生产管理机构以及安全生产管理人员履行下列职责：

（1）组织或者参与拟订本单位安全生产规章制度、操作规程和生产安全事故应急救援预案；

（2）组织或者参与本单位安全生产教育和培训，如实记录安全生产教育和培训情况；

（3）组织开展危险源辨识和评估，督促落实本单位重大危险源的安全管理措施；

（4）组织或者参与本单位应急救援演练；

（5）检查本单位的安全生产状况，及时排查生产安全事故隐患，提出改进安全生产管理的建议；

（6）制止和纠正违章指挥、强令冒险作业、违反操作规程的行为；

（7）督促落实本单位安全生产整改措施。

生产经营单位可以设置专职安全生产分管负责人，协助本单位主要负责人履行安全生产管理职责。

（三）安全防护、文明施工措施费

安全防护、文明施工措施费用是指按照国家现行的建筑施工安全、施工现场环境与卫生标准和有关规定，购置和更新施工安全防护用具及设施、改善安全生产条件和作业环境所需要的费用。

1. 安全防护、文明施工措施费用组成

建筑工程安全防护、文明施工措施费用是由《建筑安装工程费用项目组成》中措施费所含的文明施工费、环境保护费、临时设施费、安全施工费组成。其中，文明施工费是指按照国家现行的建筑施工安全、施工现场环境与卫生标准和有关规定,购置和更新施工防护用具及设施、改善安全生产条件和作业环境所需要的费用;环境保护费是指政府为了维护、治理和保护人类社会的自然环境而对有污染、损害、侵蚀环境行为的单位和个人所取的费用;临时设施费是指企业为进行建筑工程施工所必须搭设的生活和生产用的临时建筑物、构筑物和其他临时设施费用等;安全施工费由临边、洞口、交叉、高处作业安全防护费,危险性较大工程安全措施费及其他费用组成,危险性较大工程安全措施费及其他费用项目组成由各地住房城乡建设主管部门结合本地区实际自行确定。

2. 安全防护、文明施工措施费用给付方式

建设单位与施工单位应当在施工合同中明确安全防护、文明施工措施项目总费用,以及费用预付、支付计划、使用要求、调整方式等条款。

建设单位与施工单位在施工合同中对安全防护、文明施工措施费用预付、支付计划未作约定或约定不明的,合同工期在1年以内的,建设单位预付安全防护、文明施工措施项目费用不得低于该费用总额的50%;合同工期在1年以上的(含1年),预付安全防护、文明施工措施费用不得低于该费用总额的30%,其余费用应当按照施工进度支付。

3. 安全防护、文明施工措施费用使用要求

《建设工程安全生产管理条例》规定,施工单位对列入建设工程概算的安全作业环境及安全施工措施所需费用,应当用于施工安全防护用具及设施的采购和更新、安全施工措施的落实、安全生产条件的改善,不得挪作他用。安全防护、文明施工措施费报价不得低于依据工地所在地工程造价管理机构测定费率计算所需费用总额的90%。施工单位应当确保安全防护、文明施工措施费专款专用,在财务管理中单独列出安全防护、文明施工措施项目费用清单备查。施工单位安全生产管理机构和专职安全生产管理人员负责对建筑工程安全防护、文明施工措施的组织实施进行现场监督检查,并有权向建设主管部门反映情况。

《建筑工程安全防护文明施工措施费用及使用管理规定》规定,实行工程总承包的,总承包单位依法将建筑工程分包给其他单位的,总承包单位与分包单位应当在分包合同中明确安全防护、文明施工措施费用由总承包单位统一管理。安全防护、文明施工措施由分包单位实施的,由分包单位提出专项安全防护措施及施工方案,经总承包单位批准后及时支付所需费用。工程总承包单位对建筑工程安全防护、文明施工措施费用的使用负总责。总承包单位应当按照法规规定及合同约定及时向分包单位支付安全防护、文明施工措施费用。总承包单位不按法规规定和合同约定支付费用,造成分包单位不能及时落实安全防护措施导致发生事故的,由总承包单位负主要责任。

二、建设、勘察、设计、工程监理单位的安全生产责任

(一)建设单位的安全生产责任

根据《建设工程安全生产管理条例》规定,建设单位有以下安全生产责任:

(1)建设单位应当向施工单位提供施工现场及毗邻区域内供水、排水、供电、供气、供热、通信、广播电视等地下管线资料,气象和水文观测资料,相邻建筑物和构筑物、地下工程的有关资料,并保证资料的真实、准确、完整。建设单位因建设工程需要,向有关部门或者单位查询前款规定的资料时,有关部门或者单位应当及时提供。

（2）建设单位不得对勘察、设计、施工、工程监理等单位提出不符合建设工程安全生产法律、法规和强制性标准规定的要求，不得压缩合同约定的工期。

（3）建设单位在编制工程概算时，应当确定建设工程安全作业环境及安全施工措施所需费用。

（4）建设单位不得明示或者暗示施工单位购买、租赁、使用不符合安全施工要求的安全防护用具、机械设备、施工机具及配件、消防设施和器材。

（5）建设单位在申请领取施工许可证时，应当提供建设工程有关安全施工措施的资料。依法批准开工报告的建设工程，建设单位应当自开工报告批准之日起15日内，将保证安全施工的措施报送建设工程所在地的县级以上地方人民政府住房城乡建设主管部门或者其他有关部门备案。

（6）建设单位应当将拆除工程发包给具有相应资质等级的施工单位。建设单位应当在拆除工程施工15日前，将资料报送建设工程所在地的县级以上地方人民政府住房城乡建设主管部门或者其他有关部门备案。资料包括：施工单位资质等级证明；拟拆除建筑物、构筑物及可能危及毗邻建筑的说明；拆除施工组织方案；堆放、清除废弃物的措施。实施爆破作业的，应当遵守国家有关民用爆炸物品管理的规定。

（二）勘察单位的安全生产责任

根据《建设工程安全生产管理条例》第十二条规定："勘察单位应当按照法律、法规和工程建设强制性标准进行勘察，提供的勘察文件应当真实、准确，满足建设工程安全生产的需要。勘察单位在勘察作业时，应当严格执行操作规程，采取措施保证各类管线、设施和周边建筑物、构筑物的安全。"

（三）设计单位的安全生产责任

根据《建设工程安全生产管理条例》第十三条规定："设计单位应当按照法律、法规和工程建设强制性标准进行设计，防止因设计不合理导致生产安全事故的发生。设计单位应当考虑施工安全操作和防护的需要，对涉及施工安全的重点部位和环节在设计文件中注明，并对防范生产安全事故提出指导意见。采用新结构、新材料、新工艺的建设工程和特殊结构的建设工程，设计单位应当在设计中提出保障施工作业人员安全和预防生产安全事故的措施建议。设计单位和注册建筑师等注册执业人员应当对其设计负责。"

（四）工程监理单位的安全生产责任

根据《建设工程安全生产管理条例》第十四条规定："工程监理单位应当审查施工组织设计中的安全技术措施或者专项施工方案是否符合工程建设强制性标准。工程监理单位在实施监理过程中，发现存在安全事故隐患的，应当要求施工单位整改；情况严重的，应当要求施工单位暂时停止施工，并及时报告建设单位。施工单位拒不整改或者不停止施工的，工程监理单位应当及时向有关主管部门报告。工程监理单位和监理工程师应当按照法律、法规和工程建设强制性标准实施监理，并对建设工程安全生产承担监理责任。"

小试牛刀

1. 关于工程总承包单位责任的说法，下列正确的有（　　）。

A. 工程总承包单位对其承包的全部建设工程质量负责
B. 工程总承包单位有权以其与分包单位之间的保修责任划分拒绝履行保修责任
C. 工程总承包单位对承包范围内工程的安全生产负总责
D. 工程总承包单位应当依据合同对工期全面负责
E. 分包单位不服从总包单位安全生产管理导致生产安全事故的，免除总承包单位的安全责任

2. 下列不属于建设单位安全生产责任的是（ ）。
A. 向施工单位提供施工现场资料
B. 不得压缩合同约定的工期
C. 设计中提出保障施工作业人员安全和预防生产安全事故的措施建议
D. 将拆除工程发包给具有相应资质等级的施工单位

单元三　建设工程安全教育培训制度

《中华人民共和国安全生产法》规定，从业人员应当接受安全生产教育和培训，掌握本职工作所需的安全生产知识，提高安全生产技能，增强事故预防和应急处理能力。《建设工程安全生产管理条例》规定，作业人员进入新的岗位或者新的施工现场前，应当接受安全生产教育培训。未经教育培训或者教育培训考核不合格的人员，不得上岗作业。施工单位在采用新技术、新工艺、新设备、新材料时，应当对作业人员进行相应的安全生产教育培训。

一、企业人员安全生产教育培训

（一）安全生产管理人员考核制度

施工单位的主要负责人、项目负责人、专职安全生产管理人员应当经住房城乡建设主管部门或者其他有关部门考核合格后方可任职。施工单位应当对管理人员和作业人员每年至少进行一次安全生产教育培训，其教育培训情况记入个人工作档案。安全生产教育培训考核不合格的人员，不得上岗。

（二）安全教育形式

施工单位应当对管理人员和作业人员每年至少进行一次安全生产教育培训。生产经营单位使用被派遣劳动者的，应当将被派遣劳动者纳入本单位从业人员统一管理与培训。劳务派遣单位应当对被派遣劳动者进行必要的安全生产教育和培训。企业员工的安全教育形式主要有新员工上岗前的三级安全教育、项目级安全教育、班组级安全教育。

1. 新员工上岗前的三级安全教育

（1）企业级安全教育由企业主管领导负责。内容应包括安全生产法律、法规，通用安全技术，职业卫生和安全文化的基本知识，本企业安全生产规章制度及状况，劳动纪律和有关事故案例等内容。

（2）项目级安全教育由项目级负责人组织实施，专职或兼职安全员协助。内容包括工

程项目的概况，安全生产状况和规章制度，主要危险因素及安全事项，预防工伤事故和职业病的主要措施，典型事故案例及事故应急处理措施等。

（3）班组级安全教育由班组长组织实施。内容包括遵章守纪，岗位安全操作规程，岗位间工作衔接配合的安全生产事项，典型事故及发生事故后应采取的紧急措施，劳动防护用品（用具）的性能及正确使用方法等内容。

2. 改变工艺和变换岗位时的安全教育

根据规定，当组织内部员工发生从一个岗位调到另外一个岗位，或从某工种改变为另一工种，或因放长假离岗一年以上重新上岗的情况，企业必须进行相应的安全技术培训和教育，以使其掌握现岗位安全生产特点和要求。

3. 经常性安全教育。

在经常性安全教育中，安全思想、安全态度教育最重要。进行安全思想、安全态度教育，要通过采取多种多样形式的安全教育活动，激发员工搞好安全生产的热情，促使员工重视和真正实现安全生产。

（三）特种作业人员安全教育

特种作业人员应当接受与其所从事的特种作业相应的安全技术理论培训和实际操作培训。已经取得职业高中、技工学校及中专以上学历的毕业生从事与其所学专业相应的特种作业，持学历证明经考核发证机关同意，可以免予相关专业的培训。跨省、自治区、直辖市从业的特种作业人员，可以在户籍所在地或者从业所在地参加培训。

对特种作业人员的安全技术培训，具备安全培训条件的生产经营单位应当以自主培训为主，也可以委托具备安全培训条件的机构进行培训。不具备安全培训条件的生产经营单位，应当委托具备安全培训条件的机构进行培训。生产经营单位委托其他机构进行特种作业人员安全技术培训的，保证安全技术培训的责任仍由本单位负责。

[例6-2]××年×月××日，A区应急管理局行政执法人员对位于A区B镇的某加油站装修施工现场进行监督检查，发现某建设工程有限公司员工韦某未经专门的安全作业培训且未取得相应资格，上岗电焊作业。问：这种行为是否违法？给出正确的做法。

解：这种行为违法。电焊作业属于特种作业，特种作业人员未按照相关规定取得相应资格上岗作业是违法行为。《中华人民共和国安全生产法》规定："生产经营单位的特种作业人员必须按照国家有关规定经专门的安全作业培训，取得相应资格，方可上岗作业。"正确做法是生产经营单位应当在特种作业人员上岗前安排其进行专门培训并取得相应资格。

二、安全教育培训方式

安全教育培训可采取多种方式，包括现场讲授、实操演练、知识竞赛、氛围感染、言传身教等。

（一）现场讲授

现场讲授是企业进行安全教育最常用的方式，授课者将教学内容以课堂讲授的方式进行传授。但是这种方式理论性过强，会让人感到枯燥乏味，最好采用录像、多媒体等视听相结合的教学手段。这种培训方式内容上可以多进行真实案例分析，讲授安全事故发生的原因，让听课人员要做好预防和规避。

（二）实操演练

实操演练这种安全教育方式比较让人印象深刻。通过设置情景，让人获得身临其境的感受。通过实操演练过程，使参与者意识到自己的不足，可以当场或者之后进行改进。实操演练可采用事故预想、事故预案演习、预防救护演习，以及运用事故模拟软件等形式。

（三）知识竞赛

为了强化安全教育的印象和意识，可以开展全员知识竞赛的方式。这种方式让参与者在比赛中既得到了活动奖励，也强化了安全内容的印象，避免在后面的工作中发生安全隐患。

（四）氛围感染

施工现场通常会设置醒目的警示标志，悬挂通俗易懂的宣传标语。通过氛围感染，使人身处其中产生积极的责任感、使命感，同时也能起到暗示和约束作用。

（五）言传身教

在安全生产中，领导者应自觉成为安全第一、预防为主、综合治理方针的模范执行者，要善于用带头示范作用去激励员工的积极性。同时，还可以借助榜样的力量，树立榜样，让员工明白组织的态度和要求。

小试牛刀

1. 企业级安全教育由（　　　）负责，企业职业健康安全管理部门会同有关部门组织实施。
   A. 专职安全员　　　B. 技术负责人　　　C. 企业主管领导　　　D. 班组长
2. 属于班组长的安全教育的是（　　　）。
   A. 本系统安全及其相应的安全技术知识
   B. 国家有关安全生产的方针、政策、法律、法规
   C. 事故抢救与应急处理措施
   D. 企业安全生产管理、安全技术、职业病知识、安全文件

单元四　建设工程安全生产劳动保护制度

一、劳动保护制度概述

（一）劳动保护制度的内容

劳动保护是指根据国家法律、法规，依靠技术进步和科学管理，采取组织措施和技术措施，消除危及人身安全健康的不良条件和行为，防止事故和职业病，保护劳动者在劳动过程中的安全与健康。其内容包括劳动安全、劳动卫生、女工保护、未成年工保护、工作时间与休假制度。

（二）劳动保护制度的特征

劳动保护制度是以保护劳动者在劳动过程中的安全和健康为宗旨，以劳动安全卫生规则为内容。与劳动法中其他制度相比较，劳动保护制度具有如下特征。

1. 明确权利义务

劳动保护制度中享有受保护权利的是劳动者，负有保护义务的是用人单位。用人单位在组织劳动的过程中，必须依法保护好劳动者的生命安全与健康。

2. 劳动保护制度保护的是劳动者的安全和健康

劳动法中的休息制度保护的是劳动者的休息权、工资制度保护的是劳动者获得劳动报酬的权利，而劳动保护制度保护的是劳动者的安全与健康权利。在劳动法所保护的劳动者的各种利益中，生命安全与健康利益显然是最重要的，因此，以保护劳动者生命和健康为目标的劳动保护制度在劳动法中处于重要地位。

3. 劳动保护制度保护的范围仅限于劳动过程

劳动保护是基于劳动关系而由用人单位承担的一项义务。用人单位只在劳动者为本单位提供劳动的过程中才负有保护劳动者的义务，因此，用人单位也仅仅对这一过程中劳动者的安全和健康负责。

4. 劳动保护制度以技术性法律规范为主

在劳动过程中客观存在各种职业危害因素，受自然规律的支配。为了防止这些危害因素对劳动者的伤害，在规定具体的保护规则时，必须遵循自然科学的规律，将各种技术措施、技术要求规范化、法律化，形成许多技术性法律规范，构成劳动保护制度的基本内容。

5. 劳动保护规范一般属于强制性规范

为了确保劳动者的人身安全和健康利益，劳动保护规范多是强制性的，用人单位必须严格遵守，不得违反，否则须承担相应的法律责任。

6. 制度翔实

劳动保护制度由为数众多、内容详尽、分门别类、多层次结构的劳动安全标准和卫生标准组成。

（三）劳动保护制度的作用

劳动保护制度在现代社会经济的发展中起着极其重要的作用，主要表现在以下几个方面。

1. 有利于防止和减少职业伤害

职业伤害是指劳动过程中的各种职业危害因素对劳动者的人身所造成的损害结果。既包括急性伤害，如劳动者的伤亡事故，也包括慢性伤害，如劳动者的职业病和身体的早衰等。职业危害因素是指劳动过程中的劳动对象、劳动工具、劳动环境等各种物质因素中自然存在的物理、化学或生物性能所具有的危险性或危害性。由于各种职业危害因素客观存在，使得发生职业伤害成为可能，但是，职业危害因素并非必然导致职业伤害。通过采取劳动保护措施，可以预防和减少职业危害因素对劳动者造成的职业伤害。在现代科学技术条件下，避免职业伤害的防护手段越来越多且越来越有效，只要用人单位能严格根据有关劳动保护法律规范的要求，做好各种防护措施，就能够有效地避免或降低职业伤害。

2. 有利于改善劳动条件，保护劳动力，推动生产力的发展

劳动保护的相关规定为消除伤亡事故和职业病，保护劳动者的劳动力提供了制度保障。劳动力是生产力中最重要、最活跃的因素，对劳动者安全和健康的保护，有利于推动社会生产力的发展，促进劳动生产率的提高。建立劳动保护制度，有利于督促用人单位改善劳动条件和劳动环境，落实保护劳动者的责任。

3. 有利于对女工和未成年工特殊利益的保护

对女工和未成年工利益的特殊保护是劳动保护制度的重要内容。一方面根据女工的特殊身体条件和所担负的养育后代的特殊任务，对她们在经期、孕期、产期、哺乳期的特殊利益给予特殊保护；另一方面根据未成年工身体发育尚未成熟的特点，给予其特殊保护，为未成年工的健康成长和整个民族的健康延续提供保障。

二、施工作业人员安全生产的权利与义务

（一）施工作业人员安全生产的权利

1. 获得工伤保险和意外伤害保险赔偿的权利

施工单位与施工作业人员订立的劳动合同，应当载明有关保障从业人员劳动安全、防止职业危害的事项，以及依法为从业人员办理工伤保险的事项。生产经营单位不得以任何形式与从业人员订立协议，免除或者减轻其对从业人员因生产安全事故伤亡依法应承担的责任。

施工单位应当为施工现场从事危险作业的人员办理意外伤害保险。意外伤害保险费由施工单位支付。实行施工总承包的，由总承包单位支付意外伤害保险费。意外伤害保险期限自建设工程开工之日起至竣工验收合格止。

2. 施工安全生产的知情权和建议权

施工作业人员有权了解其作业场所和工作岗位存在的危险因素、防范措施及事故应急措施，有权对本单位的安全生产工作提出建议。

3. 批评、检举、控告权及拒绝违章指挥权

施工作业人员有权对本单位安全生产工作中存在的问题提出批评、检举、控告；有权拒绝违章指挥和强令冒险作业。生产经营单位不得因从业人员对本单位安全生产工作提出批评、检举、控告，或者拒绝违章指挥、强令冒险作业而降低其工资、福利等待遇，或者解除与其订立的劳动合同。

4. 紧急避险权

施工作业人员发现直接危及人身安全的紧急情况时，有权停止作业或者在采取可能的应急措施后撤离作业场所。生产经营单位不得因从业人员在紧急情况下停止作业或者采取紧急撤离措施而降低其工资、福利等待遇或者解除与其订立的劳动合同。

5. 请求民事赔偿权

因生产安全事故受到损害的施工作业人员除依法享有工伤保险外，依照有关民事法律尚有获得赔偿的权利的，有权提出赔偿要求。

6. 施工安全防护用品的获得权

施工单位应当向作业人员提供安全防护用具和安全防护服装，并书面告知危险岗位的操作规程和违章操作的危害。作业人员有权对施工现场的作业条件、作业程序和作业方式中存在的安全问题提出批评、检举和控告，有权拒绝违章指挥和强令冒险作业。在施工中发生危及人身安全的紧急情况时，作业人员有权立即停止作业或者在采取必要的应急措施后撤离危险区域。

7. 依靠工会维权和被派遣劳动者的权利

被派遣劳动者有权在劳务派遣单位或者用工单位依法参加或者组织工会，维护自身的合法权益。

（二）施工作业人员安全生产的义务

（1）施工作业人员应当遵守安全施工的强制性标准、规章制度和操作规程，正确使用安全防护用具、机械设备等。

（2）施工作业人员在作业过程中，应当严格落实岗位安全责任，遵守本单位的安全生产规章制度和操作规程，服从管理，正确佩戴和使用劳动防护用品。

（3）施工作业人员应当接受安全生产教育和培训，掌握本职工作所需的安全生产知识，提高安全生产技能，增强事故预防和应急处理能力。

（4）施工作业人员发现事故隐患或者其他不安全因素，应当立即向现场安全生产管理人员或者本单位负责人报告，接到报告的人员应当及时予以处理。

三、施工现场安全防范措施

建设工程施工前，施工单位负责项目管理的技术人员应当对有关安全施工的技术要求向施工作业班组、作业人员做出详细说明，并由双方签字确认。

（一）现场布置要求

1. 安全警示标志设置

施工单位应当对施工现场入口处、施工起重机械、临时用电设施、脚手架、出入通道口、楼梯口、电梯井口、孔洞口、桥梁口、隧道口、基坑边沿、爆破物及有害危险气体和液体存放处等危险部位，设置明显的安全警示标志，安全警示标志必须符合国家标准。施工单位应当根据不同施工阶段和周围环境及季节、气候的变化，在施工现场采取相应的安全施工措施。施工现场暂时停止施工的，施工单位应当做好现场防护，所需费用由责任方承担，或者按照合同约定执行。

2. 办公区、生活区与作业区设置

施工单位应当将施工现场的办公区、生活区与作业区分开设置，并保持安全距离。办公区、生活区的选址应当符合安全性要求；职工的膳食、饮水、休息场所等应当符合卫生标准；施工单位不得在尚未竣工的建筑物内设置员工集体宿舍；施工现场临时搭建的建筑物应当符合安全使用要求；施工现场使用的装配式活动房屋应当具有产品合格证。

3. 采取专项防护措施

施工单位对因建设工程施工可能造成损害的毗邻建筑物、构筑物和地下管线等，应当采取专项防护措施。施工单位应当遵守有关环境保护法律、法规的规定，在施工现场采取措施，防止或者减少粉尘、废气、废水、固体废物、噪声、振动和施工照明对人和环境的危害和污染。在城市市区内的建设工程，施工单位应当对施工现场实行封闭围挡。

4. 建立消防安全责任制度

施工单位应当在施工现场建立消防安全责任制度，确定消防安全责任人，制定用火、用电、使用易燃、易爆材料等各项消防安全管理制度和操作规程，设置消防通道、消防水源，配备消防设施和灭火器材，并在施工现场入口处设置明显标志。

（二）设施设备采购要求

施工单位采购、租赁的安全防护用具、机械设备、施工机具及配件，应当具有生产（制造）许可证、产品合格证，并在进入施工现场前进行查验。施工现场的安全防护用具、机械设备、施工机具及配件必须由专人管理，定期进行检查、维修和保养，建立相应的资料档案，并按照国家有关规定及时报废。

施工单位在使用施工起重机械和整体提升脚手架、模板等自升式架设设施前，应当组织有关单位进行验收，也可以委托具有相应资质的检验检测机构进行验收；使用承租的机械设备和施工机具及配件的，由施工总承包单位、分包单位、出租单位和安装单位共同进行验收。验收合格的方可使用。对于《特种设备安全监察条例》规定的施工起重机械，在验收前应当经有相应资质的检验检测机构监督检验合格。施工单位应当自施工起重机械和整体提升脚手架、模板等自升式架设设施验收合格之日起 30 日内，向住房城乡建设主管部门或者其他有关部门登记。登记标志应当置于或者附着于该设备的显著位置。

四、工伤保险

根据 2010 年修订的《工伤保险条例》第二条规定："中华人民共和国境内的企业、事业单位、社会团体、民办非企业单位、基金会、律师事务所、会计师事务所等组织和有雇工的个体工商户应当依照本条例规定参加工伤保险，为本单位全部职工或者雇工缴纳工伤保险费。中华人民共和国境内的企业、事业单位、社会团体、民办非企业单位、基金会、律师事务所、会计师事务所等组织的职工和个体工商户的雇工，均有依照本条例的规定享受工伤保险待遇的权利。"

（一）工伤认定

1. 认定工伤情况

根据《工伤保险条例》规定，职工有下列情形之一的，应当认定为工伤：

（1）在工作时间和工作场所内，因工作原因受到事故伤害的；

（2）工作时间前后在工作场所内，从事与工作有关的预备性或者收尾性工作受到事故伤害的；

（3）在工作时间和工作场所内，因履行工作职责受到暴力等意外伤害的；

（4）患职业病的；

（5）因工外出期间，由于工作原因受到伤害或者发生事故下落不明的；

（6）在上下班途中，受到非本人主要责任的交通事故或者城市轨道交通、客运轮渡、火车事故伤害的；

(7) 法律、行政法规规定应当认定为工伤的其他情形。

2. 视同工伤情况

根据《工伤保险条例》规定，职工有下列情形之一的，视同工伤：

(1) 在工作时间和工作岗位，突发疾病死亡或者在 48 小时之内经抢救无效死亡的；

(2) 在抢险救灾等维护国家利益、公共利益活动中受到伤害的；

(3) 职工原在军队服役，因战、因公负伤致残，已取得革命伤残军人证，到用人单位后旧伤复发的。

3. 不得认定为工伤或者视同工伤情况

根据规定，职工有下列情形之一的，不得认定为工伤或者视同工伤：

(1) 故意犯罪的；

(2) 醉酒或者吸毒的；

(3) 自残或者自杀的。

(二) 工伤认定程序

1. 提出申请

职工发生事故伤害或者按照职业病防治法规定被诊断、鉴定为职业病，所在单位应当自事故伤害发生之日或者被诊断、鉴定为职业病之日起 30 日内，向统筹地区社会保险行政部门提出工伤认定申请。遇有特殊情况，经报社会保险行政部门同意，申请时限可以适当延长。

用人单位未按规定提出工伤认定申请的，工伤职工或者其近亲属、工会组织在事故伤害发生之日或者被诊断、鉴定为职业病之日起 1 年内，可以直接向用人单位所在地统筹地区社会保险行政部门提出工伤认定申请。

2. 受理申请

社会保险行政部门受理工伤认定申请后，根据审核需要可以对事故伤害进行调查核实，用人单位、职工、工会组织、医疗机构以及有关部门应当予以协助。职业病诊断和诊断争议的鉴定，依照职业病防治法的有关规定执行。对依法取得职业病诊断证明书或者职业病诊断鉴定书的，社会保险行政部门不再进行调查核实。职工或者其近亲属认为是工伤，用人单位不认为是工伤的，由用人单位承担举证责任。

3. 作出决定

社会保险行政部门应当自受理工伤认定申请之日起 60 日内作出工伤认定的决定，并书面通知申请工伤认定的职工或者其近亲属和该职工所在单位。社会保险行政部门对受理的事实清楚、权利义务明确的工伤认定申请，应当在 15 日内作出工伤认定的决定。

[例 6-3] 张某是成都某门业公司的工人，经公司安排在××经开区××科创示范区某建筑工地从事防火门及卷帘门安装工作。2022 年 10 月 13 日 10：00 左右，张某在项目现场干活时突发疾病被送往医院抢救。在抢救过程中，张某病情危重，家属在感到抢救无望的情况下决定放弃治疗。请问家属放弃治疗是否影响工伤认定。

解：家属放弃治疗不影响工伤认定。根据《工伤保险条例》第十五条规定，在工作时间和工作岗位突发疾病 48 小时内经抢救无效死亡的视同工伤。张某被送到医院抢救，医院出具病危通知书，其家属在感到医治无望，考虑家庭经济状况，才被迫放弃治疗，不影响张某的工伤认定。

小试牛刀

1. 职工的下列情形中，不得认定为工伤的是（　　）。
   A. 在工作时间和工作场所内，因工作原因受到事故伤害的
   B. 工作时间之前在工作场所内，从事与工作有关的预备性工作受到事故伤害的
   C. 在工作时间和工作场所内自残的
   D. 在工作时间和工作场所内，因履行工作职责受到暴力等意外伤害的
2. 因设计优化使得施工总承包项目现场暂时停止施工的，增加的现场防护费用由（　　）承担。
   A. 建设单位　　　B. 设计单位　　　C. 总承包单位　　　D. 分包单位
3. 根据《中华人民共和国安全生产法》的规定，从业人员发现直接危及人身安全的紧急情况时，有权停止作业或者在采取可能的措施后撤离作业场所，这项权利是（　　）。
   A. 紧急避险权　　B. 知情权　　　C. 拒绝违章指挥权　　D. 控告权

单元五　生产安全事故应急救援与调查处理

一、生产安全事故应急救援

《中华人民共和国安全生产法》第七十九条规定："国家加强生产安全事故应急能力建设，在重点行业、领域建立应急救援基地和应急救援队伍，并由国家安全生产应急救援机构统一协调指挥；鼓励生产经营单位和其他社会力量建立应急救援队伍，配备相应的应急救援装备和物资，提高应急救援的专业化水平。国务院应急管理部门牵头建立全国统一的生产安全事故应急救援信息系统，国务院交通运输、住房和城乡建设、水利、民航等有关部门和县级以上地方人民政府建立健全相关行业、领域、地区的生产安全事故应急救援信息系统，实现互联互通、信息共享，通过推行网上安全信息采集、安全监管和监测预警，提升监管的精准化、智能化水平。"

（一）生产安全事故等级划分

《生产安全事故报告和调查处理条例》规定，根据生产安全事故（以下简称事故）造成的人员伤亡或者直接经济损失，事故一般分为以下等级。

1. 特别重大事故

特别重大事故是指造成30人以上死亡，或者100人以上重伤（包括急性工业中毒，下同），或者1亿元以上直接经济损失的事故。

2. 重大事故

重大事故是指造成10人以上30人以下死亡，或者50人以上100人以下重伤，或者

5 000万元以上1亿元以下直接经济损失的事故。

3. 较大事故

较大事故是指造成3人以上10人以下死亡，或者10人以上50人以下重伤，或者1 000万元以上5 000万元以下直接经济损失的事故。

4. 一般事故

一般事故是指造成3人以下死亡，或者10人以下重伤，或者1 000万元以下直接经济损失的事故。

（二）安全生产事故报告

1. 事故报告流程

事故发生后，事故现场有关人员应当立即向本单位负责人报告；单位负责人接到报告后，应当于1小时内向事故发生地县级以上人民政府安全生产监督管理部门和负有安全生产监督管理职责的有关部门报告。情况紧急时，事故现场有关人员可以直接向事故发生地县级以上人民政府安全生产监督管理部门和负有安全生产监督管理职责的有关部门报告。图6-1为事故报告流程图。事故发生单位负责人接到事故报告后，应当立即启动事故相应应急预案，或者采取有效措施，组织抢救，防止事故扩大，减少人员伤亡和财产损失。

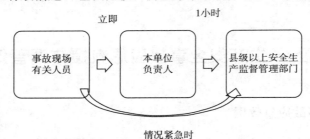

图6-1　事故报告流程

2. 事故报告部门

安全生产监督管理部门和负有安全生产监督管理职责的有关部门接到事故报告后，应当依照下列规定上报事故情况，并通知公安机关、劳动保障行政部门、工会和人民检察院：

（1）特别重大事故、重大事故逐级上报至国务院安全生产监督管理部门和负有安全生产监督管理职责的有关部门；

（2）较大事故逐级上报至省、自治区、直辖市人民政府安全生产监督管理部门和负有安全生产监督管理职责的有关部门；

（3）一般事故上报至设区的市级人民政府安全生产监督管理部门和负有安全生产监督管理职责的有关部门。

安全生产监督管理部门和负有安全生产监督管理职责的有关部门依照事故报告流程上报事故情况，应当同时报告本级人民政府。安全生产监督管理部门和负有安全生产监督管理职责的有关部门逐级上报事故情况，每级上报的时间不得超过2小时。国务院安全生产监督管理部门和负有安全生产监督管理职责的有关部门以及省级人民政府接到发生特别重大事故、重大事故的报告后，应当立即报告国务院。必要时，安全生产监督管理部门和负有安全生产监督管理职责的有关部门可以越级上报事故情况。

3. 事故报告内容

生产安全事故发生后，事故报告应当包括下列内容：

（1）事故发生单位概况；

（2）事故发生的时间、地点以及事故现场情况；

（3）事故的简要经过；

（4）事故已经造成或者可能造成的伤亡人数（包括下落不明的人数）和初步估计的直接经济损失；

（5）已经采取的措施；

（6）其他应当报告的情况。

4. 事故报告补报要求

事故报告后出现新情况的，应当及时补报。自事故发生之日起 30 日内，事故造成的伤亡人数发生变化的，应当及时补报。道路交通事故、火灾事故自发生之日起 7 日内，事故造成的伤亡人数发生变化的，应当及时补报。

二、生产安全事故调查处理

（一）生产安全事故调查

1. 事故调查组织

特别重大事故由国务院或者国务院授权有关部门组织事故调查组进行调查。重大事故、较大事故、一般事故分别由事故发生地省级人民政府、设区的市级人民政府、县级人民政府负责调查。省级人民政府、设区的市级人民政府、县级人民政府可以直接组织事故调查组进行调查，也可以授权或者委托有关部门组织事故调查组进行调查。未造成人员伤亡的一般事故，县级人民政府也可以委托事故发生单位组织事故调查组进行调查。生产安全事故调查组织见表 6-2。

表 6-2 生产安全事故调查组织

事故等级	调查组织		备注
特别重大事故	国务院	或同级人民政府有关部门	1. 有关部门或事故发生单位应经同级政府授权或委托。 2. 按照属地原则，事故调查组织由事故发生地负责。 3. 未造成人员伤亡的一般事故，县级人民政府可委托事故发生单位组织调查
重大事故	省级人民政府		
较大事故	设区的市级人民政府		
一般事故	县级人民政府		

2. 事故调查组职责

事故调查组的组成应当遵循精简、效能的原则。根据事故的具体情况，事故调查组由有关人民政府、安全生产监督管理部门、负有安全生产监督管理职责的有关部门、监察机关、公安机关及工会派人组成，并应当邀请人民检察院派人参加。事故调查组可以聘请有关专家参与调查。事故调查组成员应当具有事故调查所需要的知识和专长，并与所调查的事故没有直接利害关系。事故调查组履行下列职责：
(1) 查明事故发生的经过、原因、人员伤亡情况及直接经济损失；
(2) 认定事故的性质和事故责任；
(3) 提出对事故责任者的处理建议；
(4) 总结事故教训，提出防范和整改措施；
(5) 提交事故调查报告。

3. 事故调查报告

事故调查组应当自事故发生之日起60日内提交事故调查报告；特殊情况下，经负责事故调查的人民政府批准，提交事故调查报告的期限可以适当延长，但延长的期限最长不超过60日。事故调查报告应当包括下列内容：
(1) 事故发生单位概况；
(2) 事故发生经过和事故救援情况；
(3) 事故造成的人员伤亡和直接经济损失；
(4) 事故发生的原因和事故性质；
(5) 事故责任的认定以及对事故责任者的处理建议；
(6) 事故防范和整改措施。

事故调查报告应当附具有关证据材料。事故调查组成员应当在事故调查报告上签名。事故调查报告报送负责事故调查的人民政府后，事故调查工作即告结束。事故调查的有关资料应当归档保存。

事故调查组成员在事故调查工作中应当诚信公正、恪尽职守，遵守事故调查组的纪律，保守事故调查的秘密。未经事故调查组组长允许，事故调查组成员不得擅自发布有关事故的信息。

(二) 生产安全事故处理

1. 事故现场保护

事故发生后，有关单位和人员应当妥善保护事故现场及相关证据，任何单位和个人不得破坏事故现场、毁灭相关证据。因抢救人员、防止事故扩大及疏通交通等原因，需要移动事故现场物件的，应当做出标志，绘制现场简图并做出书面记录，妥善保存现场重要痕迹、物证。

2. 事故调查报告批复和处置

根据规定，对于重大事故、较大事故和一般事故，负责事故调查的人民政府应当自收到事故调查报告之日起15日内做出批复；对于特别重大事故，30日内做出批复，特殊情况下，批复时间可以适当延长，但延长的时间最长不超过30日。

有关机关应当按照人民政府的批复，依照法律、行政法规规定的权限和程序，对事故发生单位和有关人员进行行政处罚，对负有事故责任的国家工作人员进行处分。事故发生单位应当按照负责事故调查的人民政府的批复，对本单位负有事故责任的人员进行处理。事故处理的情况由负责事故调查的人民政府或者其授权的有关部门、机构向社会公布，依法应当保密的除外。

三、生产安全事故应急救援预案的规定

根据《建设工程安全生产管理条例》第四十九条规定:"施工单位应当根据建设工程施工的特点、范围,对施工现场易发生重大事故的部位、环节进行监控,制定施工现场生产安全事故应急救援预案。实行施工总承包的,由总承包单位统一组织编制建设工程生产安全事故应急救援预案,工程总承包单位和分包单位按照应急救援预案,各自建立应急救援组织或者配备应急救援人员,配备救援器材、设备,并定期组织演练。"

(一)应急预案的分类

根据《生产安全事故应急预案管理办法》,生产经营单位应急预案分为综合应急预案、专项应急预案和现场处置方案。

1. 综合应急预案

综合应急预案是指生产经营单位为应对各种生产安全事故而制定的综合性工作方案,是本单位应对生产安全事故的总体工作程序、措施和应急预案体系的总纲。生产经营单位风险种类多、可能发生多种类型事故的,应当组织编制综合应急预案。综合应急预案应当规定应急组织机构及其职责、应急预案体系、事故风险描述、预警及信息报告、应急响应、保障措施、应急预案管理等内容。

2. 专项应急预案

专项应急预案是指生产经营单位为应对某一种或者多种类型生产安全事故,或者针对重要生产设施、重大危险源、重大活动防止生产安全事故而制定的专项性工作方案。对于某一种或者多种类型的事故风险,生产经营单位可以编制相应的专项应急预案,或将专项应急预案并入综合应急预案。专项应急预案应当规定应急指挥机构与职责、处置程序和措施等内容。

3. 现场处置方案

现场处置方案是指生产经营单位根据不同生产安全事故类型,针对具体场所、装置或者设施所制定的应急处置措施。编制应急预案应当成立编制工作小组,由本单位有关负责人任组长,吸收与应急预案有关的职能部门和单位的人员,以及有现场处置经验的人员参加。对于危险性较大的场所、装置或者设施,生产经营单位应当编制现场处置方案。现场处置方案应当规定应急工作职责、应急处置措施和注意事项等内容。事故风险单一、危险性小的生产经营单位,可以只编制现场处置方案。

(二)应急预案的编制

生产经营单位主要负责人负责组织编制和实施本单位的应急预案,并对应急预案的真实性和实用性负责,各分管负责人应当按照职责分工落实应急预案规定的职责。地方各级人民政府应急管理部门和其他负有安全生产监督管理职责的部门应当根据法律、法规、规章和同级人民政府以及上一级人民政府应急管理部门和其他负有安全生产监督管理职责的部门的应急预案,结合工作实际,组织编制相应的部门应急预案。

1. 事故风险辨识、评估和应急资源调查

编制应急预案前,编制单位应当进行事故风险辨识、评估和应急资源调查。事故风险辨识、评估是指针对不同事故种类及特点,识别存在的危险危害因素,分析事故可能产生

的直接后果以及次生、衍生后果,评估各种后果的危害程度和影响范围,提出防范和控制事故风险措施的过程。应急资源调查是指全面调查本地区、本单位第一时间可以调用的应急资源状况和合作区域内可以请求援助的应急资源状况,并结合事故风险辨识评估结论制定应急措施的过程。

2. 应急预案编制基本要求

应急预案的编制应当符合下列基本要求:
(1) 有关法律、法规、规章和标准的规定;
(2) 本地区、本部门、本单位的安全生产实际情况;
(3) 本地区、本部门、本单位的危险性分析情况;
(4) 应急组织和人员的职责分工明确,并有具体的落实措施;
(5) 有明确、具体的应急程序和处置措施,并与其应急能力相适应;
(6) 有明确的应急保障措施,满足本地区、本部门、本单位的应急工作需要;
(7) 应急预案基本要素齐全、完整,应急预案附件提供的信息准确;
(8) 应急预案内容与相关应急预案相互衔接。

(三) 应急预案的实施

生产经营单位发生事故时,应当第一时间启动应急响应,组织有关力量进行救援,并按照规定将事故信息及应急响应启动情况报告事故发生地县级以上人民政府应急管理部门和其他负有安全生产监督管理职责的部门。事故发生地有关地方人民政府、安全生产监督管理部门和负有安全生产监督管理职责的有关部门接到事故报告后,其负责人应当立即赶赴事故现场,组织事故救援。生产安全事故应急处置和应急救援结束后,事故发生单位应当对应急预案实施情况进行总结评估。

(四) 应急预案的管理

根据《生产安全事故应急预案管理办法》,应急管理部负责全国应急预案的综合协调管理工作。国务院其他负有安全生产监督管理职责的部门在各自职责范围内,负责相关行业、领域应急预案的管理工作。县级以上地方各级人民政府应急管理部门负责本行政区域内应急预案的综合协调管理工作。县级以上地方各级人民政府其他负有安全生产监督管理职责的部门按照各自的职责负责有关行业、领域应急预案的管理工作。

(五) 应急预案的演练

《生产安全事故应急预案管理办法》第三十二条规定:"各级人民政府应急管理部门应当至少每两年组织一次应急预案演练,提高本部门、本地区生产安全事故应急处置能力。"

根据规定,生产经营单位应当制定本单位的应急预案演练计划,根据本单位的事故风险特点,每年至少组织一次综合应急预案演练或者专项应急预案演练,每半年至少组织一次现场处置方案演练。易燃易爆物品、危险化学品等危险物品的生产、经营、储存、运输单位,矿山、金属冶炼、城市轨道交通运营、建筑施工单位,以及宾馆、商场、娱乐场所、旅游景区等人员密集场所经营单位,应当至少每半年组织一次生产安全事故应急预案演练,并将演练情况报送所在地县级以上地方人民政府负有安全生产监督管理职责的部门。

县级以上地方人民政府负有安全生产监督管理职责的部门应当对本行政区域内前款规定的重点生产经营单位的生产安全事故应急救援预案演练进行抽查;发现演练不符合要求

的，应当责令限期改正。

应急预案演练结束后，应急预案演练组织单位应当对应急预案演练效果进行评估，撰写应急预案演练评估报告，分析存在的问题，并对应急预案提出修订意见。

（六）应急预案的修订

根据《生产安全事故应急预案管理办法》第三十七条规定："应急预案修订涉及组织指挥体系与职责、应急处置程序、主要处置措施、应急响应分级等内容变更的，应当参照规定的应急预案编制程序进行，并按照有关应急预案报备程序重新备案。"

有下列情形之一的，应急预案应当及时修订并归档：

（1）依据的法律、法规、规章、标准及上位预案中的有关规定发生重大变化的；
（2）应急指挥机构及其职责发生调整的；
（3）安全生产面临的风险发生重大变化的；
（4）重要应急资源发生重大变化的；
（5）在应急演练和事故应急救援中发现需要修订预案的重大问题的；
（6）编制单位认为应当修订的其他情况。

小试牛刀

1. 根据《生产安全事故报告和调查处理条例》，下列关于生产安全事故等级的说法正确的是（　　）。
   A. 造成15人死亡的事故是特别重大事故
   B. 造成5人死亡的事故是一般事故
   C. 造成3 000万直接经济损失的事故是较大事故
   D. 造成45人重伤的事故是重大事故

2. 根据《生产安全事故报告和调查处理条例》，事故发生后，下列说法正确的是（　　）。
   A. 单位负责人接到报告后，应当于2小时内向有关部门报告
   B. 单位负责人应当向单位所在地的有关部门报告
   C. 事故现场有关人员应当立即向本单位负责人报告
   D. 情况紧急时，事故现场有关人员应当立即向事故发生地的有关部门报告

3. 根据《生产安全事故报告和调查处理条例》，关于事故处理的说法，下列正确的是（　　）。
   A. 特别重大事故的批复时间可以延长，但延长时间最长不超过30日
   B. 重大事故的事故调查报告由国务院批复
   C. 较大事故的批复时间为30日
   D. 事故发生单位不得依照批复对本单位负有事故责任的人员进行处理

《安全生产许可证》为何如此重要？

基本案情

某工程施工企业在申请安全生产许可证时，主管机关要求其提供申请文件，但是该企

业只提交了除塔式起重机检测记录之外的文件资料,因为主管机关负责人与该企业安全生产负责人是熟人,同意其先办证后补齐所缺文件材料。之后,主管部门和该企业也没提及此事。两年半之后,该工程完工,该企业将安全生产许可证以每月 1 万元租金的价格,借给正在申请许可证但是着急开工的甲工程施工企业,说好只用 1 个月应急。结果甲企业的安全生产许可证未被核准,于是,一直使用借来的安全生产许可证长达 1 年。当甲企业的工程进展到 10 m 高以上时,因合同没有规定由谁提供脚手架,作业时上人上料有困难,建设单位制作了井字架,施工中除用井字架上料外,工人也利用井字架爬上爬下,以后逐渐出现用吊篮上下人的情况,现场安全管理人员要求工人一定要注意安全。但是在一天早晨,开完工前会,7 点左右有 5 名工人进入吊篮上窑(窑体已近封顶,约 12 m 高),当第二次又上 5 名工人提升到距地面约 11 m 时,因井字架南侧滑道在 12 m 处接头不齐,向内凸出 15 mm,致使卷扬机钢丝绳受力猛增,过载而断开,5 名工人随吊篮坠落造成事故。事故发生后,该企业立即用汽车将受伤的 5 人送市二院抢救治疗。工人石某终因抢救无效而死亡,其余 3 人重伤,1 人轻伤住院治疗。

该案例中安全生产许可证申请存在哪些问题?

安全生产许可证申请存在的问题:申请材料不全;机械设备、施工机具及配件未按照有关安全生产法律、法规、标准和规程的要求;未设置按照国家有关规定配备专职安全生产管理人员。

安全生产许可证的有效期是多长时间?安全生产许可证是否可以延期?本案例安全生产许可证是否可以延期?

安全生产许可证的有效期为 3 年。安全生产许可证有效期满需要延期的,企业应当于期满前 3 个月向原安全生产许可证颁发管理机关申请办理延期手续。企业在安全生产许可证有效期内,严格遵守有关安全生产的法律、法规,未发生死亡事故的,安全生产许可证有效期届满时,经原安全生产许可证颁发管理机关同意,不再审查,安全生产许可证有效期延期 3 年。在本案例中,不可以申请延期,因为某工程施工企业没有遵守安全生产许可证的管理规定非法外借。

安全生产许可证是否可以转让?该如何处理?

不可以转让,转让安全生产许可证应承担法律责任。法律、法规明确规定,建筑施工企业转让安全生产许可证的,没收违法所得,处 10 万元以上 50 万元以下的罚款,并吊销安全生产许可证;构成犯罪的,依法追究刑事责任;接受转让的,责令其在建项目停止施工,没收违法所得,并处 10 万以上 50 万以下的罚款;造成重大安全事故或者其他严重后果,构成犯罪的,依法追究刑事责任。

你知道了吗?

什么是劳动保护?

答:劳动保护是指根据国家法律、法规,依靠技术进步和科学管理,采取组织措施和技术措施,消除危及人身安全健康的不良条件和行为,防止事故和职业病,保护劳动者在劳动过程中的安全与健康。

考场练兵

一、单项选择题

1. 根据《建筑法》，关于建筑安全生产管理的说法，下列正确的是（　　）。
   A. 需要进行爆破作业的，施工单位应按有关规定办理申请批准手续
   B. 企业必须为从事危险作业的职工办理意外伤害保险
   C. 施工作业人员有权获得安全生产所需的防护用品
   D. 施工现场安全由现场项目经理负责

2. 依据《安全生产法》的规定，生产经营单位的从业人员有权了解其作业场所和工作岗位存在的危险因素、防范措施及（　　）。
   A. 劳动用工情况
   B. 安全技术措施
   C. 安全投入资金情况
   D. 事故应急措施

3. 依据《中华人民共和国安全生产法》的规定，从业人员发现直接危及人身安全的紧急情况时，可以（　　）后撤离现场。
   A. 经安全管理人员同意
   B. 采取可能的应急措施
   C. 经现场负责人同意
   D. 经单位负责人批准

4. 根据《安全生产法》，从业人员安全生产权利与义务包括（　　）。
   A. 发现直接危及人身安全的紧急情况时，从业人员有权立即撤离作业现场
   B. 从业人员有权拒绝接受生产经营单位提供的安全生产教育培训
   C. 从业人员发现事故隐患，立即报告现场安全管理人员或者本单位负责人
   D. 从业人员受到事故伤害获得工伤保险后，不再享有获得民事赔偿的权利

5. 根据《生产安全事故报告和调查处理条例》，属于重大事故的是（　　）的事故。
   A. 造成3人死亡，直接经济损失3 000万元
   B. 造成5人死亡，直接经济损失1 000万元
   C. 造成30人重伤，直接经济损失3 000万元
   D. 造成10人重伤，直接经济损失5 000万元

6. 根据《生产安全事故报告和调查处理条例》，单位负责人接到事故报告后，应当于（　　）小时内向事故发生地县级以上人民政府安全生产监督管理部门和负有安全生产监督管理职责的有关部门报告。
   A. 1　　　　B. 2　　　　C. 8　　　　D. 24

7. 根据《生产安全事故报告和调查处理条例》，除特殊情况外，安全事故调查组应当自事故发生之日起（　　）日内提交事故调查报告。
   A. 60　　　　B. 45　　　　C. 30　　　　D. 15

二、多项选择题

1. 根据《中华人民共和国安全生产法》，关于生产经营单位主要负责人职责的说法，下列正确的有（　　）。
   A. 组织制定本单位安全生产规章制度和操作规程
   B. 督促、检查本单位的安全生产工作，及时消除生产安全事故隐患

C. 督促落实本单位重大危险源的安全管理措施

D. 及时、如实报告生产安全事故

E. 检查本单位的安全生产状况，及时排查生产安全事故隐患，提出改进安全生产管理的建议

2. 根据《建设工程安全生产管理条例》，施工单位应满足现场卫生、环境与消防安全管理方面的要求，包括（　　）。

A. 将现场办公、生活与作业区分开设置，保持安全距离

B. 做好施工现场人员调查

C. 提供的职工膳食、饮水、休息场所符合卫生标准

D. 不得在尚未竣工的建筑物内设置员工集体宿舍

E. 设置消防通道、消防水源，配备消防设施和灭火器材

3. 根据《建设工程安全生产管理条例》，属于施工单位安全责任的有（　　）。

A. 拆除工程施工前，向有关部门报送拆除施工组织方案

B. 列入工程概算的安全作业环境所需费用不得挪作他用

C. 对承担的建设工程进行定期和专项安全检查并做好安全检查记录

D. 为施工现场从事危险作业的人员办理意外伤害保险

E. 向作业人员提供安全防护用具和安全防护服装

4. 根据《生产安全事故报告和调查处理条例》，事故报告的内容包括（　　）。

A. 事故责任初步认定　　　　　　B. 事故发生单位概况

C. 事故发生简要经过　　　　　　D. 事故发生时间

E. 事故处理建议

学习笔记

重难点归纳

模块七

建设工程质量管理法律制度

知识目标

1. 掌握工程建设标准的类别。
2. 掌握各建设行为主体的质量责任和义务。
3. 掌握建设工程质量保修制度。
4. 熟悉建设工程质量竣工验收制度。
5. 了解政府部门质量监督责任和义务。

能力目标

1. 能区分国家标准、行业标准等各类标准的区别。
2. 能判断建设行为主体各方的行为是否合法。
3. 能判断建设工程项目是否具备竣工验收的条件。

素养目标

1. 树立工程建设活动法治意识。
2. 提升科学施工、精益求精、吃苦耐劳的职业精神和敬业、廉洁的责任意识。
3. 增强互助互利和团队协作精神。
4. 善于交流,加强沟通能力。

案例引入

某单位办公住宅综合楼工程,总建筑面积为 2 万 m^2,地下 1 层,地上 10 层,工期为 1 年。某建筑工程有限责任公司(以下简称施工单位)中标承包了该单位(以下简称建设单位)的办公住宅综合楼工程施工项目,双方签订了建设工程施工合同,该工程封顶时,建设单位发现该办公住宅综合楼的顶层防水工程做得不到位,认为是施工单位使用的防水卷材不符合标准,要求施工单位采取措施,对该顶层防水工程重新施工。施工单位则认为,防水卷材符合标准,不同意重新施工或者采取其他措施。双方协商未果,建设单位将施工单位起诉至法院，要求施工单位对顶层防水工程重新施工或采取其他措施，并赔偿建设单位的相应损失。

根据当事人的请求，受诉法院委托某建筑工程质量检测中心对顶层防水卷材进行检测，检测结果表明：本工程使用的"弹性体改性沥青防水卷材"，不符合国家标准《弹性体改性沥青防水卷材》（GB 18242—2008）的要求。但是，施工单位则认为，施工合同中并未约定使用此强制性国家标准，不同意重新施工或者采取其他措施。本案中建设单位的诉讼请求能否得到支持。

课前思考

1. 为什么要实行建设工程质量标准化制度？
2. 为什么要实行工程质量责任终身制？

拓展阅读：建设工程质量纠纷法律适用要点分析

单元一　建设工程质量标准化制度

工程质量管理标准化可为工程质量管理水平的提升提供支持，也可为工程质量管理工作的切实落实提供支持；同时，建设工程质量管理标准化还能够助力建筑行业转型升级发展进程的加速，作用性明显。另外，建设工程质量标准化管理是建筑安全生产工作的发展和升华，是现代化施工的一个重要标志，在确保工程质量安全、节约与合理利用资源、促进经济社会发展等方面具有重要作用。

《国务院办公厅转发住房城乡建设部关于完善质量保障体系提升建筑工程品质指导意见的通知》（国办函〔2019〕92号）要求，突出建设单位首要责任，落实施工单位主体责任，明确房屋使用安全主体责任，履行政府的工程质量监管责任。

《国家发展改革委关于加强基础设施建设项目管理 确保工程安全质量的通知》（发改投资规〔2021〕910号）规定，加强项目审核把关，严格执行项目管理制度和程序，加强项目实施事中事后监管，强化工程安全质量问题惩戒问责。

2017年11月经修改后公布的《中华人民共和国标准化法》（以下简称《标准化法》）规定，所称标准（含标准样品），是指农业、工业、服务业以及社会事业等领域需要统一的技术要求。

2021年10月，中共中央、国务院印发的《国家标准化发展纲要》规定，加强标准制定和实施的监督。健全覆盖政府颁布标准制定实施全过程的追溯、监督和纠错机制，实现标准研制、实施和信息反馈闭环管理，开展标准质量和标准实施第三方评估，加强标准复审和维护更新。

一、工程建设标准的分类

《标准化法》规定，标准包括国家标准、行业标准、地方标准、团体标准、企业标准。国家标准又划分为强制性标准（GB）和推荐性标准（GB/T），如图7-1所示。

行业标准、地方标准都属于推荐性标准。团体标准、企业标准是自愿约定执行的标准，强制性标准必须执行（最低标准）。推荐性国家标准、行业标准、地方标准、团体标准、企业标准的技术要求不得低于强制性国家标准的相关技术要求。国家鼓励采用推荐性标准。

法律、行政法规和国务院决定对强制性标准的制定另有规定的，从其规定。

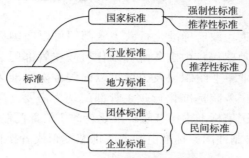

图 7-1　工程建设标准分类

（一）工程建设国家标准

工程建设国家标准分为强制性标准和推荐性标准。

1. 工程建设国家标准的范围和类型

《标准化法》规定，对保障人身健康和生命财产安全、国家安全、生态环境安全以及满足经济社会管理基本需要的技术要求，应当制定强制性国家标准。对满足基础通用、与强制性国家标准配套、对各有关行业起引领作用等需要的技术要求，可以制定推荐性国家标准。

2020年1月，国家市场监督管理总局发布的《强制性国家标准管理办法》规定："强制性国家标准的技术要求应当全部强制，并且可验证、可操作。"

（1）国家标准。1992年12月原建设部发布的《工程建设国家标准管理办法》规定，对需要在全国范围内统一的下列技术要求，应当制定国家标准：

①工程建设勘察、规划、设计、施工（包括安装）及验收等通用的质量要求；

②工程建设通用的有关安全、卫生和环境保护的技术要求；

③工程建设通用的术语、符号、代号、量与单位、建筑模数和制图方法；

④工程建设通用的试验、检验和评定等方法；

⑤工程建设通用的信息技术要求；

⑥国家需要控制的其他工程建设通用的技术要求。

法律另有规定的，依照法律的规定执行。

（2）强制性标准。下列标准属于强制性标准：

①工程建设勘察、规划、设计、施工（包括安装）及验收等通用的综合标准和重要的通用的质量标准；

②工程建设通用的有关安全、卫生和环境保护的标准；

③工程建设重要的通用的术语、符号、代号、量与单位、建筑模数和制图方法标准；

④工程建设重要的通用的试验、检验和评定方法等标准；

⑤工程建设重要的通用的信息技术标准；

⑥国家需要控制的其他工程建设通用的标准。

2. 工程建设国家标准的制定、批准发布和编号

《标准化法》规定，国务院有关行政主管部门依据职责负责强制性国家标准的项目提出、组织起草、征求意见和技术审查。国务院标准化行政主管部门负责强制性国家标准的立项、编号和对外通报。

省、自治区、直辖市人民政府标准化行政主管部门可以向国务院标准化行政主管部门提出强制性国家标准的立项建议，由国务院标准化行政主管部门会同国务院有关行政主管部门决定。社会团体、企业事业组织以及公民可以向国务院标准化行政主管部门提出强制性国家标准的立项建议，国务院标准化行政主管部门认为需要立项的，会同国务院有关行政主管部门决定。推荐性国家标准由国务院标准化行政主管部门制定。

《标准化法》规定，强制性国家标准由国务院批准发布或者授权批准发布。强制性标准文本应当免费向社会公开。

《工程建设国家标准管理办法》规定，工程建设国家标准的编号由国家标准代号、发布标准的顺序号和发布标准的年号组成。强制性国家标准的代号为"GB"，推荐性国家标准的代号为"GB/T"。例如：《建筑地基基础工程施工质量验收标准》（GB 50202—2018），其中GB表示为强制性国家标准，50202表示标准发布顺序号，2018表示是2018年批准发布；《建筑工程施工质量评价标准》（GB/T 50375—2016），其中GB/T表示为推荐性国家标准，50375表示标准发布顺序号，2016表示是2016年批准发布。

3. 强制性国家标准的复审、修订和废止

《强制性国家标准管理办法》规定，国务院标准化行政主管部门应当通过全国标准信息公共服务平台接收社会各方对强制性国家标准实施情况的意见建议，并及时反馈组织起草部门。组织起草部门应当根据反馈和评估情况，对强制性国家标准进行复审，提出继续有效、修订或者废止的结论，并送国务院标准化行政主管部门。复审周期一般不得超过5年。

复审结论为废止强制性国家标准的，由国务院标准化行政主管部门通过全国标准信息公共服务平台向社会公开征求意见，并以书面形式征求强制性国家标准的实施监督管理部门意见。公开征求意见一般不得少于30日。无重大分歧意见或者经协调一致的，由国务院标准化行政主管部门依据国务院授权以公告形式废止强制性国家标准。

（二）工程建设行业标准

《标准化法》第十二条规定："对没有推荐性国家标准、需要在全国某个行业范围内统一的技术要求，可以制定行业标准。行业标准由国务院有关行政主管部门制定，报国务院标准化行政主管部门备案。"

1. 工程建设行业标准的范围

根据《工程建设行业标准管理办法》规定，对没有国家标准而需要在全国某个行业范围内统一的下列技术要求，可以制定行业标准：

（1）工程建设勘察、规划、设计、施工（包括安装）及验收等行业专用的质量要求；

（2）工程建设行业专用的有关安全、卫生和环境保护的技术要求；

（3）工程建设行业专用的术语、符号、代号、量与单位和制图方法；

（4）工程建设行业专用的试验、检验和评定等方法；

（5）工程建设行业专用的信息技术要求；

（6）其他工程建设行业专用的技术要求。

行业标准不得与国家标准相抵触。行业标准的某些规定与国家标准不一致时，必须有充分的科学依据和理由，并经国家标准的审批部门批准。行业标准在相应的国家标准实施后，应当及时修订或废止。

2. 工程建设行业标准的制定、修订程序与复审

工程建设行业标准的制定、修订程序，也可以按准备、征求意见、送审和报批四个阶段进行。工程建设行业标准实施后，根据科学技术的发展和工程建设的实际需要，该标准的批准部门应当适时进行复审，确认其继续有效或予以修订、废止。一般是5年复审1次。

（三）工程建设地方标准

地方标准由省、自治区、直辖市人民政府标准化行政主管部门制定；设区的市级人民政府标准化行政主管部门根据本行政区域的特殊需要，经所在地省、自治区、直辖市人民政府标准化行政主管部门批准，可以制定本行政区域的地方标准。

（四）工程建设团体标准

《标准化法》规定，国家鼓励学会、协会、商会、联合会、产业技术联盟等社会团体协调相关市场主体共同制定满足市场和创新需要的团体标准，由本团体成员约定采用或者按照本团体的规定供社会自愿采用。

团体标准是依法成立的社会团体为满足市场和创新需要，协调相关市场主体共同制定的标准。制定团体标准的一般程序包括提案、立项、起草、征求意见、技术审查、批准、编号、发布、复审。

（五）工程建设企业标准

《标准化法》规定，企业可以根据需要自行制定企业标准，或者与其他企业联合制定企业标准。国家鼓励社会团体、企业制定高于推荐性标准相关技术要求的团体标准、企业标准。

国家实行团体标准、企业标准自我声明公开和监督制度。企业应当公开其执行的强制性标准、推荐性标准、团体标准或者企业标准的编号和名称；企业执行自行制定的企业标准的，还应当公开产品、服务的功能指标和产品的性能指标。国家鼓励团体标准、企业标准通过标准信息公共服务平台向社会公开。

《国家标准化发展纲要》规定，有效实施企业标准自我声明公开和监督制度，将企业产品和服务符合标准情况纳入社会信用体系建设。建立标准实施举报、投诉机制，鼓励社会公众对标准实施情况进行监督。

二、工程建设标准的实施

《标准化法》规定，强制性标准必须执行。2019年4月，经修改后公布的《建筑法》规定，建筑活动应当确保建筑工程质量和安全，符合国家的建设工程安全标准。

（一）工程建设各方主体实施强制性标准的法律规定

《建筑法》规定，建设单位不得以任何理由，要求建筑设计单位或者建筑施工企业在工程设计或者施工作业中，违反法律、行政法规和建筑工程质量、安全标准，降低工程质量。

建筑工程设计应当符合按照国家规定制定的建筑安全规程和技术规范，保证工程的安全性能。勘察、设计文件应当符合有关法律、行政法规的规定和建筑工程质量、安全标准、建筑工程勘察、设计技术规范以及合同的约定。设计文件选用的建筑材料、建筑构配件和设备，应当注明其规格、型号、性能等技术指标，其质量要求必须符合国家规定的标准。

建筑工程监理应当依照法律、行政法规及有关的技术标准、设计文件和建筑工程承包合同，对承包单位在施工质量、建设工期和建设资金使用等方面，代表建设单位实施监督。工程监理人员认为工程施工不符合工程设计要求、施工技术标准和合同约定的，有权要求建筑施工企业改正。工程监理人员发现工程设计不符合建筑工程质量标准或者合同约定的质量要求的，应当报告建设单位要求设计单位改正。

2019年4月，国务院经修改后公布的《建设工程质量管理条例》进一步规定，建设单位不得明示或者暗示设计单位或者施工单位违反工程建设强制性标准，降低建设工程质量。建筑设计单位和建筑施工企业对建设单位违反规定提出的降低工程质量的要求，应当予以拒绝。勘察、设计单位必须按照工程建设强制性标准进行勘察、设计，并对其勘察、设计的质量负责。

施工单位必须按照工程设计图纸和施工技术标准施工，不得擅自修改工程设计，不得偷工减料。施工单位必须按照工程设计要求、施工技术标准和合同约定，对建筑材料、建筑构配件、设备和商品混凝土进行检验，检验应当有书面记录和专人签字；未经检验或者检验不合格的，不得使用。

（二）工程建设强制性标准的实施管理

《强制性国家标准管理办法》第三十九条规定："强制性国家标准发布后实施前，企业可以选择执行原强制性国家标准或者新强制性国家标准。新强制性国家标准实施后，原强制性国家标准同时废止。"

2021年3月，住房和城乡建设部经修改后发布的《实施工程建设强制性标准监督规定》规定，在中华人民共和国境内从事新建、扩建、改建等工程建设活动，必须执行工程建设强制性标准。

建设工程勘察、设计文件中规定采用的新技术、新材料，可能影响建设工程质量和安全，又没有国家技术标准的，应当由国家认可的检测机构进行试验、论证，出具检测报告，并经国务院有关主管部门或者省、自治区、直辖市人民政府有关主管部门组织的建设工程技术专家委员会审定后，方可使用。

1. 监督管理机构及分工

国务院住房城乡建设主管部门负责全国实施工程建设强制性标准的监督管理工作。国务院有关主管部门按照国务院的职能分工负责实施工程建设强制性标准的监督管理工作。县级以上地方人民政府住房城乡建设主管部门负责本行政区域内实施工程建设强制性标准的监督管理工作。

建设项目规划审查机构应当对工程建设规划阶段执行强制性标准的情况实施监督；施工图设计文件审查单位应当对工程建设勘察、设计阶段执行强制性标准的情况实施监督；建筑安全监督管理机构应当对工程建设施工阶段执行施工安全强制性标准的情况实施监督；

工程质量监督机构应当对工程建设施工、监理、验收等阶段执行强制性标准的情况实施监督。

建设项目规划审查机关、施工设计图设计文件审查单位、建筑安全监督管理机构、工程质量监督机构的技术人员必须熟悉、掌握工程建设强制性标准。

2. 监督检查的内容和方式

强制性标准监督检查的内容如下：

（1）有关工程技术人员是否熟悉掌握强制性标准；

（2）工程项目的规划、勘察、设计、施工、验收等是否符合强制性标准的规定；

（3）工程项目采用的材料、设备是否符合强制性标准的规定；

（4）工程项目的安全、质量是否符合强制性标准的规定；

（5）工程中采用的导则、指南、手册、计算机软件的内容是否符合强制性标准的规定。

工程建设标准批准部门应当定期对建设项目规划审查机关、施工图设计文件审查单位、建筑安全监督管理机构、工程质量监督机构实施强制性标准的监督进行检查，对监督不力的单位和个人，给予通报批评，建议有关部门处理。

工程建设标准批准部门应当对工程项目执行强制性标准情况进行监督检查。监督检查可以采取重点检查、抽查和专项检查的方式。

工程建设标准批准部门应当将强制性标准监督检查结果在一定范围内公告。

小试牛刀

1. 关于团体标准的说法，下列正确的是（　　）。
   A. 国家鼓励社会团体制定高于推荐性标准相关技术要求的团体标准
   B. 在关键共性技术领域应当利用自主创新技术制定团体标准
   C. 制定团体标准的一般程序包括准备、征求意见、送审和报批四个阶段
   D. 团体标准对本团体成员强制适用
2. 关于工程建设企业标准实施的说法，下列正确的是（　　）。
   A. 企业可以不公开其执行的企业标准的编号和名称
   B. 企业执行自行制定的企业标准的，其产品的功能指标和性能指标不必公开
   C. 国家实行企业标准自我声明公开和监督制度
   D. 企业标准应当通过标准信息公共服务平台向社会公开
3. 关于工程建设强制性标准实施的说法，下列正确的是（　　）。
   A. 工程建设标准批准部门应当将强制性标准监督检查结果在一定范围内公告
   B. 强制性国家标准发布后实施前，企业应当继续执行原强制性国家标准
   C. 建设工程设计文件中可能影响建设工程质量和安全且无国家技术标准的新材料，一律不得使用
   D. 新建、扩建等工程建设活动，必须执行工程建设强制性标准，改建可不执行
4. 关于工程建设国家标准、行业标准说法，下列正确的是（　　）。
   A. 行业标准可以分为强制性标准和推荐性标准
   B. 强制性国家标准由国务院有关行政主管部门对外通报

C. 推荐性国家标准由国务院标准化行政主管部门制定
D. 行业标准由国务院有关行政主管部门制定
E. 没有强制性国家标准，可制定行业标准

5. 关于工程建设国家标准的制定，国务院标准化行政主管部门负责工程建设强制性国家标准的（　　）。
   A. 项目提出　　　B. 组织起草　　　C. 立项　　　D. 编号和对外通报
   E. 征求意见

6. 关于工程建设标准的说法，下列正确的是（　　）。
   A. 强制性国家标准由国务院批准发布或者授权批准发布
   B. 行业标准可以是强制性标准
   C. 国家标准公布后，原有的行业标准继续实施
   D. 国务院标准化行政主管部门应当自发布之日起30日内在全国标准信息公共服务平台上免费公开强制性国家标准文本
   E. 强制性标准文本应当免费向社会公开

单元二　施工单位的质量责任和义务

施工单位是工程建设的重要责任主体之一。由于施工阶段影响质量稳定的因素和涉及的责任主体均较多，协调管理的难度较大，施工阶段的质量责任制度尤为重要。

住房和城乡建设部《建筑工程五方责任主体项目负责人质量终身责任追究暂行办法》（建质〔2014〕124号）规定，建筑工程开工建设前，建设、勘察、设计、施工、监理单位法定代表人应当签署授权书，明确本单位项目负责人。建筑工程五方责任主体项目负责人质量终身责任，是指参与新建、扩建、改建的建筑工程项目负责人按照国家法律、法规和有关规定，在工程设计使用年限内对工程质量承担相应责任。工程质量终身责任实行书面承诺和竣工后永久性标牌等制度。

施工单位依法应当承担的责任和义务如下：

一、依法承揽工程的责任

施工单位应当依法取得相应的资质证书，并在其资质等级许可的范围内承揽工程。禁止施工单位超越本单位资质许可的业务范围或以其他施工单位的名义承揽工程。施工单位不得转包或者违法分包工程。若施工单位超越本单位资质等级或出借本单位资质承揽工程的，责令停止违法行为，并处以工程合同价款2%以上4%以下的罚款，可以责令停业整顿，降低资质等级；情节严重的，吊销资质证书；有违法所得的，予以没收。

二、建立质量保证体系的责任

施工单位对建设工程的质量负责，因此，应当建立健全质量责任制，实行责任到人，确定工程项目的项目经理、技术负责人、质量负责人和施工管理负责人等。实行总承包的

工程项目，总承包单位应当对整体建设工程质量负责。无论是实行建设工程总承包还是对建设工程勘察、设计、施工、设备采购的一项或者多项实行总承包，总承包单位都应当对其所承包的工程或工作承担总体的质量责任。

三、分包单位保证工程质量的责任

总承包单位依法将建设工程分包的，分包单位应当按照分包合同的约定对工程质量向总承包单位负责，但是总承包单位负有连带责任。若承包单位将建设工程转包或者分包，没收非法所得，对施工单位处以工程合同价款0.5%以上1%以下的罚款；情节严重的，可责令停业整顿，降低资质等级或吊销资质证书。

四、按图施工的责任

《建设工程质量管理条例》中规定，施工单位必须按照工程设计图纸和施工技术标准施工，不得擅自修改工程设计，不得偷工减料。施工单位在施工过程中发现设计文件和图纸有差错的，应当及时提出意见和建议。若施工单位在施工中偷工减料，使用不合格的建筑材料、建筑构配件和设备，或者不按照工程设计图纸、施工技术标准施工，责令整改，处工程合同价款2%以上4%以下的罚款，造成工程质量不符合规定质量标准的，负责返工、修理，并赔偿因此造成的损失；情节严重的，责令停业整顿，降低资质等级或吊销资质证书。

五、对建筑材料、建筑构配件和设备进行检验的责任

施工单位必须按照工程设计要求、施工技术标准和合同约定，对建筑材料、建筑构配件、设备和商品混凝土进行检验，检验结果应当有书面记录和专业人员签字；未经检验或检验不合格的材料，不得使用。

六、见证取样的责任

《建设工程质量管理条例》第三十一条规定："施工人员对涉及结构安全的试块、试件以及有关材料，应当在建设单位或者工程监理单位监督下现场取样，并送具有相应资质等级的质量检测单位进行检测。"

（一）检测机构的责任

检测机构是具有独立法人资格的中介机构，检测机构从事规定的质量检测业务，应当依法取得相应的资质证书。

质量检测业务由工程项目建设单位委托具有相应资质的检测机构进行检测。

质量检测试样的取样应当严格执行有关工程建设标准和国家有关规定，在建设单位或者工程监理单位监督下现场取样，提供质量检测试样的单位和个人，应当对试样的真实性负责。

检测机构不得与行政机关，法律、法规授权的具有管理公共事务职能的组织以及所检测工程项目相关的设计单位、施工单位、监理单位有隶属关系或者其他利害关系。

检测机构应当将检测过程中发现的建设单位、监理单位、施工单位违反有关法律、法

规和工程项目相关的设计单位、施工单位、监理单位有隶属关系或者其他利害关系。

（二）对施工质量进行检验的责任

《建设工程质量管理条例》第三十条规定，"施工单位必须建立、健全施工质量的检验制度，严格工序管理，做好隐蔽工程的质量检查和记录。隐蔽工程在隐蔽前，施工单位应当通知建设单位和建设工程质量监督机构。"

《民法典》第七百九十八条规定："隐蔽工程在隐蔽以前，承包人应当通知发包人检查。发包人没有及时检查的，承包人可以顺延工程日期，并有权请求赔偿停工、窝工等损失。"

《建设工程施工合同（示范文本）》第17.1项进行了约定：工程具备隐蔽条件或达到专用条款约定的中间验收部位，承包人进行自检，并在隐蔽或中间验收前48小时以书面形式通知工程师验收。通知包括隐蔽和中间验收的内容、验收时间和地点。承包人准备验收记录，验收合格，工程师在验收记录上签字后，承包人可进行隐蔽和继续施工。验收不合格，承包人在工程师限定的时间内修改后重新验收。

在建设单位或者工程监理单位的监督下现场取样，并送具有相应资质等级的质量检测单位进行检测。

（三）保修的责任

施工单位对施工中出现质量问题的建设工程，或者竣工验收不合格的建设工程，在建设工程竣工验收合格前，应履行返修义务；建设工程竣工验收合格后，施工单位应对保修期内出现的质量问题履行保修义务。不履行保修义务或者拖延履行保修义务的，责令整改，处10万元以上20万元以下的罚款，并对在保修期内因质量缺陷造成的损失承担赔偿责任。

小试牛刀

1. 分包工程总承包发生质量问题时，关于总分包质量责任的说法，下列正确的是（   ）。
   A. 建设单位必须先向总承包单位请求赔偿，不足部分再向分包单位请求赔偿
   B. 建设单位应当在分包合同价款限额内向分包单位求偿
   C. 其他受害人可以向分包单位请求赔偿，也可以向总承包单位请求赔偿
   D. 其他受害人必须先向分包单位请求赔偿，不足部分再向总承包单位请求赔偿

2. 关于建设工程返修中法律责任的说法，下列正确的是（   ）。
   A. 因施工企业原因造成的质量问题，施工企业应当负责返修并承担费用
   B. 已发现的工程质量缺陷，由缺陷责任方修复
   C. 因设计原因导致的质量缺陷，施工方所需的修复费用应向设计方直接索赔
   D. 建设工程返修的质量问题仅指竣工验收时发现的质量问题

3. 在施工过程中施工技术人员发现设计图纸不符合技术标准，施工技术人员应（   ）。
   A. 继续按照工程图纸施工
   B. 按照技术标准修改图纸
   C. 按照标准图集施工
   D. 及时提出意见和建议
   E. 通过建设单位要求设计单位予以修改

单元三 其他建设相关单位的质量责任和义务

《建筑工程五方责任主体项目负责人质量终身责任追究暂行办法》明确规定："建筑工程五方责任主体项目负责人是指承担建筑工程项目建设的建设单位项目负责人、勘察单位项目负责人、设计单位项目负责人、施工单位项目经理、监理单位总监理工程师。"

住房和城乡建设部《关于落实建设单位工程质量首要责任的通知》（建质规〔2020〕9号）规定："建设单位是工程质量第一责任人，依法对工程质量承担全面责任。对因工程质量给工程所有权人、使用人或第三方造成的损失，建设单位依法承担赔偿责任，有其他责任人的，可以向其他责任人追偿。"

建设单位要科学、合理地确定工程建设工期和造价，严禁盲目赶工期、抢进度，不得迫使工程其他参建单位简化工序、降低质量标准。调整合同约定的勘察、设计周期和施工工期的，应相应调整相关费用。因极端恶劣天气等不可抗力及重污染天气、重大活动保障等原因停工的，应给予合理的工期补偿。因材料工程设备价格变化等原因，需要调整合同价款的，应按照合同约定给予调整。

建设合同应约定施工过程结算周期、工程进度款结算办法等内容。分部工程验收通过时原则上应同步完成工程款结算，不得以设计变更、工程洽商等理由变相拖延结算。

建设单位要健全工程项目质量管理体系，配备专职人员并明确其质量管理职责，不具备条件的可聘用专业机构或人员。加强对按照合同约定自行采购的建筑材料、构配件和设备等的质量管理，并承担相应的质量责任。

建设单位要在收到工程竣工报告后及时组织竣工验收，重大工程或技术复杂工程可邀请有关专家参加，未经验收合格不得交付使用。

一、建设单位质量责任和义务

《国家发展改革委关于加强基础设施建设项目管理确保工程安全质量的通知》（发改投资规〔2021〕910号）规定："落实项目法人责任制，项目单位和法定代表人对项目建设的安全质量负总责。"

（一）依法发包工程

《建设工程质量管理条例》第七条规定："建设单位应当将工程发包给具有相应资质等级的单位。建设单位不得将建设工程肢解发包。"《建设工程质量管理条例》第八条规定："建设单位应当依法对工程建设项目的勘察、设计、施工、监理以及与工程建设有关的重要设备、材料等的采购进行招标。"

《建筑工程五方责任主体项目负责人质量终身责任追究暂行办法》进一步规定："建设单位项目负责人对工程质量承担全面责任，不得违法发包、肢解发包，不得以任何理由要求勘察、设计、施工、监理单位违反法律法规和工程建设标准，降低工程质量，其违法违规或不当行为造成工程质量事故或质量问题应当承担责任。"

建设单位将工程发包给具有相应资质等级的单位来承担，是保证建设工程质量的基本前提。

（二）依法提供原始资料

《建设工程质量管理条例》第九条规定："建设单位必须向有关的勘察、设计、施工、工程监理等单位提供与建设工程有关的原始资料。原始资料必须真实、准确、齐全。"

原始资料是工程勘察、设计、施工、监理等单位赖以进行相关工程建设的基础性材料。建设单位作为建设活动的总负责方，向有关单位提供原始资料，以及施工地段地下管线现状资料，并保证这些资料的真实、准确、齐全，是其基本的质量责任和义务。

（三）限制不合理的干预行为

《中华人民共和国建筑法》第五十四条规定："建设单位不得以任何理由，要求建筑设计单位或者建筑施工企业在工程设计或者施工作业中，违反法律、行政法规和建筑工程质量、安全标准，降低工程质量。"

2019年4月公布的《政府投资条例》（中华人民共和国国务院令第712号）规定："政府投资项目应当按照国家有关规定合并严格执行建设工期，任何单位和个人不得非法干预。"

《建设工程质量管理条例》第十条规定："建设工程发包单位，不得迫使承包方以低于成本的价格竞标，不得任意压缩合理工期。建设单位不得明示或者暗示设计单位或者施工单位违反工程建设强制性标准，降低建设工程质量。"

《建设工程勘察质量管理办法》第五条规定："建设单位应当为勘察工作提供必要的现场工作条件，保证合理的勘察工期，应当严格执行国家收费标准，不得迫使工程勘察企业以低于成本的价格承揽任务。"

（四）依法报审施工图设计文件

《建设工程勘察设计管理条例》第三十三条规定："施工图设计文件审查机构应当对房屋建筑工程、市政基础设施工程施工图设计文件中涉及公共利益、公众安全、工程建设强制性标准的内容进行审查。县级以上人民政府交通运输等有关部门应当按照职责对施工图设计文件中涉及公共利益、公众安全、工程建设强制性标准的内容进行审查。"

《建筑工程施工图设计文件审查暂行办法》第七条规定，施工图审查的主要内容如下：

(1) 建筑的稳定性、安全性审查，包括地基基础和主体结构体系是否安全、可靠；
(2) 是否符合消防、节能、环保、抗震、卫生、人防等有关强制性标准规范；
(3) 施工图是否能达到规定的深度要求；
(4) 是否损害公众利益。

《建筑工程施工图设计文件审查暂行办法》第十二条规定："凡应当审查而未经审查或者审查不合格的施工图项目，住房城乡建设主管部门不得发放施工许可证，施工图也不得交付施工。"《建筑工程施工图设计文件审查暂行办法》第十三条规定："施工图一经审查批准，不得擅自进行修改。如遇特殊情况需要进行涉及审查主要内容的修改时，必须重新报请原审批部门，由原审批部门委托审查机构审查后再批准实施。"

《建筑工程施工图设计文件审查暂行办法》第二十条规定："施工图审查工作所需经费，由施工图审查机构向建设单位收取。"《建筑工程施工图设计文件审查暂行办法》第二十一条规定："施工图审查机构和审查人员应当依据法律、法规和国家与地方的技术标准认真履行审查职责。施工图审查机构应当对审查的图纸质量负相应的审查责任，但不代替设计单位承担设计质量责任。施工图审查机构不得对本单位,或与本单位有直接经济利益关系的单位完成的施工图进行审查。"

(五)依法实行工程监理

《建设工程质量管理条例》第十二条规定:"实行监理的建设工程,建设单位应当委托具有相应资质等级的工程监理单位进行监理,也可以委托具有工程监理相应资质等级并与被监理工程的施工承包单位没有隶属关系或者其他利害关系的该工程的设计单位进行监理。

下列建设工程必须实行监理:

(1) 国家重点建设工程;
(2) 大中型公用事业工程;
(3) 成片开发建设的住宅小区工程;
(4) 利用外国政府或者国际组织贷款、援助资金的工程;
(5) 国家规定必须实行监理的其他工程。"

(六)依法办理工程质量监督手续

根据《建设工程质量管理条例》规定,国家实行建设工程质量监督管理制度。县级以上地方人民政府住房城乡建设主管部门对本行政区域内的建设工程质量实施监督管理。建设单位在领取施工许可证或者开工报告前,应当按照国家有关规定办理工程质量监督手续。

根据《建筑工程施工许可管理办法》规定,建设单位在领取施工许可证或者开工报告之前,应按照国家有关规定,到工程质量监督机构办理工程质量监督手续,工程质量监督管理机构收到上述文件和资料后,进行审查,符合规定的,办理工程质量监督注册手续,签发监督通知书。

建设单位不办理监督手续的,县级以上住房城乡建设主管部门和其他专业部门不得发放施工许可证,工程不得开工。

(七)依法保证建筑材料等符合要求

《建设工程质量管理条例》第十四条规定:"按照合同约定,由建设单位采购建筑材料、建筑构配件和设备的,建设单位应当保证建筑材料、建筑构配件和设备符合设计文件和合同要求。建设单位不得明示或者暗示施工单位使用不合格的建筑材料、建筑构配件和设备。"

在工程实践中,常由建设单位采购建筑材料、构配件和设备,在合同中应当明确约定采购责任,即谁采购、谁负责。对于建设单位负责供应的材料设备,在使用前施工单位应当按照规定对其进行检验和试验,如果不合格,不得在工程上使用,并应通知建设单位予以退换。

《建设工程施工合同(示范文本)》也对此做出了相关约定:

(1) 发包人按一览表约定的内容提供材料、设备,并向承包人提供产品合格证明,对其质量负责。发包人在所供材料设备到货前24小时,以书面形式通知承包人,由承包人派人与发包人共同清点。

(2) 发包人供应的材料、设备与一览表不符时,发包人承担有关责任。

(3) 发包人供应的材料、设备使用前,由承包人负责检验或试验,不合格的不得使用,检验或试验费用由发包人承担。

(八)依法进行装修工程

《建设工程质量管理条例》第十五条规定:"涉及建筑主体和承重结构变动的装修工程,建设单位应当在施工前委托原设计单位或者具有相应资质等级的设计单位提出设计方案;没有设计方案的,不得施工。房屋建筑使用者在装修过程中,不得擅自变动房屋建筑主体和承重结构。"

(九)依法组织竣工验收

《建设工程质量管理条例》第十六条规定:"建设单位收到建设工程竣工报告后,应当组织设计、施工、工程监理等有关单位进行竣工验收。"

(1)建设工程竣工验收应当具备下列条件:
①完成建设工程设计和合同约定的各项内容;
②有完整的技术档案和施工管理资料;
③有工程使用的主要建筑材料、建筑构配件和设备的进场试验报告;
④有勘察、设计、施工、工程监理等单位分别签署的质量合格文件;
⑤有施工单位签署的工程保修书。
建设工程经验收合格的,方可交付使用。"

(2)《建设工程质量管理条例》第五十八条规定:"建设单位有下列行为之一的,责令改正,处工程合同价款2%以上4%以下的罚款;造成损失的,依法承担赔偿责任:
①未组织竣工验收,擅自交付使用的;
②验收不合格,擅自交付使用的;
③对不合格的建设工程按照合格工程验收的。"

《最高人民法院关于审理建设工程施工合同纠纷案件适用法律问题的解释》规定,建设工程未经竣工验收,发包人擅自使用后,又以使用部分质量不符合约定为由主张权利的,人民法院不予支持;但是承包人应当在建设工程的合理使用寿命内对地基基础工程和主体结构质量承担民事责任。

(十)依法移交建设项目档案

《建设工程质量管理条例》第十七条规定:"建设单位应当严格按照国家有关档案管理的规定,及时收集、整理建设项目各环节的文件资料,建立、健全建设项目档案,并在建设工程竣工验收后,及时向住房城乡建设主管部门或者其他有关部门移交建设项目档案。"

(十一)建设单位质量违法行为应承担的法律责任

《建筑法》第七十二条规定:"建设单位违反本法规定,要求建筑设计单位或者建筑施工企业违反建筑工程质量、安全标准,降低工程质量的,责令改正、可以处以罚款;构成犯罪的,依法追究刑事责任。"

(1)《建设工程质量管理条例》第五十六条规定:"建设单位有下列行为之一的,责令改正,处20万元以上50万元以下的罚款:
①迫使承包方以低于成本的价格竞标的;
②任意压缩合理工期的;
③明示或者暗示设计单位或者施工单位违反工程建设强制性标准,降低工程质量的;
④施工图设计文件未经审查或者审查不合格,擅自施工的;

⑤建设项目必须实行工程监理而未实行工程监理的；
⑥未按照国家规定办理工程质量监督手续的；
⑦明示或者暗示施工单位使用不合格的建筑材料、建筑构配件和设备的；
⑧未按照国家规定将竣工验收报告、有关认可文件或者准许使用文件报送备案的。"

(2)《建筑工程五方责任主体项目负责人质量终身责任追究暂行办法》第十一条规定："发生本办法第六条所列情形之一的，对建设单位项目负责人按以下方式进行责任追究：

①项目负责人为国家公职人员的，将其违法违规行为告知其上级主管部门及纪检监察部门，并建议对项目负责人给予相应的行政、纪律处分；

②构成犯罪的，移送司法机关依法追究刑事责任；

③处单位罚款数额5%以上10%以下的罚款；

④向社会公布曝光。"

二、勘察、设计单位质量责任和义务

勘察、设计单位必须按照工程建设强制性标准进行勘察、设计，并对其勘察、设计的质量负责。注册建筑师、注册结构工程师等注册执业人员应当在设计文件上签字，对设计文件负责。

勘察单位提供的地质、测量、水文等勘察成果必须真实、准确。

根据《建设工程质量管理条例》规定，设计单位应当根据勘察成果文件进行建设工程设计。设计文件应当符合国家规定的设计深度要求，注明工程合理使用年限。设计单位在设计文件中选用的建筑材料、建筑构配件和设备，应当注明规格、型号、性能等技术指标，其质量要求必须符合国家规定的标准。除有特殊要求的建筑材料、专用设备、工艺生产线等外，设计单位不得指定生产厂、供应商。

设计单位应当就审查合格的施工图设计文件向施工单位作出详细说明。设计单位应当参与建设工程质量事故分析，并对因设计造成的质量事故，提出相应的技术处理方案。

（一）工作主体合法

根据《建设工程质量管理条例》《建设工程勘察设计管理条例》《建设工程勘察质量管理办法》的规定，从事建设工程勘察、设计的单位应当依法取得相应等级的资质证书，并在其资质等级许可的范围内承揽工程。

禁止勘察、设计单位超越其资质等级许可的范围或以其他勘察、设计单位的名义承揽工程。禁止勘察、设计单位允许其他单位或者个人以本单位的名义承揽工程。勘察、设计单位不得转包或者违法分包所承揽的工程。

《建设工程勘察质量管理办法》第十一条规定："工程勘察项目负责人、审核人、审定人及有关技术人员应当具有相应的技术职称或者注册资格。"

（二）工作内容合法

《建设工程勘察设计管理条例》第二十五条规定，编制建设工程勘察、设计文件，应当以下列规定为依据：

(1) 项目批准文件；
(2) 城乡规划；

(3) 工程建设强制性标准;

(4) 国家规定的建设工程勘察、设计深度要求。

应当以专业规划的要求为依据的工程为铁路、交通、水利等专业建设工程。《建设工程勘察设计管理条例》第二十六条规定:"编制建设工程勘察文件,应当真实、准确,满足建设工程规划、选址、设计、岩土治理和施工的需要。编制方案设计文件,应当满足编制初步设计文件和控制概算的需要。编制初步设计文件,应当满足编制施工招标文件、主要设备、材料订货和编制施工图设计文件的需要。编制施工图设计文件应当满足设备材料采购、非标准设备制作和施工的需要,并注明建设工程合理使用年限。"

《建设工程质量管理条例》第二十条规定:"勘察单位提供的地质、测量、水文等勘察成果必须真实、准确。"第二十一条规定:"设计单位应当根据勘察成果文件进行建设工程设计。设计文件应当符合国家规定的设计深度要求,注明工程合理使用年限。"

(三) 工作程序合法

《建设工程勘察设计管理条例》第二十二条规定:"建设工程勘察、设计的发包方与承包方,应当执行国家规定的建设工程勘察、设计程序。"

根据《建设工程勘察质量管理办法》对工程勘察工作的有关规定,工程勘察企业应当做到以下工作:

(1) 向用户提出保证工程勘察质量所必需的现场工作条件和合理工期的要求;

(2) 确保仪器、设备的完好,钻探、取样的机具设备、原位测试、室内试验及测量仪器等应当符合有关规范、规程的要求;

(3) 参与施工验槽,及时解决工程设计和施工中与勘察工作有关的问题;

(4) 项目负责人应当组织有关人员做好现场踏勘、调查,按照要求编写《勘察纲要》,并对勘察过程中各项作业资料验收和签字;

(5) 法定代表人、项目负责人、审核人、审定人在相关勘察文件上签字或者盖章;

(6) 及时整理、核对工作原始记录,确保取样、记录的真实和准确,严禁离开现场追记或者补记;

(7) 工程项目完成后,必须将全部资料分类编目,装订成册,归档保存。

(四) 承担质量责任

《建设工程勘察质量管理办法》第七条规定:"工程勘察企业应当健全勘察质量管理体系和质量责任制度,建立勘察现场工作质量责任可追溯制度。工程勘察企业将勘探、试验、测试等技术服务工作交由具备相应技术条件的其他单位承担的,工程勘察企业对相关勘探、试验、测试工作成果质量全面负责。"

(五) 解释勘察、设计文件

《建设工程勘察设计管理条例》第三十条规定:"建设工程勘察、设计单位应当在建设工程施工前,向施工单位和监理单位说明建设工程勘察、设计意图,解释建设工程勘察、设计文件。建设工程勘察、设计单位应当及时解决施工中出现的勘察、设计问题。"《建设工程质量管理条例》第二十三条规定:"设计单位应当就审查合格的施工图设计文件向施工单位作出详细说明。"

(六）参与质量事故分析

《建设工程质量管理条例》第二十四条规定："设计单位应当参与建设工程质量事故分析，并对因设计造成的质量事故，提出相应的技术处理方案。"

《建设工程勘察质量管理办法》第十条规定："工程勘察企业应当参与建设工程质量事故的分析，并对因勘察原因造成的质量事故，提出相应的技术处理方案。"

（七）选择材料设备

《建设工程质量管理条例》第二十二条、《建设工程勘察设计管理条例》第二十七条规定，设计单位在设计文件中选用的建筑材料、建筑构配件和设备，应当注明规格、型号、性能等技术指标，其质量要求必须符合国家规定的标准。除有特殊要求的建筑材料、专用设备、工艺生产线等外，设计单位不得指定生产厂、供应商。

（八）勘察、设计单位质量违法行为应承担的法律责任

《建筑法》规定，建筑设计单位不按照建筑工程质量、安全标准进行设计的责令改正，处以罚款；造成工程质量事故的，责令停业整顿，降低资质等级或者吊销资质证书，没收违法所得，并处罚款；造成损失的。承担赔偿责任；构成犯罪的，依法追究刑事责任。

（1）《建设工程质量管理条例》规定，有下列行为之一的，责令改正，处 10 万元以上 30 万元以下的罚款；造成工程质量事故的，责令停业整顿，降低资质等级；情节严重的，吊销资质证书；造成损失的，依法承担赔偿责任。

①勘察单位未按照工程建设强制性标准进行勘察的；
②设计单位未根据勘察成果文件进行工程设计的；
③设计单位指定建筑材料、建筑构配件的生产厂、供应商的；
④设计单位未按照工程建设强制性标准进行设计的。

（2）《建筑工程五方责任主体项目负责人质量终身责任追究暂行办法》第十二条规定，发生本办法第 6 条所列情形之一的，对勘察单位项目负责人、设计单位项目负责人按以下方式进行责任追究：

①项目负责人为注册建筑师、勘察设计注册工程师的，责令停止执业 1 年；造成重大质量事故的，吊销执业资格证书，5 年以内不予注册；情节特别恶劣的，终身不予注册；
②构成犯罪的，移送司法机关依法追究刑事责任；
③处单位罚款数额 5% 以上 10% 以下的罚款；
④向社会公布曝光。

三、监理单位责任和义务

工程监理单位接受建设单位的委托，代表建设单位，对建设工程进行管理。因此，工程监理单位也是建设工程质量的责任主体之一。

《关于加强基础设施建设项目管理确保工程安全质量的通知》规定，落实工程监理制，监理单位要认真履行监理职责，特别要加强对关键工序、重要部位和隐蔽工程的监督检查。

（一）依法承担工程监理业务

《建筑法》第三十四条规定工程监理单位应当在其资质等级许可的监理范围内，承担工

程监理业务。工程监理单位不得转让工程监理业务。

《建设工程质量管理条例》第三十四条进一步规定:"工程监理单位应当依法取得相应等级的资质证书,并在其资质等级许可的范围内承担工程监理业务。禁止工程监理单位超越本单位资质等级许可的范围或者以其他工程监理单位的名义承担工程监理业务。禁止工程监理单位允许其他单位或者个人以本单位的名义承担工程监理业务。工程监理单位不得转让工程监理业务。"

监理单位必须按照资质等级承担工程监理业务。越级监理、允许其他单位或者个人以本单位的名义承担监理业务等,都将使工程监理变得有名无实,最终将对工程质量造成危害。监理单位转让工程监理业务,与施工单位转包工程有着同样的危害性。

(二) 对有隶属关系或其他利害关系的回避

《建筑法》《建设工程质量管理条例》都规定,工程监理单位与被监理工程的施工承包单位以及建筑材料、建筑构配件和设备供应单位有隶属关系或者其他利害关系的,不得承担该项建设工程的监理业务。

由于工程监理单位与被监理工程的承包单位以及建筑材料、建筑构配件和设备供应单位之间是一种监督与被监督的关系,为了保证客观、公正执行监理任务,工程监理单位与上述单位不能有隶属关系或者其他利害关系。如果有这种关系,工程监理单位在接受监理委托前,应当自行回避;对于没有回避而被发现的,建设单位可以依法解除委托关系。

(三) 监理工作的依据和监理责任

《建设工程质量管理条例》第三十六条规定:"工程监理单位应当依照法律、法规以及有关技术标准、设计文件和建设工程承包合同,代表建设单位对施工质量实施监理,并对施工质量承担监理责任。"

《建筑工程五方责任主体项目负责人质量终身责任追究暂行办法》进一步规定:"监理单位总监理工程师应当按照法律法规、有关技术标准、设计文件和工程承包合同进行监理,对施工质量承担监理责任。"

1. 监理主要依据

(1) 法律、法规,如《民法典》《建筑法》《建设工程质量管理条例》等。

(2) 有关技术标准,如工程建设强制性标准以及建设工程承包合同中确认采用的推荐性标准等。

(3) 设计文件,施工图设计等设计文件既是施工的依据,也是监理单位对施工活动进行监督管理的依据。

(4) 建设工程承包合同,监理单位据此监督施工单位是否全面履行合同约定的义务。

2. 监理责任

监理单位对施工质量承担监理责任,包括违约责任和违法责任以下两个方面:

(1) 违约责任。如果监理单位不按照监理合同约定履行监理义务,给建设单位或其他单位造成损失的,应当承担相应的赔偿责任。

(2) 违法责任。如果监理单位违法监理,或者降低工程质量标准,造成质量事故的,要承担相应的法律责任。

（四）工程监理的职责和权限

《建设工程质量管理条例》第三十七条规定："工程监理单位应当选派具备相应资格的总监理工程师和监理工程师进驻施工现场。未经监理工程师签字，建筑材料、建筑构配件和设备不得在工程上使用或者安装，施工单位不得进行下一道工序的施工。未经总监理工程师签字，建设单位不拨付工程款，不进行竣工验收。"

监理单位应根据所承担的监理任务，组建驻工地监理机构。监理机构一般由总监理工程师、监理工程师和其他监理人员组成。工程监理实行总监理工程师负责制。总监理工程师依法在授权范围内可以发布有关指令，全面负责受委托的监理工程。监理工程师拥有对建筑材料、建筑构配件和设备以及每道施工工序的检查权，对检查不合格的，有权决定是否允许在工程上使用或进行下一道工序的施工。

（五）工程监理的形式

《建设工程质量管理条例》第三十八条规定："监理工程师应当按照工程监理规范的要求，采取旁站、巡视和平行检验等形式，对建设工程实施监理。"

旁站是指对工程中有关地基和结构安全的关键工序和关键施工过程，进行连续不断的监督检查或检验的监理活动，有时甚至要连续跟班监理；巡视主要是强调除了关键点的质量控制外，监理工程师还应对施工现场进行面上的巡查监理；平行检验主要是强调监理单位对施工单位已经检验的工程应及时进行检验。对于关键性、较大体量的工程实物，采取分段后平行检验的方式，有利于及时发现质量问题，及时采取措施予以纠正。

（六）工程监理单位质量违法行为应承担的法律责任

《建筑法》第六十九条规定："工程监理单位与建设单位或者建筑施工企业串通，弄虚作假、降低工程质量的，责令改正，处以罚款，降低资质等级或者吊销资质证书；有违法所得的，予以没收；造成损失的，承担连带赔偿责任；构成犯罪的，依法追究刑事责任。"

（1）《建设工程质量管理条例》规定：工程监理单位有下列行为之一的，责令改正，处50万元以上100万元以下的罚款，降低资质等级或者吊销资质证书；有违法所得的，予以没收；造成损失的，承担连带赔偿责任：

①与建设单位或者施工单位串通、弄虚作假、降低工程质量的；

②将不合格的建设工程、建筑材料、建筑构配件和设备按照合格签字的。

（2）《建筑工程五方责任主体项目负责人质量终身责任追究暂行办法》规定，发生本办法第六条所列情形之一的，对监理单位总监理工程师按以下方式进行责任追究：

①责令停止注册监理工程师执业1年；造成重大质量事故的，吊销执业资格证书，5年以内不予注册；情节特别恶劣的，终身不予注册；

②构成犯罪的，移送司法机关依法追究刑事责任；

③处单位罚款数额5%以上10%以下的罚款；

④向社会公布曝光。

四、政府部门质量监督责任和义务

为了确保工程质量，确保公共安全，《建设工程质量管理条例》规定，国家实行建设工程质量监督管理制度。

政府对工程质量的监督管理以保证工程使用安全和环境质量为主要目的,以法律、法规和强制性标准为依据,以地基基础、主体结构、环境质量和与此有关的工程建设各方主体的质量行为为主要内容,以施工许可制度和竣工验收备案制度为主要手段,以政府认可的第三方强制监督为主要方式。建设工程质量监督管理制度贯穿于建设活动的全过程。

(一) 建设工程质量监督的主体

1. 住房城乡建设主管部门及有关专业部门

《建设工程质量管理条例》第四十三条规定,国务院住房城乡建设主管部门对全国的建设工程质量实施统一监督管理。国务院铁路、交通、水利等有关部门按照国务院规定的职责分工,负责对全国的有关专业建设工程质量的监督管理。

县级以上地方人民政府住房城乡建设主管部门对本行政区域内的建设工程质量实施监督管理。县级以上地方人民政府交通、水利等有关部门在各自的职责范围内,负责对本行政区域内的专业建设工程质量的监督管理。

2. 工程质量监督机构

对建设工程质量进行监督管理的主要是各级政府住房城乡建设主管部门和其他有关部门。但是,建设工程周期长,环节多,工程质量监督工作是一项专业性强且十分复杂的工作,需要委托由政府认可的具有独立法人资格的第三方来代行工程质量监督职能。《建设工程质量管理条例》第四十六条规定,建设工程质量监督管理,可以由住房城乡建设主管部门或者其他有关部门委托的建设工程质量监督机构具体实施。

一定数量的质量监督工程师和满足工程质量监督检查工作需要的工作和设备是工程质量监督机构必须具备的条件。《建设工程质量管理条例》第四十六条规定,从事房屋建筑工程和市政基础设施工程质量监督的机构,必须按照国家有关规定经国务院住房城乡建设主管部门或者省、自治区、直辖市人民政府住房城乡建设主管部门考核;从事专业建设工程质量监督的机构,必须按照国家有关规定经国务院有关部门或者省、自治区、直辖市人民政府有关部门考核。经考核合格后,方可实施质量监督。

(二) 工程质量监督管理职责

1. 国务院住房城乡建设主管部门

《建设工程质量管理条例》第四十四条规定,国务院住房城乡建设主管部门和国务院铁路、交通、水利等有关部门应当加强对有关建设工程质量的法律、法规和强制性标准执行情况的监督检查。

国务院住房城乡建设主管部门在建设工程质量监督方面履行下列职责:

(1) 贯彻国家有关建设工程质量的法律、法规、政策,制定建设工程质量监督的有关规定和实施细则;

(2) 指导全国建设工程质量监督工作;

(3) 制定工程质量监督机构和质量监督工程师的资格标准考核审批和管理办法;

(4) 组织全国建设工程质量检查等。

2. 县级以上地方人民政府住房城乡建设主管部门

《建设工程质量管理条例》第四十七条规定,县级以上地方人民政府住房城乡建设主管部门和其他有关部门应当加强对有关建设工程质量的法律、法规和强制性标准执行情况的监督检查。

（1）根据有关规定，省、自治区、直辖市住房城乡建设主管部门履行下列建设工程质量方面的职责：

①贯彻国家有关建设工程质量的法律、法规、政策，制定本地区建设工程质量监督工作的有关规定和实施细则；

②对本地区市、区、县质量监督机构考核、认定；

③组织对工程质量监督工程师和监督员的考核；

④组织对本地区建设工程质量的检查工作等。

（2）各级城市、地、区、县住房城乡建设主管部门的职责：

①贯彻国家和地方有关建设工程质量的法律、法规、政策；

②委托质量监督机构具体实施工程质量监督；

③在工程竣工验收后，接受质量监督机构报送的工程质量监督报告和建设单位竣工验收的有关资料，办理备案手续；

④对上报的需实施行政处罚的报告进行审核，并依法对工程建设有关主体实施行政处罚。

（3）有权采取的措施。《建设工程质量管理条例》第四十八条规定，县级以上人民政府住房城乡建设主管部门和其他有关部门履行监督检查职责时，有权采取下列措施：

①要求被检查的单位提供有关工程质量的文件和资料；

②进入被检查单位的施工现场进行检查；

③发现有影响工程质量的问题时，责令改正。

（三）工程质量监督机构的基本职责

（1）在收取监督费的情况下办理建设单位工程建设项目报监手续。

（2）依照国家有关法律、法规和工程建设强制性标准，对建设工程的地基基础、主体结构及相关的建筑材料、建筑构配件、设备和商品混凝土的质量进行检查。

（3）对于被检查实体质量有关的工程建设参与各方主体的质量行为及工程质量文件进行检查，发现工程质量问题时，有权采取局部暂停施工等强制性措施，直到问题得到改正。

（4）对建设单位组织的竣工验收程序实施监督，察看其验收程序是否合法、资料是否齐全、实体质量是否存有严重缺陷。

（5）工程竣工后，应向委托的政府有关部门报送工程质量监督报告。《房屋建筑工程和市政基础设施工程竣工验收备案管理暂行办法》第七条规定："工程质量监督机构应当在工程竣工验收之日起5日内，向备案机关提交工程质量监督报告。"

（6）对需要实施行政处罚的，报告委托的政府部门进行行政处罚。

小试牛刀

1. 关于某建设工程依法实行监理的说法，下列正确的是（　　）。

　　A. 建设单位应当委托该建设工程的设计单位进行监理

　　B. 监理单位不能与建设单位有隶属关系

C. 工程监理单位有权转让其工程监理业务
D. 建设单位应当委托具有相应资质等级的工程监理单位进行监理
2. 根据《建设工程质量管理条例》规定，建设单位应当在施工前委托原设计单位或者具有相应资质等级的设计单位提出设计方案的是涉及（　　）的装修工程。
   A. 改变建筑局部使用功能　　B. 增加内部装饰
   C. 增加投资额度　　D. 建筑承重结构变动
3. 根据《建设工程质量管理条例》规定，设计单位在设计文件中选用的建筑材料、建筑构配件和设备，应当（　　）。
   A. 按照建设单位的指令确定
   B. 注明规格、型号、性能等技术指标
   C. 注明生产厂、供应商
   D. 征求施工企业的意见
4. 根据《建设工程质量管理条例》规定，关于工程监理单位质量责任和义务的说法，下列正确的是（　　）。
   A. 监理单位不得与被监理工程的设计单位有利害关系
   B. 监理单位对施工质量实施监理，并对施工质量承担监理责任
   C. 未经总监理工程师签字，建筑材料不得在工程上使用
   D. 施工图深化文件是监理工作的主要依据

单元四　建设工程质量竣工验收制度

建设工程的竣工验收是指在建设工程完工后、投入使用前，对工程质量情况、执行国家和行业强制性标准情况，投资使用情况等事项进行的全面检查验收，以及对工程建设、设计、施工、监理等工作进行的综合评价。建设工程竣工验收是全面考核工程建设成果和工程质量的重要步骤，主要通过审查施工单位提供的质量证明材料和质量监督机构的监督报告来完成，防止有存在安全隐患或主要使用功能无法保证的工程交付使用。

一、竣工验收的主体和法定条件

（一）建设工程竣工验收的主体

《建设工程质量管理条例》规定："建设单位收到建设工程竣工报告后，应当组织设计、施工、工程监理等有关单位进行竣工验收。"

对工程进行竣工检查和验收是建设单位法定的权利和义务。在建设工程完工后，承包单位应当向建设单位提供完整的竣工资料和竣工验收报告，提请建设单位组织竣工验收。建设单位收到竣工验收报告后，应及时组织有设计、施工、工程监理等有关单位参加的竣工验收，检查整个工程项目是否已按照设计要求和合同约定全部建设完成，并符合竣工验收条件。

（二）竣工验收应当具备的法定条件

《建筑法》规定，交付竣工验收的建筑工程，必须符合规定的建筑工程质量标准，有完

整的工程技术经济资料和经签署的工程保修书,并具备国家规定的其他竣工条件。

建筑工程竣工经验收合格后,方可交付使用;未经验收或者验收不合格的,不得交付使用。

《建设工程质量管理条例》进一步规定,建设工程竣工验收应当具备下列条件:

(1) 完成建设工程设计和合同约定的各项内容。建设工程设计和合同约定的内容主要是指设计文件所确定的以及承包合同"承包人承揽工程项目一览表"中载明的工作范围,也包括监理工程师签发的变更通知单中所确定的工作内容。

(2) 有完整的技术档案和施工管理资料。《建设工程文件归档规范(2019年版)》(GB/T 50328—2014) 规定,建设工程档案的验收应纳入建设工程竣工联合验收环节。

工程技术档案和施工管理资料是工程竣工验收和质量保证的重要依据之一,主要包括以下档案和资料:

①工程项目竣工验收报告;
②分项、分部工程和单位工程技术人员名单;
③图纸会审和技术交底记录;
④设计变更通知单,技术变更核实单;
⑤工程质量事故发生后调查和处理资料;
⑥隐蔽验收记录及施工日志;
⑦竣工图;
⑧质量检验评定资料;
⑨合同约定的其他资料。

(3) 有工程使用的主要建筑材料、建筑构配件和设备的进场试验报告。对建设工程使用的主要建筑材料、建筑构配件和设备,除须具有质量合格证明资料外,还应当有进场试验、检验报告,其质量要求必须符合国家规定的标准。

(4) 有勘察、设计、施工、工程监理等单位分别签署的质量合格文件。勘察、设计、施工、工程监理等有关单位要依据工程设计文件及承包合同所要求的质量标准,对竣工工程进行检查评定;符合规定的,应当签署合格文件。

(5) 有施工单位签署的工程保修书。建设工程经验收合格的,方可交付使用。施工单位同建设单位签署的工程保修书,也是交付竣工验收的条件之一。

凡是没有经过竣工验收或者经过竣工验收确定为不合格的建设工程,不得交付使用。如果建设单位为提前获得投资效益,在工程未经验收就提前投产或使用,由此而发生的质量等问题,建设单位要承担相应的质量责任。

二、建设工程档案的移交

《建设工程质量管理条例》第十七条规定:"建设单位应当严格按照国家有关档案管理的规定,及时收集、整理建设项目各环节的文件资料,建立健全建设项目档案,并在建设工程竣工验收后,及时向住房城乡建设主管部门或者其他有关部门移交建设项目档案。"

建设工程是百年大计。一般的建筑物设计年限在50~70年,重要的建筑物达百年以上。在建设工程投入使用之后,还要进行检查、维修、管理,还可能会遇到改建、扩建或拆除活动,以及在其周围进行建设活动。这些都需要参考原始的勘察、设计、施工等资料。

建设单位是工程建设活动的总负责方，应当在合同中明确要求勘察、设计、施工、监理等单位分别提供工程建设各环节的文件资料，及时收集整理，建立健全建设项目档案。

2019年3月住房和城乡建设部经修改后发布的《城市建设档案管理规定》中规定，建设单位应当在工程竣工验收后3个月内，向城建档案馆报送一套符合规定的建设工程档案。凡建设工程档案不齐全的，应当限期补充。对改建、扩建和重要部位维修的工程，建设单位应当组织设计、施工单位据实修改、补充和完善原建设工程档案。

《建设工程文件归档规范（2019年版）》（GB/T 50328—2014）规定，勘察、设计、施工、监理等单位应将本单位形成的工程文件立卷后向建设单位移交。

建设工程项目实行总承包管理的，总包单位应负责收集、汇总各分包单位形成的工程档案，并应及时向建设单位移交；各分包单位应将本单位形成的工程文件整理、立卷后及时移交总包单位。建设工程项目由几个单位承包的，各承包单位应负责收集、整理立卷其承包项目的工程文件，并应及时向建设单位移交。

每项建设工程应编制一套电子档案，随纸质档案一并移交城建档案管理机构。电子档案签署了具有法律效力的电子印章或电子签名的，可不移交相应纸质档案。

三、规划、环保、消防等验收规定

项目建设单位应当进行规划、消防、节能、环保、工程档案等验收。《建设工程质量管理条例》规定，建设单位应当自建设工程竣工验收合格之日起15日内，将建设工程竣工验收报告和规划、公安消防、环保等部门出具的认可文件或者准许使用文件报住房城乡建设主管部门或者其他有关部门备案。

（一）建设工程竣工规划验收

2019年4月经修改后公布的《城乡规划法》规定："县级以上地方人民政府城乡规划主管部门按照国务院规定对建设工程是否符合规划条件予以核实。未经核实或者经核实不符合规划条件的，建设单位不得组织竣工验收。建设单位应当在竣工验收后6个月内向城乡规划主管部门报送有关竣工验收资料。"

建设工程竣工后，建设单位应当依法向城乡规划行政主管部门提出竣工规划验收申请，由城乡规划行政主管部门按照选址意见书、建设用地规划许可证、建设工程规划许可证、乡村建设规划许可证及其有关规划的要求，对建设工程进行规划验收，包括对建设用地范围内的各项工程建设情况，建筑物的使用性质、位置、间距、层数、标高、平面、立面、外墙装饰材料和色彩，各类配套服务设施、临时施工用房、施工场地等进行全面核查，并作出验收记录。对于验收合格的，由城乡规划行政主管部门出具规划认可文件或核发建设工程竣工规划验收合格证。

《城乡规划法》还规定，建设单位未在建设工程竣工验收后6个月内向城乡规划主管部门报送有关竣工验收资料的，由所在地城市、县人民政府城乡规划主管部门责令限期补报；逾期不补报的，处1万元以上5万元以下的罚款。

（二）建设工程竣工环保验收

2017年7月国务院经修改后发布的《建设项目环境保护管理条例》规定，编制环境影响报告书、环境影响报告表的建设项目竣工后，建设单位应当按照国务院环境保护行政主管部门规定的标准和程序,对配套建设的环境保护设施进行验收,编制验收报告。

建设单位在环境保护设施验收过程中,应当如实查验、监测、记载建设项目环境保护设施的建设和调试情况,不得弄虚作假。除按照国家规定需要保密的情形外,建设单位应当依法向社会公开验收报告。

分期建设、分期投入生产或者使用的建设项目,其相应的环境保护设施应当分期验收。编制环境影响报告书、环境影响报告表的建设项目,其配套建设的环境保护设施经验收合格,方可投入生产或使用;未经验收或验收不合格的,不得投入生产或使用。

(三)建设工程竣工消防验收

2021年4月经修改后公布的《中华人民共和国消防法》(以下简称《消防法》)第十三条规定:"国务院住房和城乡建设主管部门规定应当申请消防验收的建设工程竣工,建设单位应当向住房城乡建设主管部门申请消防验收。除上述规定以外的其他建设工程,建设单位在验收后应当报住房城乡建设主管部门备案,住房城乡建设主管部门应当进行抽查。依法应当进行消防验收的建设工程,未经消防验收或者消防验收不合格的,禁止投入使用;其他建设工程经依法抽查不合格的,应当停止使用。"

依法应当进行消防验收的建设工程,未经消防验收或者消防验收不合格,擅自投入使用的,《消防法》规定,由住房城乡建设主管部门、消防救援机构按照各自职权责令停止施工、停止使用或者停产停业,并处3万元以上30万元以下罚款。

(四)建筑工程节能验收

2018年10月经修改后公布的《中华人民共和国节约能源法》规定:"国家实行固定资产投资项目节能评估和审查制度。不符合强制性节能标准的项目,建设单位不得开工建设;已经建成的,不得投入生产、使用。政府投资项目不符合强制性节能标准的,依法负责项目审批的机关不得批准建设。"

2008年8月国务院发布的《民用建筑节能条例》进一步规定:"建设单位组织竣工验收,应当对民用建筑是否符合民用建筑节能强制性标准进行查验;对不符合民用建筑节能强制性标准的,不得出具竣工验收合格报告。"

建筑节能工程施工质量的验收,主要应按照国家标准《建筑节能工程施工质量验收标准》(GB 50411—2019)以及《建筑工程施工质量验收统一标准》(GB 50300—2013)、各专业工程施工质量验收规范等执行。单位工程竣工验收应在建筑节能分部工程验收合格后进行。单位工程在办理竣工备案时应提交建筑节能相关资料,不符合要求的不予备案。

建筑节能工程为单位建筑工程的一个分部工程,并按规定划分为分项工程和检验批。建筑节能工程应按照分项工程进行验收,如墙体节能工程、幕墙节能工程、门窗节能工程、屋面节能工程、地面节能工程、采暖节能工程、通风与空气调节节能工程、配电与照明节能工程等。当建筑节能分项工程的工程量较大时,可以将分项工程划分为若干个检验批进行验收。当建筑节能工程验收无法按照要求划分分项工程或检验批时,可由建设、施工、监理等各方协商进行划分。但验收项目、验收内容、验收标准和验收记录均应遵守《建筑节能工程施工质量验收标准》(GB 50411—2019)的规定。

1. 建筑节能分部工程进行质量验收的条件

建筑节能分部工程的质量验收,应在检验批、分项工程全部合格的基础上,进行建筑围护结构的外墙节能构造实体检验,严寒、寒冷和夏热冬冷地区的外窗气密性现场检测,以及系统节能性能检测和系统联合试运转与调试,确认建筑节能工程质量达到验收的条件后方可进行。

2. 建筑节能分部工程验收的组织

建筑节能工程验收的程序和组织应遵守《建筑工程施工质量验收统一标准》(GB 50300—2013)的要求,并符合下列规定:

(1) 节能工程的检验批验收和隐蔽工程验收应由监理工程师主持,施工单位相关专业的质量检查员与施工员参加;

(2) 节能分项工程验收应由监理工程师主持,施工单位项目技术负责人和相关专业的质量检查员、施工员参加,必要时可邀请设计单位相关专业的人员参加;

(3) 节能分部工程验收应由总监理工程师(建设单位项目负责人)主持,施工单位项目经理、项目技术负责人和相关专业的质量检查员、施工员参加,施工单位的质量或技术负责人应参加,设计单位节能设计人员应参加。

3. 建筑节能工程专项验收应注意事项

建筑节能工程验收重点是检查建筑节能工程效果是否满足设计及规范要求,监理和施工单位应加强与重视节能验收工作,对验收中发现的工程实物质量问题及时解决。

(1) 工程项目存在以下问题之一的,监理单位不得组织节能工程验收:

①未完成建筑节能工程设计内容的;

②隐蔽验收记录等技术档案和施工管理资料不完整的;

③工程使用的主要建筑材料、建筑构配件和设备未提供进场检验报告的,未提供相关的节能性检测报告的;

④工程存在违反强制性标准的质量问题而未整改完毕的;

⑤对监督机构发出的责令整改内容未整改完毕的;

⑥存在其他违反法律、法规行为而未处理完毕的。

(2) 工程项目验收存在以下问题之一的,应重新组织建筑节能工程验收:

①验收组织机构不符合法规及规范要求的;

②参加验收人员不具备相应资格的;

③参加验收各方主体验收意见不一致的;

④验收程序和执行标准不符合要求的;

⑤各方提出的问题未整改完毕的。

4. 建筑工程节能验收违法行为应承担的法律责任

《民用建筑节能条例》第三十八条规定:"建设单位对不符合民用建筑节能强制性标准的民用建筑项目出具竣工验收合格报告的,由县级以上地方人民政府建设主管部门责令改正,处民用建筑项目合同价款2%以上4%以下的罚款;造成损失的,依法承担赔偿责任。"

四、工程竣工结算与质量争议的相关规定

竣工验收是工程建设活动的最后阶段。在此阶段,建设单位与施工单位容易就合同价款结算、质量缺陷等引起纠纷,导致建设工程不能及时办理竣工验收或完成竣工验收。

（一）工程竣工结算

《民法典》第七百九十九条规定："建设工程竣工后，发包人应当根据施工图纸及说明书、国家颁发的施工验收规范和质量检验标准及时进行验收。验收合格的，发包人应当按照约定支付价款，并接收该建设工程。"《建筑法》也规定，发包单位应当按照合同的约定，及时拨付工程款项。

2021年2月公布的《行政事业性国有资产管理条例》规定："各部门及其所属单位采用建设方式配置资产的，应当在建设项目竣工验收合格后及时办理资产交付手续，并在规定期限内办理竣工财务决算，期限最长不得超过1年。各部门及其所属单位对已交付但未办理竣工财务决算的建设项目，应当按照国家统一的会计制度确认资产价值。"

1. 工程竣工结算方式

财政部、原建设部《建设工程价款结算暂行办法》（财建〔2004〕369号）规定，工程完工后，双方应按照约定的合同价款及合同价款调整内容以及索赔事项，进行工程竣工结算。工程竣工结算可分为单位工程竣工结算、单项工程竣工结算和建设项目竣工总结算。

2. 竣工结算文件的编制、提交与审查

（1）竣工结算文件的提交。2013年12月住房和城乡建设部发布的《建筑工程施工发包与承包计价管理办法》规定："工程完工后，承包方应当在约定期限内提交竣工结算文件。"

《建设工程价款结算暂行办法》规定，承包人应在合同约定期限内完成项目竣工结算编制工作，未在规定期限内完成并且提不出正当理由延期的，责任自负。

（2）竣工结算文件的编审。单位工程竣工结算由承包人编制，发包人审查；实行总承包的工程，由具体承包人编制，在总包人审查的基础上，发包人审查。

单项工程竣工结算或建设项目竣工总结算由总（承）包人编制，发包人可直接进行审查，也可以委托具有相应资质的工程造价咨询机构进行审查。政府投资项目由同级财政部门审查。单项工程竣工结算或建设项目竣工总结算经发承包人签字盖章后有效。

《建筑工程施工发包与承包计价管理办法》规定，国有资金投资建筑工程的发包方，应当委托具有相应资质的工程造价咨询企业对竣工结算文件进行审核，并在收到竣工结算文件后的约定期限内向承包方提出由工程造价咨询企业出具的竣工结算文件审核意见；逾期未答复的，按照合同约定处理，合同没有约定的，竣工结算文件视为已被认可。

非国有资金投资的建筑工程发包方，应当在收到竣工结算文件后的约定期限内予以答复，逾期未答复的，按照合同约定处理，合同没有约定的，竣工结算文件视为已被认可；发包方对竣工结算文件有异议的，应当在答复期内向承包方提出，并可以在提出异议之日起的约定期限内与承包方协商；发包方在协商期内未与承包方协商或者经协商未能与承包方达成协议的，应当委托工程造价咨询企业进行竣工结算审核，并在协商期满后的约定期限内向承包方提出由工程造价咨询企业出具的竣工结算文件审核意见。

3. 承包方异议的处理

承包方对发包方提出的工程造价咨询企业竣工结算审核意见有异议的，在接到该审核意见后1个月内，可以向有关工程造价管理机构或者有关行业组织申请调解，调解不成的，可以依法申请仲裁或者向人民法院提起诉讼。

4. 竣工结算文件的确认与备案

工程竣工结算文件经发承包双方签字确认的，应当作为工程决算的依据，未经对方同意，另一方不得就已生效的竣工结算文件委托工程造价咨询企业重复审核。发包方应当按照竣工结算文件及时支付竣工结算款。

竣工结算文件应当由发包方报工程所在地县级以上地方人民政府住房城乡建设主管部门备案。

5. 竣工结算文件的审查期限

《建设工程价款结算暂行办法》（财建〔2004〕369号）规定，单项工程竣工后，承包人应在提交竣工验收报告的同时，向发包人递交竣工结算报告及完整的结算资料，发包人应按以下规定时限进行核对（审查）并提出审查意见：

(1) 500万元以下，从接到竣工结算报告和完整的竣工结算资料之日起20天；

(2) 500万～2 000万元，从接到竣工结算报告和完整的竣工结算资料之日起30天；

(3) 2 000万～5 000万元，从接到竣工结算报告和完整的竣工结算资料之日起45天；

(4) 5 000万元以上，从接到竣工结算报告和完整的竣工结算资料之日起60天。

建设项目竣工总结算在最后一个单项工程竣工结算审查确认后15天内汇总，送发包人后30天内审查完成。

《建筑工程施工发包与承包计价管理办法》规定，发承包双方在合同中对竣工结算文件提交、审核的期限没有明确约定的，应当按照国家有关规定执行；国家没有规定的，可认为其约定期限均为28日。

6. 工程竣工价款结算

《建设工程价款结算暂行办法》规定："发包人收到承包人递交的竣工结算报告及完整的结算资料后，应按本办法规定的期限（合同约定有期限的，从其约定）进行核实，给予确认或者提出修改意见。"

工程竣工结算以合同工期为准，实际施工工期比合同工期提前或延后，发承包双方应按合同约定的奖惩办法执行。

7. 索赔及合同以外零星项目工程价款结算

发承包人未能按合同约定履行自己的各项义务或发生错误，给另一方造成经济损失的，由受损方按合同约定提出索赔，索赔金额按合同约定支付。

发包人要求承包人完成合同以外零星项目，承包人应在接受发包人要求的7天内就用工数量和单价、机械台班数量和单价、使用材料和金额等向发包人提出施工签证，发包人签证后施工，如发包人未签证，承包人施工后发生争议的，责任由承包人自负。

发包人和承包人要加强施工现场的造价控制，及时对工程合同外的事项如实记录并履行书面手续。凡由发承包双方授权的现场代表签字的现场签证以及发承包双方协商确定的索赔等费用，应在工程竣工结算中如实办理，不得因发承包双方现场代表的中途变更改变其有效性。

8. 未按规定时限办理事项的处理

发包人收到竣工结算报告及完整的结算资料后，在《建设工程价款结算暂行办法》规定或合同约定期限内，对结算报告及资料没有提出意见，则视为认可。

承包人如未在规定时间内提供完整的工程竣工结算资料，经发包人催促后14天内仍未提供或未明确答复，发包人有权根据已有资料进行审查，责任由承包人自负。

根据确认的竣工结算报告，承包人向发包人申请支付工程竣工结算款。发包人应在收到申请后15天内支付结算款，到期没有支付的应承担违约责任。承包人可以催告发包人支付结算价款，如达成延期支付协议，发包人应按同期银行贷款利率支付拖欠工程价款的利息。如未达成延期支付协议，承包人可以与发包人协商将该工程折价，或申请人民法院将该工程依法拍卖，承包人就该工程折价或者拍卖的价款优先受偿。

9. 工程价款结算争议处理

《建设工程价款结算暂行办法》规定，工程造价咨询机构接受发包人或承包人委托，编审工程竣工结算，应按合同约定和实际履约事项认真办理，出具的竣工结算报告经发承包双方签字后生效。当事人一方对报告有异议的，可对工程结算中有异议部分，向有关部门申请咨询后协商处理，若不能达成一致的，双方可按合同约定的争议或纠纷解决程序办理。

发包人对工程质量有异议，已竣工验收或已竣工未验收但实际投入使用的工程，其质量争议按该工程保修合同执行；已竣工未验收且未实际投入使用的工程以及停工、停建工程的质量争议，应当就有争议部分的竣工结算暂缓办理，双方可就有争议的工程委托有资质的检测鉴定机构进行检测，根据检测结果确定解决方案，或按工程质量监督机构的处理决定执行，其余部分的竣工结算依照约定办理。

当事人对工程造价发生合同纠纷时，可通过下列办法解决：

（1）双方协商确定；
（2）按合同条款约定的办法提请调解；
（3）向有关仲裁机构申请仲裁或向人民法院起诉。

最高人民法院《关于审理建设工程施工合同纠纷案件适用法律问题的解释（一）》（法释〔2020〕25号）规定："当事人对建设工程的计价标准或者计价办法有约定的，按照约定结算工程价款。因设计变更导致建设工程的工程量或者质量标准发生变化，当事人对该部分工程价款不能协商一致的，可以参照签订建设工程施工合同时当地住房城乡建设主管部门发布的计价方法或者计价标准结算工程价款。"

10. 工程价款结算管理

《建设工程价款结算暂行办法》第二十一条规定："工程竣工后，发承包双方应及时办清工程竣工结算。否则，工程不得交付使用，有关部门不予办理权属登记。"

（二）竣工工程质量争议的处理

《建筑法》第六十条规定："建筑工程竣工时，屋顶、墙面不得留有渗漏、开裂等质量缺陷；对已发现的质量缺陷，建筑施工企业应当修复。"《建设工程质量管理条例》第三十二条规定："施工单位对施工中出现质量问题的建设工程或者竣工验收不合格的建设工程，应当负责返修。"

据此，建设工程竣工时发现的质量问题或者质量缺陷，无论是建设单位的责任还是施工单位的责任，施工单位都有义务进行修复或返修。但是，对于非施工单位原因出现的质量问题或质量缺陷，其返修的费用和造成的损失是应由责任方承担的。

1. 承包方责任的处理

《民法典》规定，因施工人的原因致使建设工程质量不符合约定的，发包人有权请求施工人在合理期限内无偿修理或者返工、改建。

如果承包人拒绝修理、返工或改建的,根据最高人民法院《关于审理建设工程施工合同纠纷案件适用法律问题的解释(一)》规定,因承包人的原因造成建设工程质量不符合约定,承包人拒绝修理、返工或者改建,发包人请求减少支付工程价款的,人民法院应予支持。

2. 发包方责任的处理

《建筑法》规定,建设单位不得以任何理由,要求建筑设计单位或者建筑施工企业在工程设计或者施工作业中,违反法律、行政法规和建筑工程质量、安全标准,降低工程质量。

最高人民法院《关于审理建设工程施工合同纠纷案件适用法律问题的解释(一)》规定,发包人具有下列情形之一,造成建设工程质量缺陷,应当承担过错责任:

(1) 提供的设计有缺陷;
(2) 提供或者指定购买的建筑材料、建筑构配件、设备不符合强制性标准;
(3) 直接指定分包人分包专业工程。

3. 未经竣工验收擅自使用的处理

《民法典》《建筑法》《建设工程质量管理条例》均规定,建设工程竣工经验收合格后,方可交付使用;未经验收或验收不合格的,不得交付使用。

但是,一些建设单位出于各种原因,往往未经验收就擅自提前占有使用建设工程。为此,最高人民法院《关于审理建设工程施工合同纠纷案件适用法律问题的解释(一)》规定,建设工程未经竣工验收,发包人擅自使用后,又以使用部分质量不符合约定为由主张权利的,人民法院不予支持;但是承包人应当在建设工程的合理使用寿命内对地基基础工程和主体结构质量承担民事责任。

小试牛刀

1. 根据《建设工程质量管理条例》,组织建设工程竣工验收的主体是( )。
   A. 施工企业　　　　　　　　　　B. 建设单位
   C. 住房城乡建设主管部门　　　　D. 建设工程质量监督机构
2. 建筑节能分部工程验收的主持人应当是( )。
   A. 施工企业项目经理
   B. 设计单位节能设计负责人
   C. 施工企业技术负责人
   D. 总监理工程师(建设单位项目负责人)
3. 建设工程竣工验收应当具备的条件有( )。
   A. 有完整的技术档案和施工管理资料
   B. 有施工企业签署的工程保修书
   C. 有工程使用的主要建筑材料、建筑构配件和设备的进场试验报告
   D. 有勘察、设计、施工、监理等单位分别签署的质量合格文件
   E. 已经办理工程竣工资料归档手续
4. 关于建设工程竣工规划验收的说法,下列正确的是( )。
   A. 建设工程未经核实或者经核实不符合规划条件的,建设单位不得组织竣工验收

B. 施工单位应当向城乡规划行政主管部门提出竣工规划验收申请
C. 对于验收合格的建设工程，城乡规划行政主管部门出具规划认可文件或核发建设工程竣工规划验收合格证
D. 建设单位应当在竣工验收后3个月内向城乡规划行政主管部门报送有关竣工验收资料
E. 建设单位未在规定时间内向城乡规划主管部门报送有关竣工验收资料的，处罚款

单元五　建设工程质量保修制度

建设工程竣工验收后在保修期限内出现的质量缺陷（或质量问题），由施工单位依照法律规定或合同约定予以修复称作建设工程质量保修。其中，质量缺陷是指建设工程的质量不符合工程建设强制性标准及合同的约定。

一、建设工程质量保修书

施工单位签署的工程保修书是建设工程竣工验收应具备的条件之一，一份完善的质量保修书，除法律规定的保修范围、保修期限和保修责任等基本内容外，还应当包括保修金的有关约定（特别是应当明确保修金的具体返还期限）。

《建设工程质量管理条例》第三十九条规定："建设工程承包单位在向建设单位提交工程竣工验收报告时，应当向建设单位出具质量保修书。质量保修书中应当明确建设工程的保修范围、保修期限和保修责任等。"

（一）保修范围和保修期限

《建设工程质量管理条例》第四十条规定，在正常使用条件下，建设工程的最低保修期限为：

（1）基础设施工程、房屋建筑的地基基础工程和主体结构工程，为设计文件规定的该工程的合理使用年限；

（2）屋面防水工程、有防水要求的卫生间、房间和外墙面的防渗漏，为5年；

（3）供热与供冷系统，为两个采暖期、供冷期；

（4）电气管线、给水排水管道、设备安装和装修工程，为2年。

其他项目的保修期限由发包方与承包方约定。

建设工程的保修期自竣工验收合格之日起计算。建设工程在超过合理使用年限后需要继续使用的，产权所有人应当委托具有相应资质等级的勘察、设计单位鉴定，并根据鉴定结果采取加固、维修等措施，重新界定使用期。

（二）保修责任

《建设工程质量管理条例》第四十一条规定："建设工程在保修范围和保修期限内发生质量问题的，施工单位应当履行保修义务，并对造成的损失承担赔偿责任。"

《房屋建筑工程质量保修办法》第十七条规定，下列情况不属于法律规定的保修范围：

（1）因使用不当或者第三方造成的质量缺陷；

（2）不可抗力造成的质量缺陷。

《房屋建筑工程质量保修办法》第九条规定，房屋建筑工程在保修期限内出现质量缺陷，建设单位或者房屋建筑所有人应当向施工单位发出保修通知，施工单位接到保修通知后，应当到现场核查情况，在保修书约定的时间内予以保修。发生涉及结构安全或者严重影响使用功能的紧急抢修事故，施工单位接到保修通知后，应当立即到达现场抢修。

《房屋建筑工程质量保修办法》第十二条规定，施工单位不按工程质量保修书约定保修的，建设单位可以另行委托其他单位保修，由原施工单位承担相应责任。

《房屋建筑工程质量保修办法》第十三条规定，保修费用由质量缺陷的责任方承担。

《房屋建筑工程质量保修办法》第十四条规定，在保修期内，因房屋建筑工程质量缺陷造成房屋所有人、使用人或者第三方人身、财产损害的，房屋所有人、使用人或者第三方可以向建设单位提出赔偿要求。建设单位向造成房屋建筑工程质量缺陷的责任方追偿。

二、质量责任的损失赔偿

《建设工程质量保证金管理办法》由住房和城乡建设部、财政部联合制定，为规范建设工程质量保证金（保修金）管理，落实工程在缺陷责任期内的维修责任，它包括以下几个方面。

（一）建设工程质量保证金的含义

建设工程质量保证金（保修金）（以下简称保证金）是指发包人与承包人在建设工程承包合同中约定，从应付的工程款中预留，用以保证承包人在缺陷责任期内对建设工程出现的缺陷进行维修的资金。

缺陷是指建设工程质量不符合工程建设强制性标准、设计文件，以及承包合同的约定。

（二）缺陷责任期

缺陷责任期从工程通过竣工验收之日起计。由于承包人原因导致工程无法按规定期限进行竣工验收的，缺陷责任期从实际通过竣工验收之日起计。由于发包人原因导致工程无法按规定期限进行竣工验收的，在承包人提交竣工验收报告90天后，工程自动进入缺陷责任期。

缺陷责任期一般为1年，最长不超过2年，由发承包双方在合同中约定。

缺陷责任期内，由承包人原因造成的缺陷，承包人应负责维修，并承担鉴定及维修费用。如承包人不维修也不承担费用，发包人可按合同约定从保证金或银行保函中扣除，费用超出保证金额的，发包人可按合同约定向承包人进行索赔。承包人维修并承担相应费用后，不免除对工程的损失赔偿责任。

由他人原因造成的缺陷，发包人负责组织维修，承包人不承担费用，且发包人不得从保证金中扣除费用。

（三）质量保证金的数额

发包人应当在招标文件中明确保证金预留、返还等内容，并与承包人在合同条款中对涉及保证金的下列事项进行约定：

（1）保证金预留、返还方式；

（2）保证金预留比例、期限；

（3）保证金是否计付利息，如计付利息，利息的计算方式；

（4）缺陷责任期的期限及计算方式；

（5）保证金预留、返还及工程维修质量、费用等争议的处理程序；

（6）缺陷责任期内出现缺陷的索赔方式。

建设工程竣工结算后，发包人应按照合同约定及时向承包人支付工程结算价款并预留保证金。

全部或者部分使用政府投资的建设项目，按工程价款结算总额5％左右的比例预留保证金。社会投资项目采用预留保证金方式的，预留保证金的比例可参照执行。

采用工程质量保证担保、工程质量保险等其他保证方式的，发包人不得再预留保证金。

（四）质量保证金的返还

质量保证金的返还是指在缺陷责任期内，承包人认真履行合同约定的责任，到期后，承包人向发包人申请返还保证金的行为。

发包人在接到承包人返还保证金申请后，应于14日内会同承包人按合同约定的内容进行核实。如无异议，发包人应当在核实后14日内将保证金返还给承包人，逾期支付的，从逾期之日起，按照同期银行贷款利率计付利息，并承担违约责任。发包人在接到承包人返还保证金申请后14日内不予答复，经催告后14日内仍不予答复，视同认可承包人的返还保证金申请。

小试牛刀

1. 建设工程承包单位应当向建设单位出具质量保修书，其内容包括建设工程的（　　）。
   A. 保修范围　　　　　　　　　　B. 工程简况和施工管理要求
   C. 保修期限　　　　　　　　　　D. 保修责任
   E. 超过合理使用年限继续使用的条件

2. 根据《建设工程质量管理条例》，关于建设工程质量保修期的说法，下列正确的有（　　）。
   A. 质量保修期的起始日是竣工验收合格之日
   B. 对于电气管线工程，建设单位与施工企业经平等协商可以约定5年的质量保修期
   C. 建设工程在超过合理使用年限后一律不得继续使用
   D. 建设单位与施工企业就景观绿化工程可以约定1年的质量保修期
   E. 质量保修期内，施工企业对工程的一切质量缺陷承担责任

3. 根据《建设工程质量管理条例》，下列工程中，法定最低保修期限为2年的有（　　）。
   A. 房屋建筑的主体结构工程　　　B. 装修工程
   C. 给排水管道工程　　　　　　　D. 屋面防水工程
   E. 设备安装工程

4. 根据《建设工程质量保证金管理办法》，关于缺陷责任期确定的说法，下列正确的有（　　）。
   A. 缺陷责任期一般为1年，最长不超过2年
   B. 缺陷责任期从工程通过竣工验收之日起计

C. 由于承包人原因导致迟延进行竣工验收的，缺陷责任期从合同约定的竣工之日起计

D. 由于承包人原因导致工程无法按规定期限进行竣工验收的，缺陷责任期从实际通过竣工验收之日起计

E. 由于发包人原因导致工程无法按规定期限进行竣工验收的，在承包人提交竣工验收报告90天后，工程自动进入缺陷责任期

建设工程质量的重要性

基本案情

2021年4月，某大学为建设学生公寓，与某建筑公司签订了一份建设工程合同。该建设工程合同约定工程采用固定总价和合同形式，主体工程和内外承重砖一律使用国家标准砌块，每层加水泥圈梁；某大学可预付工程款（合同价款的10%）；工程的全部费用于验收合格后一次付清；交付使用后，如果在6个月内发生严重的质量问题，由承包人负责修复等。1年后，学生公寓如期完工，在某大学和某建筑公司共同进行竣工验收时，发现工程3～5层的内承重墙体裂缝较多，某大学要求某建筑公司修复后再验收，某建筑公司认为不影响使用而拒绝修复。因为很多新生急待入住，某大学接收了宿舍楼。在使用了8个月后，公寓楼5层的内承重墙倒塌，致使1人死亡，3人受伤，其中1人致残。受害者与某大学要求某建筑公司赔偿损失，并修复倒塌工程。某建筑公司以使用不当且已过保修期为由拒绝赔偿。无奈之下受害者与某大学诉至法院，请法院主持公道。

案件审理

法院在审理期间对工程事故原因进行了鉴定，鉴定结论为某建筑公司偷工减料致宿舍楼内承重墙倒塌。因此，法院对某建筑公司以保修期已过为由拒绝赔偿的主张不予支持，判决某建筑公司应当向受害者承担损害赔偿责任，并负责修复倒塌的部分工程。

案例评析

《建设工程质量管理条例》第四十条规定了建设工程强制性的保修范围和最低保修期限。

根据上述法律规定，建设工程的保修期限不能低于国家规定的最低保修期限，其中，对地基基础工程、主体结构工程实际规定为终身保修。

在本案例中，某大学与某建筑公司虽然在合同中双方约定保修期限为6个月，但这一期限远远低于国家规定的最低期限，尤其是承重墙属主体结构，其最低保修期限依法应终身保修。双方的质量期限条款违反了国家强制性法律规定，因此是无效的。某建筑公司应当向受害者承担损害赔偿责任。承包人损害赔偿责任的内容应当包括医疗费、因误工减少的收入、残废者生活补助费等。造成受害人死亡的，还应支付丧葬费、抚恤费、死者生前抚养人必要的生活费用等。

另外，某建筑公司在施工中偷工减料，造成质量事故，有关主管部门应当依照《建筑法》第七十四条的有关规定对其进行法律制裁。

你知道了吗?

房屋建筑的保修期限是如何规定的?

答：房屋的保修期是自工程竣工验收合格之日起计算，保修期一般为5年，房屋主体结构为终身保修。保修期限由建设单位和施工单位约定，建设单位和施工单位应当在工程质量保修书中明确约定保修范围、保修期限和保修责任等。

考场练兵

一、单项选择题

1. 建筑工程五方责任主体项目负责人质量终身责任是指参与新建、扩建、改建的建筑工程项目负责人按照国家法律法规和有关规定，在（　　）对工程质量承担相应责任。

   A. 质保期满以前　　　　　　　　B. 缺陷责任期满以前
   C. 工程设计使用年限内　　　　　D. 50年内

2. 关于建设单位的质量责任和义务的表述中，下列错误的是（　　）。

   A. 建设单位不得暗示施工单位违反工程建设强制性标准，降低建设工程质量
   B. 建设单位不得任意压缩合同合理工期
   C. 建设单位进行装修时不得变动建筑主体和承重结构
   D. 建设工程发包单位不得迫使承包方以低于成本价格竞标

3. 关于建设工程返修的说法，下列正确的是（　　）。

   A. 建设工程返修不包括竣工验收不合格的情形
   B. 对竣工验收不合格的建设工程，若非施工企业原因造成的，施工企业不负责返修
   C. 对施工中出现质量问题的建设工程，无论是否施工企业原因造成的，施工企业都应负责返修
   D. 对竣工验收不合格的建设工程，若是施工企业原因造成的，施工企业负责有偿返修

4. 根据《建筑工程五方责任主体项目负责人质量终身责任追究暂行办法》规定，应当依法追究项目负责人的质量终身责任的情形是（　　）。

   A. 发生严重工程质量问题
   B. 发生工程质量事故
   C. 发生投诉、举报、媒体报道的工程质量问题
   D. 由于勘察、设计或施工原因造成超出设计使用年限的建筑工程不能正常使用

5. 关于工程监理单位的相关质量责任和义务说法，下列正确的是（　　）。

   A. 监理单位仅对施工质量承担责任
   B. 监理单位在接受监理委托后，因利害关系需要回避的，可转让监理业务
   C. 工程监理实行总监理工程师负责制
   D. 监理单位将不合格的建筑材料按照合格签字，造成损失的，承担全部责任

6. 根据《建设工程质量管理条例》规定，组织有关单位参加建设工程竣工验收的义务主体是（　　）。
   A. 施工企业　　　　　　　　　　　B. 建设单位
   C. 住房城乡建设主管部门　　　　　D. 建设工程质量监督机构

7. 根据《城市建设档案管理规定》，关于建设工程档案的报送说法，下列正确的是（　　）。
   A. 建设单位应当在工程竣工验收后6个月内，向城建档案馆报送一套符合规定的建设工程档案
   B. 对改建、扩建和重要部位维修的工程，建设单位应当组织设计、施工单位据实修改、补充和完善原建设工程档案
   C. 每项建设工程应编制一套电子档案和一套纸质档案一并移交城建档案管理机构
   D. 各分包单位应将本单位形成的工程文件整理、立卷后及时移交建设单位

8. 关于建筑工程竣工规划验收的说法，下列正确的是（　　）。
   A. 建筑工程竣工后，施工企业应当向城乡规划主管部门提出竣工规划验收申请
   B. 竣工规划验收合格的，由城乡规划主管部门出具规划认可文件或核发建筑工程规划验收合格证
   C. 报送有关竣工验收材料必须在竣工后1年完成
   D. 未在规定时间内向城乡规划主管部门报告竣工验收材料的，责令限期补报，并罚款

9. 关于消防设计审核和验收的说法，下列正确的是（　　）。
   A. 除特殊建设工程以外的其他建设工程，无须消防验收
   B. 建筑工程消防设计图纸不合格的，住房城乡建设主管部门不得发给施工许可证
   C. 经审核的建筑工程消防设计需要变更的，应经监理单位同意
   D. 建设工程竣工时，必须经建设主管部门进行消防验收

10. 根据《建筑工程施工质量验收统一标准》（GB 50300—2013）的规定，关于建筑节能分部工程验收的说法，下列正确的是（　　）。
    A. 节能工程的检验批验收应当由总监理工程师主持，施工企业相关专业的质量检查员与施工员参加
    B. 节能分部工程验收应当由监理工程师主持，施工企业的项目经理、项目技术负责人参加
    C. 工程使用的建筑构配件未提供相关节能性检测报告的，监理单位不得组织节能工程验收
    D. 参加验收各方主体验收意见不一致的，建筑节能工程验收以监理单位的意见为准

11. 某施工合同约定以《建设工程价款结算暂行办法》作为结算依据，该工程结算价约4 000万元，发包人应从接到承包人竣工结算报告和完整的竣工结算资料之日起（　　）天内核对（审查）完毕并提出审查意见。
    A. 20　　　　B. 30　　　　C. 60　　　　D. 45

12. 某基础设施工程未经竣工验收，建设单位擅自提前使用，2年后发现该工程出现质量问题。关于该工程质量责任的说法，下列正确的是（　　）。

A. 设计文件中该工程的合理使用年限内，施工企业应当承担质量责任

B. 超过2年保修期后，施工企业不承担质量责任

C. 由于建设单位提前使用，施工企业不需要承担质量责任

D. 施工企业是否承担质量责任，取决于建设单位是否已经全额支付工程款

13. 关于建设工程未经竣工验收，建设单位擅自使用后，又以使用部分质量不符合约定为由主张权利的说法，下列正确的是（   ）。

    A. 建设单位以装饰工程质量不符合约定主张保修的，应予支持

    B. 凡不符合合同约定或者验收规范的工程质量问题，施工企业均应当承担民事责任

    C. 施工企业的保修责任可以全部免除

    D. 施工企业应当在工程的合理使用寿命内对地基基础和主体结构质量承担民事责任

14. 关于建设工程竣工验收备案的说法，下列正确的是（   ）。

    A. 施工企业自竣工验收合格之日起15日内办理备案

    B. 竣工验收备案必须提交监理单位出具的工程正式验收合格证明文件

    C. 工程竣工验收完成后，建设单位应向备案机关提交工程质量监督报告

    D. 工程竣工验收备案表一式两份，1份由建设单位保存，1份留备案机关存档

15. 关于建设工程质量保修的说法，下列正确的是（   ）。

    A. 不同类型的建设工程，质量保修范围不同

    B. 合同约定的保修期不能高于法定保修期限

    C. 工程的合理使用年限与施工企业的质量责任年限无关

    D. 建设工程保修期的起始日是工程实际竣工之日

16. 根据《关于审理建设工程施工合同纠纷案件适用法律问题的解释（一）》，关于承包人请求返还工程质量保证金的说法，下列正确的是（   ）。

    A. 保修期满，承包人可以请求返还质量保证金

    B. 发包人在接到承包人返还保证金申请后，应于7天内会同承包人按照合同约定的内容进行核实

    C. 当事人未约定工程质量保证金返还期限的，自建设工程通过竣工验收之日起满1年

    D. 发包人原因未按约定期限进行竣工验收的，当事人也未约定工程质量保证金返还期限的，自承包人提交工程竣工验收报告90日起满2年

二、多项选择题

1. 下列选项中，对施工单位的质量责任和义务表述正确的有（   ）。

    A. 总承包单位不得对外分包隔震、减震装置的施工

    B. 分包单位应当按照分包合同的约定对总承包单位和建设单位负责

    C. 总承包单位与每一分包单位就各自分包部分的质量承担连带责任

    D. 施工单位在施工中发现设计图纸有差错时，应当按照国家标准施工

    E. 在建设工程竣工验收合格之前，施工单位应当对质量问题履行保修义务

2. 关于施工总承包单位与分包单位对建设工程承担质量责任的说法，下列正确的有（   ）。

    A. 总承包单位应当对全部建设工程质量负责

B. 分包合同应当约定分包单位对建设单位的质量责任
C. 当分包工程发生质量问题,建设单位可以向总承包单位或分包单位请求赔偿,总承包单位或分包单位赔偿后有权就不属于自己责任的赔偿向另一方追偿
D. 分包单位对分包工程的质量责任,总承包单位未尽到相应监管义务的,承担相应的补充责任
E. 当分包工程发生质量问题,建设单位应当向总承包单位请求赔偿,总承包单位赔偿后,有权要求分包单位赔偿

3. 施工企业在施工过程中发现设计文件和图纸有差错的,应当（　　）。
   A. 继续按设计文件和图纸施工
   B. 对设计文件和图纸进行修改,按修改后的设计文件和图纸进行施工
   C. 对设计文件和图纸进行修改,征得设计单位同意后按修改后的设计文件和图纸进行施工
   D. 及时向建设单位提出意见和建议
   E. 及时向监理单位提出意见和建议

4. 关于勘察、设计单位质量责任和义务的说法,下列正确的是（　　）。
   A. 勘察、设计单位不得分包所承揽的工程
   B. 有特殊要求的建筑材料、专用设备、工艺生产线等可由设计单位指定
   C. 设计单位在设计文件中选用的建筑材料,应当注明规格、型号性能等技术指标
   D. 设计单位应当就审查合格的施工图设计文件向建设单位作出详细说明
   E. 设计单位有权将所承揽的工程交由资质等级更高的设计单位完成

5. 关于工程监理职责和权限的说法,下列正确的有（　　）。
   A. 未经监理工程师签字,建筑材料不得在工程上使用
   B. 未经监理工程师签字,施工企业不得进入下一道工序的施工
   C. 未经专项监理工程师签字,建设单位不得拨付工程款
   D. 未经总监签字,建设单位不得进行竣工验收
   E. 未经监理工程师,建筑构配件不得在工程上使用

6. 根据《建设工程质量管理条例》规定,属于建设工程竣工验收应当具备的条件有（　　）。
   A. 有完整的技术档案和施工管理资料
   B. 有勘察、设计、施工等单位分别签署的质量合格文件
   C. 完成建设工程设计和合同约定的主要内容
   D. 有施工企业签署的工程保修书
   E. 有工程使用的全部建筑材料、建筑构配件和设备的进场试验报告

7. 关于工程竣工结算的说法,下列正确的有（　　）。
   A. 工程竣工结算分为单位工程竣工结算、单项工程竣工结算和建设项目竣工总结算
   B. 承包人对发包人提出的工程造价咨询企业竣工结算审核意见有异议的,必须先向有关工程造价管理机构或者有关行业组织申请调解
   C. 建设项目竣工总结算在最后一个单项工程竣工结算审查确认后30天内汇总,送发包人后15天内审查完成

D. 承包人如未在规定时间内提供完整的工程竣工结算资料，经发包人催促后 14 天内仍未提供或者没有明确答复，发包人有权根据已有资料进行审查，责任由承包人自负

E. 工程造价咨询机构出具的竣工结算报告对发、承包双方具有法律约束力

8. 根据《最高人民法院关于审理建设工程施工合同纠纷案件适用的若干问题的解释》规定，发包人造成建设工程质量缺陷应承担过错责任的情形有（　　）。

A. 同意总承包人依法选择的分包专业工程

B. 提供的设计有缺陷

C. 直接指定分包人分包专业工程

D. 指定购买的建筑构配件不符合强制性标准

E. 提供的建筑材料不符合强制性标准

9. 在正常条件下，关于建设工程各保障项目法定最低保修期限的说法，下列正确的有（　　）。

A. 屋面防水工程为 5 年

B. 给排水管道为 3 年

C. 供热与供冷系统为 2 年

D. 基础设施工程为设计文件规定的该工程的合理使用年限

E. 设备安装和装修工程为 5 年

10. 根据《建设工程质量管理条例》规定，关于建设工程质量保修期的说法，下列正确的有（　　）。

A. 建设工程在超过合理使用年限后一律不得继续使用

B. 质量保修期内，施工企业对工程的一切质量缺陷承担责任

C. 质量保修期的起始日是竣工验收合格之日

D. 对于电气管线工程，建设单位与施工企业经平等协商可以约定 5 年的质量保修期

E. 建设单位与施工企业就景观绿化工程可以约定 1 年的质量保修期

11. 关于工程质量保证金的说法，下列正确的有（　　）。

A. 保证金总预留比例不得低于工程价款结算总额的 3%

B. 已经缴纳履约保证金的，发包人不得同时预留工程质量保证金

C. 社会投资项目采用预留保证金方式的，保证金应当交由第三方金融机构托管

D. 政府投资项目，保证金应当预留在财政部门

E. 发包人在接到承包人返还保证金申请后，应于 14 天内会同承包人按照合同约定的内容进行核实

三、案例分析

案例一：

2022 年 9 月 18 日，某医院与天禾装饰公司签订涂装工程施工承揽合同约定：天禾装饰公司承包施工本市中山路某医院某号主楼维修项目，施工范围为主楼外墙修补及涂装工程，承包方式为包工包料；开工日期为 2022 年 9 月 20 日，施工工期为 30 天；工程款按月支付，剩余 5% 的工程款在缺陷责任期满无质量问题后 7 个工作日内支付，缺陷责任期为 2

年，质量保修期为10年，自竣工验收合格之日起算，在保修期内因施工质量、材料质量问题引起的起皮、脱落、开裂、褪色等，由天禾装饰公司负责免费维修等。合同签订后，天禾装饰公司进行了施工。2022年10月19日工程竣工。一段时间后，某医院发现外墙涂料存在颜色较暗、局部存在色差、积灰严重、裂缝较多等问题，于是致函天禾公司要求进行免费维修。随后，某医院、天禾装饰公司就工程是否存在施工质量、材料质量问题产生争议，双方经交涉无果后，某医院诉至法院，请求法院判决天禾公司对中山路某号主楼外墙进行修补及涂装工程存在的颜色较暗、色差、积灰、裂缝问题进行免费维修。法院受理后委托育林质量检测技术有限公司（以下简称育林公司）对该工程是否存在质量问题进行鉴定。鉴定结果表明：①外墙涂装工程表面变色是由于涂料质量问题引起灰尘吸附所致。②外墙涂装层裂缝是由于基层裂缝所致，不是涂装质量问题。

问题：该工程出现的质量问题的责任应由谁承担？

案例二：

某化工厂在同一厂区建设第2个大型厂房时，为了节省投资，决定不做勘察，便将4年前为第1个大型厂房做的勘察成果提供给设计院作为设计依据，让其设计新厂房。设计院起初不同意，但在该化工厂的一再坚持下最终妥协，同意使用旧的勘察成果。该厂房建成后使用1年多就发现墙体多处开裂。该化工厂一纸诉状将施工单位告上法庭，请求法院判决施工单位承担工程质量责任。

问题：
(1) 本案例中的质量责任应当由谁承担？
(2) 工程设计方是否有过错，违反了什么规定？

学习笔记

重难点归纳

模块八

建设工程争议处理法律制度

知识目标

1. 掌握建设工程争议和解的相关规定。
2. 掌握建设工程争议调解的相关规定。
3. 掌握建设工程争议仲裁的相关规定。
4. 掌握建设工程争议诉讼的相关规定。

能力目标

1. 能够掌握建设工程争议纠纷处理的方式。
2. 能够掌握建设工程法律责任。
3. 会预见自己的建设行为所产生的后果进而规范自己的建设行为。

素养目标

1. 遵守国家法律制度，规范自身行为，遵纪守法。
2. 提高建设工程法律意识，具有良好的职业道德和敬业精神。
3. 依法从业，从自身做起，促进建筑业健康发展。
4. 具有较好的学习新知识的能力，关注现行建设工程法律、法规及标准。
5. 不断积累经验，从个案中寻找共性。

案例引入

20××年10月，某建筑公司（甲方）与某地产开发有限公司（乙方）签订某广场建设施工合同，甲乙双方以《建设工程施工合同（示范文本）》为标准文本，签订了《建设工程施工合同》。同时，在合同专用条款中约定："承包人在合同竣工验收后的28天内向发包人提供完整的竣工结算文件，发包人应在收到结算资料的28天内审查完毕，到期未提出异议，即视为发包人同意。"

合同签订后，甲方进场组织施工，该项工程于20××年8月29日竣工，同年9月4日交付乙方使用。同年9月20日甲方向乙方递交工程结算文件，结算价为1 566.97万元，扣除乙方已付款440.25万元及工程质保金，乙方尚欠1 029.37万元。但乙方未在约定的审价期内未提出异议，也未给予明确答复。甲方经多次催要无果，遂于次年3月30日向法院提起诉讼，要求乙方按照甲方单方送审价支付工程款。

根据《建筑工程施工发包与承包计价管理办法》第十六条："承包方应当按照合同约定向发包方提交已完成工程量报告。发包方收到工程量报告后，应当按照合同约定及时核对并确认。"和《最高人民法院关于审理建设工程施工合同纠纷案件适用法律问题的解释》第二十条："当事人约定，发包人收到竣工结算文件后，在约定期限内不予答复，视为认可竣工结算文件的，按照约定处理。承包人请求按照竣工结算文件结算工程价款的，应予支持"的规定。因此，对于结算价款的确定，应当按照双方合同的约定处理，即以甲方的单方送审价作为工程结算款。

课前思考

1. 出现争议纠纷可以采用哪些解决方式？
2. 争议双方各执一词时应该怎么办？
3. 用仲裁与诉讼方式解决争议时应该怎样举证？

拓展阅读：建设工程施工合同纠纷20个常见争议焦点与应对举措

单元一　建设工程争议处理概述

随着建筑市场的竞争越演越烈，有关部门及社会各界人士对于建筑工程施工纠纷的处理也非常关注，对于建筑工程来说，只有恰当地处理好建筑工程存在的施工纠纷，才能保证建筑工程的施工建设顺利进行。做好建设工程施工纠纷的处理及管理工作，有助于推动建设工程实现可持续发展。

一、建设工程争议的概念

建设工程争议是指建设工程法律关系当事人相互之间产生的权利义务的争议。

二、建设工程争议的分类

（一）按纠纷性质分类

1. 民事纠纷

平等民事主体之间在建设工程中，产生的各种法律关系纠纷。

2. 行政纠纷

国家机关或其他行政主体与行政相对人，在建设工程中因行政行为发生的纠纷。

（二）按纠纷事由分类

1. 合同纠纷

当事人因订立、履行建设工程相关合同而发生的纠纷。

2. 侵权纠纷

在建设工程过程中因行为人违法侵害他人权利而在行为人与权利人之间发生的纠纷。

（三）按纠纷内容分类

1. 实体纠纷

建设工程过程中发生的直接涉及当事人权利义务内容的纠纷。

2. 程序纠纷

在建设工程过程中涉及主体资格或享受权利、承担义务条件等方面发生的纠纷。

三、建设工程纠纷的处理方式

民事纠纷处理方式有和解、调解、仲裁、诉讼。

行政纠纷处理方式有听证、行政复议、行政诉讼、行政裁决。

[例8-1] 申请人某装饰公司与被申请人某公司签订了《建设工程施工合同》，约定申请人承包被申请人所有的某建筑玻璃幕墙工程。合同约定了相应的工程款项和支付的时间，但截至仲裁申请之日，被申请人欠付申请人货款。因此，申请人提出仲裁请求：被申请人支付应付的工程款；被申请人支付欠付工程款利息；依法拍卖、变卖幕墙工程，申请人对拍卖或变卖所得价款，在上述债权范围内享有优先受偿权；本案例的仲裁费用及保全费用由被申请人承担。申请人是否有权主张涉案幕墙工程的优先受偿权？

解：仲裁庭认为，本案例双方当事人签订了合同，合法有效，系双方真实意思表示，申请人按约履行合同后，被申请人未按约支付工程价款的行为违背了双方的约定，因此应当承担支付工程款的义务和未按期支付工程款的违约责任。

关于申请人主张优先受偿权的请求，仲裁庭认为，根据《民法典》第八百零七条："发包人未按照约定支付价款的，承包人可以催告发包人在合理期限内支付价款。发包人逾期不支付的，除根据建设工程的性质不宜折价、拍卖外，承包人可以与发包人协议将该工程折价，也可以请求人民法院将该工程依法拍卖。建设工程的价款就该工程折价或者拍卖的价款优先受偿"及《中华人民共和国仲裁法》第四十三条："当事人应当对自己的主张提供证据"的规定，申请人没有提交证据证明本案例幕墙工程适宜折价、拍卖，故仲裁庭对申请人的该项仲裁请求予以驳回。

综上所述，仲裁庭裁决如下：

（1）被申请人某公司于本裁决书送达之日起10日内支付申请人某装饰公司工程款；

（2）被申请人某公司于本裁决书送达之日起10日内支付申请人某装饰公司利息；

（3）被申请人某公司于本裁决书送达之日起10日内支付申请人某装饰公司保全费用；

（4）驳回申请人某装饰公司其余仲裁请求。

相关法律法规解读：《民法典》第八百零七条规定："发包人未按照约定支付价款的，承包人可以催告发包人在合理期限内支付价款。发包人逾期不支付的，除根据建设工程的性质不宜折价、拍卖外，承包人可以与发包人协议将该工程折价，也可以请求人民法院将该工程依法拍卖。建设工程的价款就该工程折价或者拍卖的价款优先受偿。"

《民法典》关于建设工程优先受偿权的规定，将"不宜折价、拍卖的建设工程"排除在建设工程优先权的客体范围之外。

"不宜折价、拍卖的建设工程"应当包括四种：第一，事关国计民生或为社会公众服务的工程，如国防工程、市政工程、城市绿化工程、公共道路、国家机关办公楼、城市及乡村的社会公益设施、军事设施、机场、桥梁、车站、港口，以及公共图书馆、公共博物馆等；第二，自然人生存必需的住宅，当然，如果债务人还有其他可以居住的地方则另当别论；第三，消费者已支付一定房款的在建商品房，由于消费者的生存权益优于承包人的经营性权益，此类建设工程也不能折价或拍卖；第四，与主体工程融为一体的设备安装或装修装饰工程也不能单独折价、拍卖。因为此种工程在性质上与主体工程不可分割，如果允许其承包人单独行使建设工程优先权则可能对主体工程的承包人利益造成损失。但是，与主体工程融为一体的设备安装或装饰装修工程的承包人可以与主体工程的承包人一并行使建设工程优先权。

建议：作为法定的优先权，优先受偿权对于保护建设工程承包人合法权益有着重要的作用。但是在实践中，部分安装、装饰装修工程事实上已经无法与主体工程分割单独折价或者分割后主体工程及自身的价值均会大幅贬损。本案例中的建筑物玻璃幕墙即此类工程，其本身已经与建筑融为一体，单独行使优先权强行拆除、折价会对主体工程造成损失。因此在本案例中，仲裁庭虽然支持了申请人付款的请求，但是对于优先受偿权的请求予以驳回。参考各级法院对于类似的情况的判例，如当事人要行使这部分的优先受偿权，应当联合主体工程承包人，与其就整个主体工程一并行使优先权。

小试牛刀

1. 建设工程争议是指建设工程法律关系当事人相互之间产生的（　　）的争议。
   A. 矛盾　　　　B. 经济　　　　C. 权利义务　　　　D. 归属权
2. （　　）是民事纠纷处理方式。
   A. 听证　　　　B. 行政复议　　C. 行政诉讼　　　　D. 仲裁
3. （　　）是行政纠纷处理方式。
   A. 听证　　　　B. 调解　　　　C. 仲裁　　　　　　D. 诉讼

单元二　建设工程民事争议的处理

一般来说，民事纠纷都是先行协商和解，无法协商和解的，由有关单位进行调解，调解无效的，可以申请仲裁或直接起诉。需要注意的是，劳动纠纷必须先进行仲裁才能诉讼。发生了民事纠纷，当事人可以请求人民调解委员会、有关单位、有关行政部门进行调解，也可以依法向仲裁机构申请仲裁，或者向人民法院提起民事诉讼。

一、和解的相关规定

（一）和解的定义

和解是指建设工程纠纷当事人在自愿友好的基础上，互相沟通、互相谅解，从而解决纠纷的一种方式。

建设工程发生纠纷时，当事人应首先考虑通过和解解决纠纷。事实上，在工程建设过程中，绝大多数纠纷都可以通过和解解决。

（二）和解的特点

1. 简便及时

简便易行，能经济、及时地解决纠纷。

2. 无第三方参与

纠纷的解决依靠当事人的妥协与让步，没有第三方的介入，有利于维护合同双方的友好合作关系，使合同能更好地得到履行。

3. 无强制执行力

和解协议不具有强制执行的效力，和解协议的执行依靠当事人的自觉履行。

二、调解的相关规定

（一）调解的定义

调解是指建设工程当事人对法律规定或者合同约定的权利、义务发生纠纷，第三人依据一定的道德和法律规范，通过摆事实、讲道理，促使双方互相做出适当的让步，平息争端，自愿达成协议，以求解决建设工程纠纷的方法。这里讲的调解是狭义的调解，不包括诉讼和仲裁程序中在审判庭与仲裁庭主持下的调解。

（二）调解的特点

（1）有第三者介入作为调解人，调解人的身份没有限制，但以双方都信任者为佳。

（2）它能够较经济、较及时地解决纠纷。

（3）有利于消除合同当事人的对立情绪，维护双方的长期合作关系。

（4）调解协议不具有强制执行的效力，调解协议的执行依靠当事人的自觉履行。

［例8-2］重庆市中级人民法院成功促成重庆A、B两家置业有限公司与江苏某建筑产业集团有限责任公司建设工程合同纠纷案和解，两起案件诉讼标的达1.5亿元。A、B两家置业有限公司分别是位于建安区两个住宅楼盘项目的开发商，两项目均承包给江苏某建筑产业集团有限责任公司。在施工过程中，因工期、价款等意见不一致引发矛盾，两置业公司分别给江苏某建筑产业集团有限责任公司下达了解除合同通知书，要求江苏某建筑产业集团有限责任公司撤出施工现场，并赔偿损失，但是江苏某建筑产业集团有限责任公司拒绝撤离和赔偿，并要求两置业公司赔偿自己的损失。2021年年初，两置业公司将江苏某建筑产业集团有限责任公司诉至法院。此时，双方处于僵持状态，工地全面停工，预售的千余套房子如期交付困难重重。而双方的"战火"迅速蔓延到产业工人、购房者及材料供应商，一边是购房者心急如焚，通过围堵售楼部等方式要求按期交房，一边是产业工人人心惶惶，要求支付原告拖欠的工程款，而下游多家供应商也陆续通过法律渠道追要欠款。因此，承办法官本着最大限度维护各方合法权益、推动企业早日复工复产的原则进行办案。

司法鉴定：与双方当事人沟通、了解纠纷原因和争议焦点。承办法官多次召开网络庭前会议，了解双方诉求，又组织近10次证据交换，引导双方提供、梳理证据。案件委托鉴定后，该院司法鉴定技术处工作人员克服楼层高无保护、停电、双方不配合等困难，连续近两个月以最快速度完成了施工量统计工作。

证据交换：承办法官在征得双方同意后多次通过网络、电话或到院的方式进行庭外调解，但由于双方矛盾较深，初期的调解效果并不理想。承办法官顶着沉重的办案压力，进一步分析案情、理清思路后，决定以"背对背"的调解方式开展工作。一方面，向两原告说明经鉴定被告施工操作规范且施工人员管理严格，一旦解除合同会造成各方更大的经济损失；另一方面，希望被告理解原告无法如期向业主交房的难处，只有互相让步，早日施工才能把损失降到最低。

调解结果：通过从情、理、法角度多次不懈调解，最终，原、被告态度有所转变，均表示愿意继续开展合作，并重新达成施工协议，由被告继续施工之前的两个住宅楼盘项目，为了早日交房，原告适当提高原合同价款。达成和解协议后，两原告均向法院申请撤诉。

三、仲裁的相关规定

（一）仲裁的定义

仲裁也称"公断"，是指当事人双方在纠纷发生前或纠纷发生后达成协议，自愿将纠纷交给第三者，由第三者在事实上作出判断、在权利义务上作出裁决的一种解决纠纷的方式。这种纠纷解决方式必须是自愿的，因此，必须有仲裁协议。如果当事人之间有仲裁协议，纠纷发生后又无法通过和解和调解解决，则应及时将纠纷提交仲裁机构仲裁。

（二）仲裁的特点

1. 体现当事人的意思自治

体现当事人意思自治不仅体现在仲裁的受理应当以仲裁协议为前提，还体现在仲裁的整个过程，许多内容都可以由当事人自主确定。

2. 专业性

由于各仲裁机构的仲裁员都是由各方面的专业人士组成，当事人完全可以选择熟悉纠纷领域的专业人士担任仲裁员。

3. 保密性

保密和不公开审理是仲裁制度的重要特点，除当事人、代理人及需要时的证人和鉴定人外，其他人员不得出席和旁听仲裁开庭审理，仲裁庭和当事人不得向外界透露案件的任何实体及程序问题。

4. 裁决的终局性

仲裁裁决作出后是终局的，对当事人具有约束力。

5. 执行的强制性

仲裁裁决具有强制执行的法律效力，当事人可以向人民法院申请强制执行。由于中国是《承认及执行外国仲裁裁决公约》的缔约国，中国的涉外仲裁裁决可以在世界上100多个公约成员国得到承认和执行。

（三）仲裁程序

1. 申请和受理

（1）当事人申请仲裁的条件。纠纷发生后，当事人申请仲裁应当符合下列条件：

①有仲裁协议；

②有具体的仲裁请求、事实和理由；

③属于仲裁委员会的受理范围。

（2）仲裁委员会的受理。仲裁委员会收到仲裁申请书之日起5日内，认为符合受理条件的，应当受理，并通知当事人；认为不符合受理条件的，应当书面通知当事人不予受理，并说明理由。

仲裁委员会受理仲裁申请后，应当在仲裁规则规定的期限内将仲裁规则和仲裁员名册送达申请人，并将仲裁申请书副本和仲裁规则、仲裁员名册送达被申请人。被申请人收到仲裁申请书副本后，应当在仲裁规则规定的期限内向仲裁委员会提交答辩书。仲裁委员会收到答辩书后，应当在仲裁规则规定的期限内将答辩书副本送达申请人。被申请人未提交答辩书的，不影响仲裁程序的进行。

2. 仲裁庭的组成

（1）仲裁庭的组成形式。仲裁庭可以由3名仲裁员或者1名仲裁员组成。由3名仲裁员组成的，设首席仲裁员。

（2）仲裁员的产生。当事人约定由3名仲裁员组成仲裁庭的，应当各自选定或者各自委托仲裁委员会主任指定1名仲裁员，第3名仲裁员由当事人共同选定或者共同委托仲裁委员会主任指定。第3名仲裁员是首席仲裁员。当事人约定由1名仲裁员成立仲裁庭的，应当由当事人共同选定或者共同委托仲裁委员会主任指定仲裁员。

当事人没有在仲裁规则规定的限期内约定仲裁庭的组成的方式或者选定仲裁员的，由仲裁委员会主任指定。

3. 开庭和裁决

（1）开庭与否的决定。仲裁应当开庭进行，当事人协议不开庭的，仲裁庭可以根据仲裁申请书、答辩书及其他材料作出裁决。仲裁不公开进行，但当事人协议公开的，可以公开进行，涉及国家秘密的除外。

（2）不到庭或者未经许可中途退庭的处理。申请人经书面通知，无正当理由不到庭或者未经仲裁庭许可中途退庭的，可以视为撤回仲裁申请。被申请人经书面通知，无正当理由不到庭或者未经仲裁庭许可中途退庭的，可以缺席裁决。

（3）证据的提供。当事人应当对自己的主张提供证据。仲裁庭认为有必要收集的证据，可以自行收集。仲裁庭对专门性问题认为需要鉴定的，可以交由当事人约定的鉴定部门鉴定，也可以由仲裁庭指定的鉴定部门鉴定。根据当事人的请求或者仲裁庭的要求，鉴定部门应当派鉴定人参加开庭。当事人经仲裁庭许可，可以向鉴定人提问。

（4）开庭中的辩论。当事人在仲裁过程中有权进行辩论。辩论终结时，首席仲裁员或者独任仲裁员应当征询当事人的最后意见。

（5）当事人自行和解。当事人申请仲裁后，可以自行和解。达成和解协议的，可以请求仲裁庭根据和解协议作出裁决书，也可以撤回仲裁申请。当事人达成和解协议，撤回仲裁申请后反悔的,可以根据仲裁协议申请仲裁。

(6) 仲裁庭主持下的调解。仲裁庭在作出裁决前,可以先行调解。调解达成协议的,仲裁庭应当制作调解书或者根据协议的结果制作裁决书。调解书与裁决书具有同等法律效力。调解书经双方当事人签收后,即发生法律效力。在调解书签收前当事人反悔的,仲裁庭应当及时作出裁决。

(7) 仲裁裁决的作出。裁决应当按照多数仲裁员的意见作出,少数仲裁员的不同意见可以记入笔录。仲裁庭不能形成多数意见时,裁决应当按照首席仲裁员的意见作出。裁决书自作出之日起发生法律效力。

4. 执行

仲裁委员会的裁决作出后,当事人应当履行。同时,国家建立了裁决的执行制度,在当事人不履行裁决时,强制当事人履行。如果没有执行制度,仲裁的法律效力将无从体现。由于仲裁委员会本身并无强制执行的权力,因此,当一方当事人不履行仲裁裁决时,另一方当事人可以依照民事诉讼法的有关规定向人民法院申请执行。接受申请的人民法院应当执行。

(四) 仲裁组织

1. 仲裁委员会

仲裁委员会是依法成立的仲裁机构。仲裁委员会可以在直辖市或省、自治区人民政府所在地的市设立,也可以根据需要在其他设区的市设立,不按行政区划层层设立。

2. 仲裁协会

中国仲裁协会是依法成立的社会团体法人。全国各地的仲裁委员会是中国仲裁协会的会员。中国仲裁协会的章程由全国会员大会制定。

中国仲裁协会是仲裁委员会的自律性组织,根据章程对仲裁委员会及其组成人员、仲裁员的违纪行为进行监督。

中国仲裁协会依照仲裁法和民事诉讼法的有关规定制定仲裁规则。

(五) 仲裁协议

1. 仲裁协议的概念

仲裁协议是当事人自愿将争议提交仲裁机构进行仲裁达成协议的文书。《中华人民共和国仲裁法》规定,仲裁协议包括合同中订立的仲裁条款和以其他书面方式在纠纷发生前或者纠纷发生后达成的请求仲裁的协议。

2. 仲裁协议的特点

(1) 合同当事人均受仲裁协议的约束;
(2) 仲裁协议是仲裁机构对纠纷进行仲裁的先决条件;
(3) 仲裁协议排除了法院对纠纷的管辖权;
(4) 仲裁机构应按照仲裁协议进行仲裁。

3. 仲裁协议的内容

(1) 请求仲裁的意思表示;
(2) 仲裁事项;

(3) 选定的仲裁委员会。

4. 仲裁协议的无效

仲裁协议是合同的组成部分，是合同的内容之一。有下列情况之一的，仲裁协议无效：

(1) 约定的仲裁事项超出法律规定的仲裁范围的；
(2) 无民事行为能力人或者限制民事行为能力人订立的仲裁协议；
(3) 一方采取胁迫手段，迫使对方订立仲裁协议的；
(4) 仲裁协议对仲裁事项或者仲裁委员会没有约定或者约定不明确的，当事人可以补充协议；达不成补充协议的，仲裁协议无效。

仲裁协议独立存在，合同的变更、解除、终止或者无效，不影响仲裁协议的效力。仲裁庭有权确认合同的效力。

当事人对仲裁协议的效力有异议的，可以请求仲裁委员会作出决定或者请求人民法院作出裁定。一方请求仲裁委员会作出决定，另一方请求人民法院作出裁定的，由人民法院裁定。当事人对仲裁协议的效力有异议，应当在仲裁庭首次开庭前提出。

5. 仲裁裁决的效力与执行

(1) 仲裁裁决的效力。当事人一旦选择了仲裁解决争议，仲裁委员会所作出的裁决对双方都有约束力，双方都要认真履行，否则，权利人可以向法院申请强制执行。

(2) 仲裁裁决的执行。仲裁委员会的裁决作出后，当事人应当自觉履行。如果当事人不履行裁决时，仲裁委员会不能强制执行。因此，当一方当事人不履行仲裁裁决时，另一方当事人可以依据《中华人民共和国民事诉讼法》（以下简称《民事诉讼法》）的有关规定向有管辖权的人民法院执行庭申请执行。

当被申请人提出证据证明仲裁裁决不符合法律规定时，经人民法院合议庭审查核实，作出裁定不予执行。

四、诉讼的相关规定

（一）诉讼的定义

诉讼是指建设工程当事人依法请求人民法院行使审判权，审理双方之间发生的纠纷，作出有国家强制保证实现其合法权益、从而解决纠纷的审判活动。合同双方当事人如果未约定仲裁协议，则只能以诉讼作为解决纠纷的最终方式。

（二）诉讼的特点

1. 程序和实体判决严格依法

与其他解决纠纷的方式相比，诉讼的程序和实体判决都应当严格依法进行。

2. 当事人在诉讼中对抗的平等性

诉讼当事人在实体和程序上的地位平等。原告起诉，被告可以反诉；原告提出诉讼请求，被告可以反驳诉讼请求。

3. 二审终审制

建设工程纠纷当事人如果不服第一审人民法院判决，可以上诉至第二审人民法院。建设工程纠纷经过两级人民法院审理，即告终结。

4. 执行的强制性

诉讼判决具有强制执行的法律效力，当事人可以向人民法院申请强制执行。

（三）诉讼程序

1. 起诉和受理

（1）起诉的条件。如果当事人没有在合同中约定通过仲裁解决纠纷，则只能通过诉讼作为解决纠纷的最终方式。纠纷发生后，如需要通过诉讼解决纠纷，则首先应当向人民法院起诉。起诉必须符合下列条件：

①原告是与本案有直接利害关系的公民、法人和其他组织；

②有明确的被告；

③有具体的诉讼请求、事实和理由；

④属于人民法院受理民事诉讼的范围和受诉人民法院管辖。

（2）人民法院受理案件。人民法院对符合规定的起诉，必须受理；认为不符合起诉条件的，应当在7日内作出裁定书不予受理；原告对裁定不服的，可以提起上诉。人民法院受理起诉后，首先需要确定在第一审中适用普通程序还是简易程序。基层人民法院和它派出的法庭审理事实清楚、权利义务关系明确、争议不大的简单的民事案件，可以适用简易程序。建设工程中发生的纠纷一般都适用普通程序，因此第一审程序只介绍普通程序。

（3）被告答辩。人民法院应当在立案之日起5日内将起诉状副本发送被告，被告应当在收到之日起15日内提出答辩状。被告提出答辩状的，人民法院应当在收到之日起5日内将答辩状副本发送原告。被告不提出答辩状的，不影响人民法院审理。

2. 第一审开庭审理

人民法院审理民事案件，除涉及国家秘密、个人隐私或者法律另有规定的外，应当公开进行。离婚案件，涉及商业秘密的案件，当事人申请不公开审理的，可以不公开审理。

（1）法庭调查。法庭调查按照下列顺序进行：

①当事人陈述；

②告知证人的权利义务，证人作证，宣读未到庭的证人证言；

③出示书证、物证、视听资料和电子数据；

④宣读鉴定意见；

⑤宣读勘验笔录。

当事人在法庭上可以提出新的证据。当事人经法庭许可，可以向证人、鉴定人、勘验人发问。当事人要求重新进行调查、鉴定或者勘验的，是否准许，由人民法院决定。

（2）法庭辩论。法庭辩论按照下列顺序进行：

①原告及其诉讼代理人发言；

②被告及其诉讼代理人答辩；

③第三人及其诉讼代理人发言或者答辩；

④互相辩论。

法庭辩论终结，由审判长按照原告、被告、第三人的先后顺序征询各方最后意见。法庭辩论终结，应当依法作出判决。判决前能够调解的，还可以进行调解；调解不成的，应当及时判决。

(3) 当事人拒不到庭或者未经许可中途退庭的处理。原告经传票传唤，无正当理由拒不到庭的，或者未经法庭许可中途退庭的，可以按撤诉处理；被告反诉的，可以缺席判决。被告经传票传唤，无正当理由拒不到庭的，或者未经法庭许可中途退庭的，可以缺席判决。

(4) 审限要求。人民法院适用普通程序审理的案件，应当在立案之日起6个月内审结。有特殊情况需要延长的，由本院院长批准，可以延长6个月；还需要延长的，报请上级人民法院批准。

3. 第二审程序

(1) 当事人提起上诉。当事人不服地方人民法院第一审判决的，有权在判决书送达之日起15日内向上一级人民法院提起上诉。第二审人民法院应当对上诉请求的有关事实和适用法律进行审查。

(2) 第二审审理要求。第二审人民法院对上诉案件，应当组成合议庭，开庭审理。经过阅卷、调查和询问当事人，在事实核对清楚后，合议庭认为不需要开庭审理的，也可以进行判决、裁定。第二审人民法院审理上诉案件，可以在本院进行，也可以到案件发生地或者原审人民法院所在地进行。

(3) 第二审的处理。第二审人民法院对上诉案件，经过审理，按照下列情形，分别处理：

①原判决认定事实清楚，适用法律正确的，从判决方式驳回上诉，维持原判决；

②原判决认定事实错误或适用法律错误的，依法改判、撤销或者变更；

③原判决认定基本事实不清，裁定撤销原判决，发回原审人民法院重审，或者查清事实后改判；

④原判决遗漏当事人或者违法缺席判决等严重违反法定程序的，裁定撤销原判决，发回原审人民法院重审。当事人对重审案件的判决、裁定，可以上诉。人民法院审理对原审判决的上诉案件，应当在第二审立案之日起3个月内审结。第二审人民法院的判决、裁定是终审的判决、裁定。

4. 审判监督程序

审判监督程序是指为了保障法院裁判的公正，使已经发生法律效力但有错误的判决裁定、调解协议得以改正而特设的一种程序。它并不是每个案件必经的程序。

各级人民法院院长对本院已经发生法律效力的判决、裁定，发现确有错误，认为需要再审的，应当提交审判委员会讨论决定。最高人民法院对地方各级人民法院已经发生法律效力的判决、裁定，上级人民法院对下级人民法院已经发生法律效力的判决、裁定，发现确有错误的，有权提审或者指令下级人民法院再审。当事人对已经发生法律效力的判决、裁定，认为有错误的，可以向原审人民法院或者上一级人民法院申请再审，但不停止判决、裁定的执行。

5. 证据的种类

(1) 当事人的陈述；

(2) 书证；

(3) 物证；

(4) 视听资料；

(5) 电子数据；
(6) 证人证言；
(7) 鉴定意见；
(8) 勘验笔录。

6. 证据的保全

(1) 证据保全的概念。证据保全是指法院在起诉前或在对证据进行调查前，依据申请人、当事人的请求，或依职权对可能灭失或今后难以取得的证据，予以调查收集和固定保存的行为。可能灭失或今后难以取得的证据，具体是指：证人生命垂危；具有民事诉讼证据作用的物品极易腐败变质；易于灭失的痕迹等。出现上述情况，诉讼参加人可以向人民法院申请保全证据，人民法院也可以主动采取保全措施。向人民法院申请保全证据，不得迟于举证期限届满前7日。

(2) 证据保全的方法。人民法院采取证据保全的方法主要有以下3种：

①向证人进行询问调查，记录证人证言；

②对文书、物品等进行录像、拍照、抄写或者用其他方法加以复制；

③对证据进行鉴定或者勘验。获取的证据材料，由人民法院存卷保管。

7. 证据的应用

(1) 证据的提供或者收集。当事人对自己提出的主张，有责任提供证据。当事人及其诉讼代理人因客观原因不能自行收集的证据，或者人民法院认为审理案件需要的证据，人民法院应当调查收集。人民法院应当按照法定程序，全面地、客观地审查核实证据。

(2) 开庭质证。证据应当在开庭时出示，并由当事人互相质证。经过法定程序公证证明法律事实和文书，人民法院应当作为认定事实的根据，但有相反证据足以推翻公证证明的除外。书证应当提交原件。物证应当提交原物。提交原件或者原物确有困难的，可以提交复制品、照片、副本、节录本。提交外文书证，必须附有中文译本。

(3) 专门性问题的鉴定。人民法院对专门性问题认为需要鉴定的，应当交由法定鉴定部门鉴定；没有法定鉴定部门的，由人民法院指定的鉴定部门鉴定。鉴定部门及其指定的鉴定人有权了解进行鉴定所需要的案件材料，必要时可以询问当事人、证人。鉴定部门和鉴定人应当提出书面鉴定结论，在鉴定书上签名或者盖章。建设工程纠纷往往涉及工程质量、工程造价等专门性的问题，在诉讼中一般需要进行鉴定。因此，在建设工程纠纷中，鉴定是常用的举证手段。

当事人申请鉴定，应当在举证期限内提出。对需要鉴定的事项负有举证责任的当事人，在人民法院指定的期限内无正当理由不提出鉴定申请或者不预交鉴定费用或者拒不提供相关材料，致使对案件纠纷的事实无法通过鉴定结论予以认定的，应当对该事实承担举证不能的法律后果。

(4) 重新鉴定。当事人对人民法院委托的鉴定部门作出的鉴定结论有异议申请重新鉴定提出证据证明存在下列情形之一的人民法院应予准许：

①鉴定机构或者鉴定人员不具备相关的鉴定资格的；

②鉴定程序严重违法的；

③鉴定结论明显依据不足的；

④经过质证认定不能作为证据使用的其他情形。

对有缺陷的鉴定结论,可以通过补充鉴定、重新质证或者补充质证等方法解决的,不予重新鉴定。一方当事人自行委托有关部门作出的鉴定结论,另一方当事人有证据足以反驳并申请重新鉴定的,人民法院应予准许。

8. 起诉和答辩

(1) 起诉的概念。起诉是指原告向人民法院提起诉讼,请求司法保护的诉讼行为。

(2) 起诉的方式。

①书面形式。《民事诉讼法》规定,起诉应向人民法院递交起诉状。由此可见,我国法律规定的起诉形式是以书面为原则的。

②口头形式。虽然起诉以书面为原则,但当事人书写起诉状有困难的,也可口头起诉,由人民法院记入笔录,并告知对方当事人。我国起诉的形式是以书面起诉为主,口头形式为例外。

(3) 起诉状的内容。根据《民事诉讼法》第一百二十四条规定,起诉状应当记明下列事项:

①原告的姓名、性别、年龄、民族、职业、工作单位、住所、联系方式,法人或者其他组织的名称、住所和法定代表人或者主要负责人的姓名、职务、联系方式;

②被告的姓名、性别、工作单位、住所等信息,法人或者其他组织的名称、住所等信息;

③诉讼请求和所根据的事实与理由;

④证据和证据来源,证人姓名和住所。

人民法院对原告的起诉情况进行审查后,认为符合案件的,即立案,并于立案之日起5日内将起诉状副本发送到被告,被告在收到之日起15日内提出答辩状。被告不提出答辩状的,不影响人民法院的审理。

(4) 答辩的概念。答辩是针对原告的起诉状而对其予以承认、辩驳、拒绝的诉讼行为。

(5) 答辩的形式。

①书面形式。即以书面形式向法院提交的答辩状。

②口头形式。答辩人在开庭前未以书面形式提交答辩状,开庭时以口头方式进行的答辩。

(6) 答辩状的内容。针对原告、上诉人诉状中的主张和理由进行辩解,并阐明自己对案件的主张和理由。即揭示对方当事人法律行为的错误之处,对方诉状中陈述的事实和依据中的不实之处;提倡相反的事实和证据说明自己法律行为的合法性;列举有关法律规定,论证自己主张的正确性,以便请求人民法院予以司法保护。

9. 诉讼管辖

诉讼管辖是指在人民法院系统中,各级人民法院系统中,各级人民法院之间以及同级人民法院之间受理第一案件的权限分工。诉讼管辖可分为级别管辖、地域管辖、移送管辖和指定管辖。

(1) 级别管辖。级别管辖是指划分上下级人民法院之间受理第一审民事案件的分工和权限。级别管辖是人民法院组织系统内部从纵向划分各级人民法院的管辖权限,它是划分人民法院管辖范围的基础。根据人民法院组织法的规定,我国人民法院设4级,即基层人民法院、中级人民法院、高级人民法院、最高人民法院。

法律规定,基层人民法院管辖第一审民事案件,但另有规定的除外。

（2）地域管辖。地域管辖是指确定同级人民法院在各自的辖区内管辖第一审民事案件的分工和权限。它是在人民法院组织系统内部，从横向确认人民法院的管辖范围，是在级别管辖的基础上确认的。

地域管辖是根据各种不同民事案件的特点来确定的，一般原则是"原告就被告"，对其他特殊类型的案件，也是以当事人所在地、诉讼标的所在地或诉讼标的物所在地的人民法院管辖为原则的。

民事诉讼法规定，地域管辖有一般地域管辖、特殊地域管辖、专属管辖3种。

①一般地域管辖是指根据当事人所在地确定有管辖权的人民法院。

②特殊地域管辖是指根据诉讼标的或诉讼标的物所在地确定有管辖权的人民法院。对特殊地域管辖，我国民事诉讼法采取列举的方式予以确定。

③专属管辖是指根据案件的特殊性质，法律规定必须由一定地区的人民法院管辖，专属管辖具有排他性。除上级人民法院指定管辖外，凡是法律明确规定专属管辖的案件，不能适用一般地域管辖和特殊地域管辖的原则确定管辖的法院。此类案件只能由法律所确认的法院行使管辖权，其他法院无权管辖。另外，协议管辖也不能变更专属管辖的有关规定。

（3）移送管辖。移送管辖是指某一人民法院受理案件后，发现自己对该案件没有管辖权，将案件送有管辖权的人民法院审理。

（4）指定管辖。指定管辖是指有管辖权的人民法院由于特殊原因，不能行使管辖权的，由上级人民法院指定管辖。人民法院之间因管辖权发生争议，由争议双方协商解决；协商解决不了的，报请它们的共同上级人民法院指定管辖。

10. 执行程序

（1）执行程序的概念。执行程序是指人民法院的执行机构运用国家强制力，强制义务人履行生效的法律文书所确定的义务的程序。

（2）执行程序的一般规定。执行程序的一般规定包括执行的根据、执行案件的管辖、执行担保和执行等内容。

①执行的根据是指人民法院据以执行的法律文书。发生法律效力的民事判决、裁定。发生法律效力并且具有财产内容的刑事判决、裁定。法律规定由人民法院执行的其他法律文书。如先予执行的民事裁定书；仲裁机构制作的发生法律效力的裁决书、调解书；公证机关制作的依法赋予强制执行效力的债权文书。

②执行管辖是指各人民法院之间划分对生效法律文书的执行权限。人民法院执行管辖因法律文书的种类不同而有区别。

a. 人民法院作出生效的法律文书，由第一审人民法院执行。也即无论生效的裁判是第一审人民法院作出的，还是第二审人民法院作出的生效的法律文书，均由第一审人民法院开始执行程序。

b. 法律规定由人民法院执行的其他法律文书，由被执行人住所所在地或者被执行财产所在地人民法院执行。

c. 执行中发生异议的处理。法律规定，在执行过程中，案外人对执行标的提出异议的，执行员应当按照法定程序进行审查。理由不成立的，予以驳回；理由成立的，由院长批准中止执行。如果发现判决、裁定确有错误的，按照审判监督程序处理。

d. 执行中，当事人自行达成和解协议时的处理。法律规定，在执行中，双方当事人自行和解达成协议的，执行员应当将协议内容记入笔录，由双方当事人签名或者盖章。一方当事人不履行和解协议的，人民法院可以根据对方当事人的申请，恢复对原生效法律文书的执行。

（3）执行的申请和移送。申请执行是根据生效的法律文书，享有权利的一方当事人，在义务人拒绝履行义务时，在申请执行的期限内请求人民法院依法强制执行，从而引起执行程序的发生。移送执行程序是指人民法院的判决、裁定或者调解协议发生法律效力后，由审理该案的审判组织决定，将案件直接交付执行人员执行，从而引起执行程序的开始。

调解书和其他应当由人民法院执行的法律文书，当事人必须履行。一方拒绝履行的，对方当事人可以向人民法院申请执行。法律规定，对依法设立的仲裁机构的裁决，一方当事人不履行的，对方当事人可以向有管辖权的人民法院申请执行。受申请的人民法院应当执行。

被申请人提出证据证明仲裁裁决中有违反相关法律规定的，经人民法院组成合议庭审查核实，裁定不予执行。仲裁裁决被人民法院裁定不予执行的当事人可以根据双方达成的书面仲裁协议重新仲裁，也可以向人民法院起诉。

（4）执行措施。执行措施的法律规定：

①向银行、信用合作社和其他有储蓄业务的单位，查询被执行人的存款情况，冻结、划拨被执行人应当履行义务部分的收入；

②查封、扣押、冻结并依照规定拍卖变卖被执行人应当履行义务部分的财产；

③对隐瞒财产的被执行人及其住所或者财产隐匿地进行搜查；

④被执行人加倍支付迟延还债期间的债务利息；

⑤强制交付法律文书指定交付的财物或者票证；

⑥强制迁出房屋或退出土地；

⑦强制执行法律文书指定的行为；

⑧划拨或转交企业、事业单位、机关、团体的存款等。

（5）执行中止和终结。

①中止执行的法律规定。法律规定，有下列情形之一的，人民法院应当裁定中止执行：申请人表示可以延期执行；案外人对执行标的提出确有理由的异议的；作为一方当事人的公民死亡，需要等待继承人继承权利或者承担义务的；作为一方当事人的法人或者其他组织终止的，尚未确定权利义务承受人的；人民法院认为应当中止执行的其他情形。

②中止的情形消失后，恢复执行。

③终结执行的法律规定。法律规定，有下列情形之一的，人民法院裁定终结执行：申请人撤销申请的；据以执行的法律文书被撤销的；作为被执行人的公民死亡，无遗产可供执行，又无义务承担人的；只追索赡养费、抚养费、抚育费案件的权利人死亡的；作为被执行人的公民因生活困难无力偿还借款，无收入来源，又丧失劳动能力的；人民法院认为应当终结执行的其他情形。

④中止和终结执行的裁定，送达当事人后立即生效。

小试牛刀

1. 仲裁委员会收到仲裁申请书之日起（　　）日内，认为符合受理条件的，应当受理，并通知当事人；认为不符合受理条件的，应当书面通知当事人不予受理，并说明理由。

A. 7　　　　　　B. 6　　　　　　C. 5　　　　　　D. 4

2. 人民法院审理民事案件，除涉及（　　）、个人隐私或者法律另有规定的外，应当公开进行。离婚案件，涉及商业秘密的案件，当事人申请不公开审理的，可以不公开审理。

A. 国家秘密　　　B. 大额经济　　　C. 行政人员　　　D. 无民事行为能力

3. 人民法院适用普通程序审理的案件，应当在立案之日起（　　）个月内审结。有特殊情况需要延长的，由本院院长批准，可以延长 6 个月；还需要延长的，报请上级人民法院批准。

A. 7　　　　　　B. 6　　　　　　C. 5　　　　　　D. 4

单元三　建设工程行政争议的处理

行政机关为了实现行政管理或者公共服务目标，与公民、法人或者其他组织协商订立的具有行政法上权利义务内容的协议，既具有行政管理活动"行政性"的一般属性，也具有"协议性"的特别属性。

行政机关的行政行为具有以下特征：行政行为属于执行法律的行为；行政行为具有一定的裁量性；行政机关在实施行政行为时具有单方意志性，不必与行政相对人协商或征得其意见，便可依法自主作出；行政行为是以国家强制力保证实施的，带有强制性；行政行为以无偿为原则，以有偿为例外。

一、行政复议制度

（一）行政复议的定义

行政复议是指行政相对人认为行政主体的具体行政行为侵犯其合法权益，依法向行政复议机关提出复查该具体行政行为的申请，行政复议机关依照法定程序对被申请的具体行政行为进行合法性、适当性审查，并作出行政复议决定的一种法律制度。行政复议作为行政管理相对人行使救济权的一项重要法律制度，其目的是纠正行政主体作出的违法或者不当的具体行政行为，以保护行政管理相对人的合法权益。

（二）行政复议的法律特征

（1）行政复议所要处理的是行政相对人与行政机关之间发生的行政争议。这里的行政争议，是指行使行政权力的主体在行使行政管理权限的过程中，与公民、法人以及其他组织即行政相对人之间发生的纠纷。行政复议所要处理的行政争议，核心是行使行政权力的主体作出的具体行政行为是否合法、是否适当。这也是行政复议制度与行政调解制度之间的一个重要区别。

（2）行政复议所要审查的对象是具体行政行为，同时附带审查部分抽象行政行为。行使行政权力的主体在行使行政职权的过程中所作出的行政行为，可以分为具体行政行为与抽象行政行为两类。行政复议所要审查的对象，主要是具体行政行为，如行政许可、行政处罚、行政强制等，因为这些具体的行政行为直接关系到公民、法人及其他组织即行政相对人的权益。抽象行政行为，如行政主体制发的行政法规、规章以外的其他规范性文件，原则上不属于行政复议的审查对象。但是，当抽象行政行为即行政法规、规章以外的其他规范性文件成为行政主体作出具体行政行为的依据时，则可以一并进行审查。

（3）行政复议所采用的方式原则上是书面审查，必要时也可以采取听证的方式。书面审查是指行政复议机关对行政相对人提出的行政复议申请，从证据材料、认定事实、适用法律等方面进行审查，判断具体行政行为是否合法、适当，并作出行政复议决定的方式。采用书面审查，无须申请人、被申请人及证人等当面进行质证，可有效提高行政复议案件的办理效率。

听证方式是指行政复议机关在审理行政复议案件时，召集申请人和被申请人就案件所涉及的事实、证据、依据，以及程序等进行陈述、举证、质证和辩论，然后再作出行政复议决定的方式。国务院《中华人民共和国行政复议法实施条例》第三十三条规定："对重大、复杂的案件，申请人提出要求或者行政复议机构认为必要时，可以采取听证的方式审理。"

（三）行政复议的适用范围

1. 行政复议机关的种类

根据我国现行法律、法规的规定，行政复议机关的种类主要有作出被申请行政行为的行政主体、作出被申请行政行为的行政主体的上一级行政机关、作出被申请行政行为的行政主体所属的人民政府。根据《中华人民共和国行政复议法》（以下简称《行政复议法》）的规定，行政复议机关通过对复议案件进行审理，根据不同情况分别作出不同决定：

（1）维持决定。具体行政行为认定事实清楚，证据确凿，适用依据正确，程序合法，内容适当的，决定维持。

（2）履行决定。被申请人不履行法定职责的，决定其在一定期限内履行。

（3）撤销、变更或者确认违法决定。

2. 行政行为的撤销、变更

具体行政行为有下列情形之一的，决定撤销、变更或者确认该具体行政行为违法；决定撤销或者确认该具体行政行为违法的，可以责令被申请人在一定期限内重新作出具体行政行为：

（1）主要事实不清、证据不足的；

（2）适用依据错误的；

（3）违反法定程序的；

（4）超越或者滥用职权的；

（5）具体行政行为明显不当的。

3. 赔偿

经复议后提起赔偿请求的，是由原作出具体行政行为的行政机关还是由复议机关作赔偿义务机关，在国家赔偿法修改时存有争议。有专家、学者提出，经复议机关复议维持原具体行政行为的，复议机关和最初作出侵权行为的行政机关为赔偿义务机关；复议机关改变原具体行政行为的，复议机关为赔偿义务机关。该意见认为，复议维持是对原行政行为的维持，也是对原行为内容的认可，被维持的原行为在法律上也是复议机关的行为和意思。

因此，将原行政机关和复议机关列为共同的赔偿义务机关，符合复议维持情形下的行为主体与行为效力特征，有利于复议机关发挥复议监督的积极作用。也有专家、学者提出，加重损害的赔偿，视为行政复议机关与原行政机关共同行使职权，应相互承担连带责任。还有意见认为，为了与行政诉讼法的相关规定衔接，复议机关维持原具体行政行为的，赔偿义务机关应当是作出原具体行政行为的行政机关；复议机关改变原具体行政行为的，赔偿义务机关应当为复议机关，这样可以使行政赔偿义务机关与行政诉讼被告相统一，不仅程序上简便，还便于降低诉讼成本。

　　从上述各种观点可以看出，赔偿义务机关的确定涉及多方面的问题，从不同角度可以得出不同的结论。因此，在确立时，有必要综合考虑赔偿义务机关确立的总的原则、目的，理论上的周严性与实际中的可行性及与相关法律的衔接等方面的问题。对于经过行政复议机关复议后赔偿义务机关的确定，总的指导思想是"谁侵权，谁赔偿"。只要职务行为的作出导致了侵权损害的发生，作出该职务行为的主体就应承担赔偿责任。当复议机关加重损害结果时，复议机关已成为侵权行为主体，当然要承担赔偿责任。复议机关仅就"加重的部分履行赔偿义务"，实际上是采取了严格的"谁侵权，谁赔偿"的原则，由原侵权行政机关和复议机关各自就自己所造成的损害承担赔偿责任。

　　经行政复议后的赔偿义务机关应按下列办法确定：

　　（1）复议机关复议决定撤销原具体行政行为的，最初造成侵权行为的行政机关为赔偿义务机关。

　　（2）复议机关复议决定维持原具体行政行为的，最初造成侵权行为的行政机关为赔偿义务机关。

　　（3）复议机关复议决定变更原具体行政行为并减轻损害的，最初造成侵权行为的行政机关为赔偿义务机关。

　　（4）复议机关的复议决定变更原具体行政行为，并加重受害人损害的，复议机关和最初造成侵权行为的行政机关为共同赔偿义务机关，这时的赔偿义务机关有两个，但复议机关只对加重部分承担责任。复议机关的复议决定加重损害的情况主要发生在行政处罚和行政强制措施等具体行政行为上。例如，公安分局由于认定事实有错误，对没有违反《中华人民共和国治安管理处罚法》的人决定处罚100元，被处罚的人不服，申请公安局复议，市公安局复议决定处罚200元，后经行政诉讼判决撤销了处罚决定。受害人要求赔偿时，作为复议机关的市公安局只对加重处罚的100元履行赔偿义务，最初决定处罚的100元，由公安分局履行赔偿义务。这样规定，有利于复议机关对下级行政机关的执法进行监督，同时，对复议机关依法行使职权也能起到了促进作用。

（四）行政复议的常见问题

　　公民、法人或者其他组织提出行政复议申请后，并不意味着必然导致行政复议程序的继续往下进行，还需要经过受理的环节以后，才能进入下一步的行政复议程序。而行政复议机关受理行政复议申请，并不是有申请即受理。按照《行政复议法》规定："行政复议机关收到行政复议申请后，应当在5日内进行审查，对不符合本法规定的行政复议申请，决定不予受理，并书面告知申请人；对符合本法规定，但是不属于本机关受理的行政复议申请，应当告知申请人向有关行政复议机关提出。除前款规定外，行政复议申请自行政复议机关负责法制工作的机构收到之日起即为受理。"也就是说，对于公民、法人或者其他组织提出的行政复议申请，行政复议机关应当进行审查，符合法定条件的行政复议申请，才能依法受理。

（五）行政复议的司法观点

1. 行政复议、行政诉讼期间是否计算加处罚款或者滞纳金

关于行政复议和行政诉讼过程中是否计算加处罚款或者滞纳金问题，在实践中长期存在争议。其主要理由是：尽管《中华人民共和国行政诉讼法》（简称《行政诉讼法》）规定了诉讼不停止原则，但是，《行政诉讼法》又规定，公民、法人或者其他组织未在法定期限内对该具体行政行为既不提起诉讼，又不履行，行政机关才可以申请法院强制执行。换言之，没有行政强制执行权的行政机关在行政相对人有诉讼权的情况下，申请法院强制执行的，法院一般不予以执行。即没有强制执行权的行政机关在行政诉讼中是没有执行权的，行政相对人也没有执行义务。所以，在诉讼结束后还计算诉讼期间的加处罚款或者滞纳金是不合理的。

对于依法享有自行强制执行权的行政机关而言，并不受《行政诉讼法》关于申请人民法院强制执行条件的限制，行政复议和行政诉讼过程中，除非复议机关决定或者人民法院裁定停止执行，行政机关有权自行强制执行。因此，相对人主张，行政复议和行政诉讼期间，享有行政强制执行权的行政机关自行强制执行的，加处罚款或者滞纳金的期限仍应当按照行政决定制定或者法律规定的期限开始计算，行政复议和诉讼期间不予扣除。但是，如果行政机关自行决定，或者行政复议机关决定、人民法院裁定中止执行的期限，不得计算加处罚款或者滞纳金。同时，加处罚款或者滞纳金的数额不得超过行政决定确定的金钱给付义务本金数额。

2. 行政强制中申请行政复议、提起行政诉讼的权利

相对人对行政强制决定不服的，或者不作为的，有权依法申请行政复议和提起行政诉讼。

《行政复议法》第六条和《行政诉讼法》第十二条都明确将"限制人身自由或者对财产的查封、扣押、冻结等行政强制措施"纳入了受案范围，当事人对于行政强制措施不服的，可以申请行政复议或者提起行政诉讼。审判实践中对此并没有什么争议。

但对于行政机关的行政强制执行行为能否申请行政复议和提起行政诉讼，则有着不同的认识。《行政复议法》和《行政诉讼法》对此也没有作出明确规定。有的认为，行政强制执行依附于基础行政决定，本身没有独立性，行政决定生效后又不自动履行的，有强制执行权的行政机关实施行政强制执行是天经地义的，这是为了保证生效行政决定的执行，不属于行政复议和行政诉讼的受案范围。如果当事人认为行政决定侵犯合法权益，也只能针对基础的行政决定申请复议或者提起诉讼。允许对行政强制执行行为复议和诉讼，实际上干扰了行政管理秩序的正常进行，降低了行政管理效率，只会给恶意规避法律的人以借口。与基础行政决定不同，行政机关的行政强制执行行为，是基于不同的事实，有着不同的法律依据，所依据的程序也不同。这种行为属于《行政复议法》和《行政诉讼法》所指称的"具体行政行为"，且也可能侵犯相对人的合法权益，必须将其纳入行政复议和行政诉讼的受案范围。

（六）行政复议的立法观点

1. 行政复议与行政诉讼的衔接关系

（1）公民、法人或者其他组织申请行政复议，行政复议机关已经依法受理的，或者法律、法规规定应当先向行政复议机关申请行政复议、对行政复议决定不服再向人民法院提起行政诉讼的，在法定行政复议期限内不得向人民法院提起行政诉讼。

（2）对于没有行政复议前置条件的，公民、法人或者其他组织向人民法院提起行政诉讼，人民法院已经依法受理的，不得申请行政复议。

（3）法律、法规规定应当先向行政复议机关申请行政复议、对行政复议决定不服再向人民法院提起行政诉讼的，行政复议机关决定不予受理或者受理后超过行政复议期限不作答复的，公民、法人或者其他组织可以自收到不予受理决定书之日起或者行政复议期满之日起15日内，依法向人民法院提起行政诉讼。

（4）公民、法人或者其他组织对行政复议决定不服的，可以依照行政诉讼法的规定向人民法院提起行政诉讼等。

2. 行政复议合法原则的具体要求

行政复议的合法原则，并不是抽象的、空泛的，而是具体的、明确的。合法原则的具体要求，包括以下4个方面：

（1）主体合法。主体合法是指参加行政复议活动的主体，必须符合法律、法规规定的主体资格要求。换而言之，就是行政复议法律关系的主体，必须具备法律规定的参加行政复议活动的主体资格，即主体适格。

主体合法既是行政复议合法原则的具体体现，也是行政复议活动合法的基本前提。主体合法，包括行政复议的申请人、被申请人及行政复议机关3个主体的合法。

①关于申请人的主体资格。申请人，即申请行政复议的主体，必须是被申请复议的具体行政行为所指向的行政相对人，或者是与该具体行政行为有法律上的利害关系的人。根据《行政复议法》规定，公民、法人或者其他组织，认为具体行政行为侵犯其合法权益的，可以依法提出行政复议申请；依法申请行政复议的公民、法人或者其他组织是申请人。有权申请行政复议的公民死亡的，其近亲属可以申请行政复议；有权申请行政复议的公民为无民事行为能力人或者限制民事行为能力人的，其法定代理人可以代为申请行政复议；有权申请行政复议的法人或者其他组织终止的，承受其权利的法人或者其他组织可以申请行政复议；同申请行政复议的具体行政行为有利害关系的其他公民、法人或者其他组织，可以作为第三人参加行政复议。

②关于被申请人的主体资格。被申请人，必须是作出被申请行政复议的具体行政行为的行政主体。按照《行政复议法》第十条的规定："公民、法人或者其他组织对行政机关的具体行政行为不服申请行政复议的，作出具体行政行为的行政机关是被申请人。"被申请人既可以是政府及其工作部门，或者政府及其工作部门的派出机关、派出机构，也可以是法律、法规授权的组织。

③关于行政复议机关的主体资格。行政复议机关必须是法律、法规赋予其行政复议职责，并在其职权范围内行使行政复议职权的行政机关。如《行政复议法》第十二条规定："对县级以上地方各级人民政府工作部门的具体行政行为不服的，由申请人选择，可以向该

部门的本级人民政府申请行政复议,也可以向上一级主管部门申请行政复议。"按照这一规定,行政相对人对县级以上地方政府工作部门的具体行政行为不服,申请行政复议的,合法的行政复议机关为"本级人民政府"或者"上一级主管部门",其他的行政机关就不属于合法行政复议机关的范围。

另外,行政复议机关中从事行政复议的工作人员,按照国务院《中华人民共和国行政复议法实施条例》第四条的规定:"专职行政复议人员应当具备与履行行政复议职责相适应的品行、专业知识和业务能力,并取得相应资格。具体办法由国务院法制机构会同国务院有关部门规定。"即专职行政复议人员必须具备相应的资格,没有相应资格的人员,不得担任专职行政复议人员的职务,不得从事专职行政复议工作。

(2) 程序合法。程序合法是指行政复议活动必须符合法律、法规规定的程序要求。具体来讲,就是行政复议法律关系的主体,在进行行政复议活动时,必须遵守法律、法规有关行政复议程序的规定。

法律程序是保障法律主体的行为符合法律规定的重要措施。从法律规范的分类上来讲,行政复议属于程序性的规范,其对程序的要求,比实体法更为具体、明确和严格。程序合法,既是行政复议合法原则的具体体现,也是行政复议活动合法的重要保障。

程序合法,体现在行政复议活动的各个环节之中,表现为行政复议的形式、时限、步骤、方式、方法、顺序等方面的程序性要求。例如,关于行政复议的申请与受理,《行政复议法》第九条、第十七条中明确规定:公民、法人或者其他组织认为具体行政行为侵犯其合法权益的,可以自知道该具体行政行为之日起 60 日内提出行政复议申请,但法律规定的申请期限超过 60 日的除外;行政复议机关收到行政复议申请后,应当在 5 日内进行审查,对不符合规定的行政复议申请,决定不予受理,并书面告知申请人。又如,关于行政复议申请书发送被申请人和被申请人提出书面答复,《行政复议法》规定,行政复议机关负责法制工作的机构应当自行政复议申请受理之日起 7 日内,将行政复议申请书副本或者行政复议申请笔录复印件发送被申请人;被申请人应当自收到申请书副本或者申请笔录复印件之日起 10 日内,提出书面答复,并提交当初作出具体行政行为的证据、依据和其他有关材料。因此,程序合法,不只是要求行政复议机关审理行政复议案件时必须严格按照法定程序进行,同时,也要求申请人提出行政复议申请以及参加行政复议活动时必须严格遵守法定程序的要求,还要求被申请人在参加行政复议活动时也必须严格执行法定程序的规定。

(3) 依据合法。依据合法是指行政复议活动的开展,在依据上必须是符合法律、法规规定的要求。具体来讲,就是行政复议法律关系的主体,在进行行政复议活动时,必须有符合法律、法规规定的依据。

依据合法是行政复议原则的具体体现,也是行政复议活动合法的重要内容。依据合法主要体现在以下两个方面:

①申请人申请行政复议的依据合法。对于申请人来讲,其提出行政复议的申请,应当有合法的依据。没有合法依据,申请人不得提起行政复议申请。如按照《行政复议法》第七条的规定,公民、法人或者其他组织认为行政机关的具体行政行为所依据的"国务院部门的规定""县级以上地方各级人民政府及其工作部门的规定"或者"乡、镇人民政府的规定"不合法,在对具体行政行为申请行政复议时,可以一并向行政复议机关提出对该规定的审查申请。据此,公民、法人或者其他组织不得单独对"国务院部门的规定""县级以上地方

各级人民政府及其工作部门的规定"或者"乡、镇人民政府的规定"提出行政复议的申请。又如依据《行政复议法》第二十九条"申请人在申请行政复议时可以一并提出行政赔偿请求,"这样申请人在提出行政复议申请时一并提出行政赔偿的请求,就属于有合法的依据。

②行政复议机关开展行政复议活动的依据合法。对于行政复议机关来讲,其受理行政复议申请、开展行政复议活动、作出行政复议决定,必须具有合法的依据。行政复议机关审理行政复议案件,直接的法律依据是行政复议法及其实施条例的规定。同时,行政复议机关行使行政复议职权,审查具体行政行为时,也应当符合其他有关法律、行政法规、地方性法规、部门规章、地方政府规章及上级行政机关制发的其他规范性文件的规定,因为这些规定也是被申请人作出具体行政行为的依据。

(4) 内容合法。所谓内容合法,是指行政复议活动的内容,必须符合法律、法规的要求。具体来讲,就是行政复议机关开展行政复议工作,对申请人申请行政复议的具体行政行为,进行审查并作出行政复议决定时,所确认或者保障的权利,以及设定或者免除的义务,应当符合法律、法规的规定。

内容合法,既是行政复议合法原则的具体体现,也是行政复议过程合法的必然要求,是主体合法、程序合法、依据合法的必然结果和最终追求。内容合法,就是要求行政复议机关在进行行政复议活动时,应当根据审查具体行政行为的不同情况,依法作出相应的行政复议决定,行政复议决定符合法律、法规的要求。如按照《行政复议法》第二十八条的规定,对于申请人申请行政复议的具体行政行为,经过审查确认该具体行政行为认定事实清楚,证据确凿,适用依据正确,程序合法,内容适当的,行政复议机关应当作出"维持"具体行政行为的行政复议决定;对于被申请人不履行法定职责的,行政复议机关应当作出决定"其在一定期限内履行"的行政复议决定;对于具体行政行为具有主要事实不清、证据不足的,或者适用依据错误的,或者违反法定程序的,或者超越或者滥用职权的,或者明显不当的等情形的,行政复议机关应当作出"撤销""变更"或者"确认该具体行政行为违法"的行政复议决定,如果行政复议决定"撤销"或者"确认该具体行政行为违法"的,可以"责令被申请人在一定期限内重新作出具体行政行为";对于被申请人不按照《行政复议法》第二十三条的规定提出书面答复、提交当初作出具体行政行为的证据、依据和其他有关材料的,视为该具体行政行为没有证据、依据,行政复议机关应当作出"撤销该具体行政行为"的行政复议决定等。

[例8-3] 赖某生前系江西某公司物流部员工。2018年4月12日,江西某公司因停水导致生产线停工,物流部其他员工均在8:00前打卡上班、18:30前打卡下班,赖某当天上班打卡时间是13:52、下班打卡时间是21:36。当日23时许,一同事发现赖某身体不适躺在公司宿舍床上休息,后将赖某送至某县人民医院治疗。4月14日,赖某经抢救无效死亡。4月17日,死者家属向某市人力资源和社会保障局申请工伤认定,该局认为赖某死亡情形符合《中华人民共和国工伤保险条例》第十五条规定,认定为工伤。

江西某公司认为,赖某当天非在工作时间和工作岗位上死亡,不属于工伤,遂向某市人民政府申请复议,市政府复议维持工伤认定。江西某公司不服复议决定,2019年3月提起行政诉讼。某县人民法院一审认定赖某属于工伤,判决驳回江西某公司的诉讼请求。江西某公司不服,提出上诉被驳回,后又申请再审也被驳回。2020年11月,江西某公司向检察机关申请监督。

检察机关监督及化解情况：赣州市人民检察院受理该案后，调阅了法院案卷及相关材料，经审查，认为该案不符合监督条件。但检察机关没有"就案办案"、简单做"不支持了之"处理，而是分析认为，本案表面看是江西某公司与行政机关之间的行政争议，实际上需要解决的是公司与死亡员工家属的赔偿纠纷。经了解，死者家属已向劳动争议仲裁委员会申请工伤赔偿仲裁。为此，检察机关决定积极促成死者家属与公司就赔偿事宜达成和解，一揽子化解相关的诉讼。

办案目标明确后，检察机关立即与公司、死者家属的委托诉讼代理人分别沟通交流，对该案的事实认定、法律适用等问题交换意见，促使双方诉讼代理人形成和解共识；其后，分别约见公司负责人、死者家属，进一步促使双方当事人同意进行和解。此后，检察机关积极做好联络协调工作，及时转达和解方案，引导双方调整补偿金额，不断缩小分歧差距，最终促成双方于2021年1月签订和解协议，公司同意一次性支付补偿款53万元。

协议签订后，检察机关持续跟进，多次提醒公司负责人、死者家属按约履行义务，促成江西某公司提前付清补偿款、撤回检察监督申请，死者家属也按约撤回另案劳动仲裁案件。该案例及相关纠纷一并得到实质性化解。

典型意义：人民检察院在办理工伤认定案件过程中，坚持以人民为中心的发展思想，摒弃"就案办案""机械办案"思维，充分关注案件中与行政争议相关联的民事争议等基础性问题"症结"的解决。通过引导双方在合法合理范围内达成民事和解，从根本上、源头上一揽子化解矛盾纠纷，让当事人有实实在在的司法获得感，切实提高人民群众满意度。

二、行政诉讼制度

（一）行政诉讼制度简介

行政诉讼制度是指公民、法人或者其他组织认为行政机关、或法律、法规授权的组织的行政行为侵犯其合法权益，依法向人民法院请求司法保护，人民法院通过对被诉行政行为的合法性进行审查，在双方当事人和其他诉讼参与人的参与下，对该行政争议进行受理、审理、裁判以及执行裁判等，从而解决特定范围内行政争议的司法活动的总和。

在我国，行政诉讼与刑事诉讼、民事诉讼并称为3大诉讼，是国家诉讼制度的基本形式之一，它是行政法制监督的一种特殊形式。

1. 中国的行政诉讼制度

从1950年开始，有个别法律法规规定，发生行政争议可以向法院提起诉讼，但没有形成制度。1982年10月1日公布的《中华人民共和国民事诉讼法（试行）》第3条第2款规定：法律规定由人民法院审理的行政案件，适用本法规定。1987年1月1日起生效的《中华人民共和国治安管理处罚条例》规定，治安行政案件可以向法院起诉。1989年4月4日中华人民共和国第七届全国人民代表大会第二次会议通过并公布、1990年10月1日起施行的《中华人民共和国行政诉讼法》，进一步使行政诉讼制度化。

2. 行政诉讼制度行政渊源

行政诉讼法是规范行政诉讼活动和诉讼法律关系的法律规范的总称，它是规定人民法院、诉讼当事人以及其他诉讼参与人进行诉讼活动,及其在诉讼活动中形成的诉讼法律关系的法律规范。

行政诉讼法有广义、狭义两种理解。狭义的行政诉讼法也称形式意义的行政诉讼法,特指中国1989年4月4日由第七届全国人民代表大会第二次会议通过的《中华人民共和国行政诉讼法》;广义的行政诉讼法也称实质意义的行政诉讼法,是指凡是在内容上属于规定行政诉讼问题的法律规范,无论其形式如何均属于行政诉讼法的范围。

中国广义上的行政诉讼法的渊源主要有以下几种:

(1) 宪法。宪法作为国家根本大法,是进行行政诉讼立法和司法时起指导作用的法律规范。宪法的规定尤其是关于公民基本权利和自由、关于人民法院审判制度及诉讼活动原则的规定等都对行政诉讼法具有指导和规范意义,是广义行政诉讼法的重要渊源。

(2) 行政诉讼法典。《行政诉讼法》比较完整、集中地对行政诉讼的各项具体制度作了规定,是广义行政诉讼法中最基本,最主要的渊源。

《中华人民共和国人民法院组织法》中关于审判组织,审判程序的规定;《中华人民共和国人民检察院组织法》中关于审判监督的有关规定都是广义行政诉讼法的渊源。

(3) 单行法律、法规。有些单行的法律、法规也规定了某一具体行政行为是否具有可诉性及有关起诉期限等问题,这些规定也是广义行政诉讼法的渊源。

(4) 正式有效的法律解释。《中华人民共和国最高人民法院关于执行若干问题的解释》,以及有权机关对涉及行政诉讼问题所作的其他解释。这些正式有效的法律解释同样是广义行政诉讼法的渊源。

(5) 国际条约。中国法院在审理涉外行政诉讼案件时,还要适用一些中国缔结参加或认可的涉及行政诉讼问题的国际条约。

(二) 行政诉讼制度基本原则

1. 人民法院依法独立审判原则

《行政诉讼法》第四条第1款的规定:"人民法院依法对行政案件独立行使审判权,不受行政机关、社会团体和个人的干涉。"行政诉讼法的上述规定,确立了人民法院对行政案件的依法独立行使审判权的原则。这一规定,也是《中华人民共和国宪法》第一百二十六条、《中华人民共和国人民法院组织法》第四条有关规定在行政诉讼中的具体化,行政诉讼活动必须遵循。

《行政诉讼法》第五条规定:"人民法院审理行政案件,以事实为根据,以法律为准绳"。这一原则要求人民法院在审理行政案件过程中,要查明案件事实真相,以法律为尺度,作出公正的裁判。

2. 对具体行政行为合法性审查原则

《行政诉讼法》第六条规定:"人民法院审理行政案件,对具体行政行为是否合法进行审查。"由此确立人民法院通过行政审判对具体行政行为进行合法性审查的特有原则,简称合法性审查原则或司法审查原则。合法性审查包括程序意义上的审查和实体意义上的审查两层含义。程序意义上的合法性审查,是指人民法院依法受理行政案件,有权对被诉具体行政行为是否合法进行审理并作出裁判。实体意义上的审查是指人民法院只对具体行政行为是否合法进行审查,不审查抽象行政行为,一般也不对具体行政行为是否合理进行审查。

就是说，这是一种有限的审查。

3. 当事人法律地位平等原则

《行政诉讼法》第八条规定："当事人在行政诉讼中的法律地位平等"。这一规定是法律面前人人平等的社会主义法制原则，在行政诉讼中的具体体现。在行政诉讼的双方当事人中，一方是行政主体，它在行政管理活动中代表国家行使行政权力，处于管理者的主导地位；另一方是公民，法人或者其他组织，他们在行政管理活动中处于被管理者的地位。两者之间的关系是管理者与被管理者之间从属性行政管理关系。但是，双方发生行政争议依法进入行政诉讼程序后，他们之间就由原来的从属性行政管理关系，转变为平等性的行政诉讼关系，成为行政诉讼的双方当事人，在整个诉讼过程中，原告与被告的诉讼法律地位是平等的。

4. 使用民族语文文字进行诉讼的原则

《行政诉讼法》第九条规定："各民族公民都有用本民族语言、文字进行行政诉讼的权利。在少数民族聚居或者多民族共同居住的地区，人民法院应当用当地民族通用的语言、文字进行审理和发布法律文书。人民法院应对不通晓当地民族通用语言、文字的诉讼参与人提供翻译。"中国的3大诉讼法都把使用本民族语言文字进行诉讼作为基本原则予以规定。

5. 辩论原则

《行政诉讼法》第十条规定："当事人在行政诉讼中有权进行辩论。"所谓辩论，是指当事人在法院主持下，就案件的事实和争议的问题，充分陈述各自的主张和意见，互相进行反驳的答辩，以维护自己的合法权益。辩论原则具体体现了行政诉讼当事人在诉讼中平等的法律地位，是现代民主诉讼制度的象征。

6. 合议、回避、公开审判和两审终审原则

《行政诉讼法》第七条规定："人民法院审理行政案件，依法实行合议、回避、公开审判和两审终审制度。"《行政诉讼法》第七章又将这一规定具体化，使之成为行政审判中的四项基本制度。

7. 人民检察院实行法律监督原则

《行政诉讼法》第十一条规定："人民检察院有权对行政诉讼实行法律监督。"人民检察院在行政诉讼中的法律监督，主要体现在对人民法院作出的错误的生效裁判，可以依法提起抗诉。

（三）行政诉讼制度特征

1. 行政诉讼所要审理的是行政案件

这是行政诉讼在受理、裁判的案件上与其他诉讼的区别。刑事诉讼解决的是被追诉者刑事责任的问题；民事诉讼解决的是民商事权益纠纷的问题，而行政诉讼解决是行政争议，即行政机关或法律、法规授权的组织与公民、法人或者其他组织在行政管理过程中发生的争议。

2. 行政诉讼是人民法院通过审判方式进行的一种司法活动

这是行政诉讼与其他解决行政争议的方式和途径的区别。在中国，行政争议的解决途径不止行政诉讼一种，还有行政复议机关的行政复议等。而行政诉讼是由人民法院运用诉讼程序解决行政争议的活动。

3. 行政诉讼是通过对被诉行政行为合法性进行审查以解决行政争议的活动

其中进行审查的行政行为为具体行政行为，审查的根本目的是保障公民、法人或者其他组织的合法权益不受违法行政行为的侵害。这就决定了行政诉讼与刑事诉讼和民事诉讼在审理形式和裁判形式上有所不同。例如，行政诉讼案件不得以调解方式结案；证明具体行政行为合法性的举证责任由被告承担；行政诉讼的裁判以撤销、维持判决为主要形式等。

4. 行政诉讼是解决特定范围内行政争议的活动

行政诉讼并不解决所有类型的行政争议，有的行政争议不属于人民法院行政诉讼的受案范围，而刑事诉讼和民事诉讼均无类似于行政诉讼的受案范围的限制。至于，不属于行政诉讼解决的行政争议只能通过其他的救济途径解决。

5. 行政诉讼中的当事人具有恒定性

行政诉讼的原告只能是行政管理中的相对方，即公民、法人或者其他组织；行政诉讼的被告只能是行政管理中的管理方，即作为行政主体的行政机关和法律、法规授权的组织。行政诉讼的当事人双方的诉讼地位是恒定的，不允许行政主体作为原告起诉行政管理相对方。这个特点与民事诉讼和刑事诉讼不同。民事诉讼中诉讼双方当事人均为平等的民事主体，原被告不具有恒定性，允许被告反诉；而刑事诉讼，也存在着自诉案件中允许被告人作为被害人反诉自诉人。

（四）行政诉讼制度效力范围

行政诉讼法的效力范围是指行政诉讼法在怎样的空间范围和时间范围内，对哪些人和事具有适用的效力。具体包括行政诉讼法的空间效力、时间效力、对人的效力和对事的效力。

1. 空间效力

空间效力又称地域效力，行政诉讼法的空间效力是指行政诉讼法适用的地域范围。《行政诉讼法》适用中国国家主权所及的一切空间领域，包括中国的领土、领空、领海以及领土延伸的所有空间。凡是在中国领域内发生的行政案件以及在中国领域内进行的行政诉讼活动，均应适用《行政诉讼法》。但也有例外：

（1）中国两个特别行政区香港、澳门，不适用《行政诉讼法》；

（2）有关行政诉讼的地方性法规和自治条例与单行条例只能在本行政区域内适用。

2. 时间效力

行政诉讼法时间效力是指行政诉讼法的生效、失效的起止时间以及对该法生效前发生的行政案件是否具有溯及力，即溯及既往的效力。如《行政诉讼法》第一百零三条明确规定："本法从1990年10月1日起施行。"这里的施行日期即为该法生效日期。同时，《行政诉讼法》不具有溯及既往的效力。

3. 对人的效力

行政诉讼法对人的效力是指行政诉讼法适用于哪些人，对哪些人有拘束力，对哪些人没有拘束力。《行政诉讼法》原则上采用属地原则确定对人的效力，凡是在中国领域内进行行政诉讼的当事人均适用中国行政诉讼法。这些当事人包括：中国各级各类行政机关；中国的公民、法人或者其他组织；在中国进行行政诉讼的外国人、无国籍人、外国组织。但对外国人、无国籍人和外国组织，法律另有规定的除外。

4. 对事的效力

行政诉讼法对事的效力是指行政诉讼的受案范围。凡是依照《政诉讼法》第十二条规定在人民法院受案范围内提起行政诉讼的案件，都适用行政诉讼法来审理解决。

（五）行政诉讼制度受案范围

行政处罚、行政强制措施、行政征收、行政许可、行政给付等8类侵犯相对人人身权和财产权的具体行政行为属于行政诉讼的受案范围。而侵犯相对人人身权、财产权之外的权益的具体行政行为则不属于行政诉讼的受案范围，除非法律、法规作出了特别规定。行政诉讼的排除范围是指哪些行政行为不可诉、不属于人民法院受案范围。根据《行政诉讼法》及《中华人民共和国最高人民法院关于执行若干问题的解释》的有关条文规定，下列9种行为不属于人民法院的受案范围。

（1）关于国防、外交等国家行为。国家行为是指国务院、中央军事委员会、国防部、外交部等根据宪法和法律的授权，以国家的名义实施的有关国防和外交事务的行为，以及经宪法和法律授权的国家机关宣布紧急状态、实施戒严和总动员等行为。

（2）抽象行政行为。《最高人民法院关于执行〈中华人民共和国行政诉讼法〉若干问题的解释》第三条对抽象行政行为作了解释：行政诉讼法第十二条第（二）项规定的"具有普遍约束力的决定、命令"，是指行政机关针对不特定对象发布的能反复适用的行政规范性文件。

（3）内部行政行为。《最高人民法院关于执行〈中华人民共和国行政诉讼法〉若干问题的解释》第四条对内部行政行为作了解释：行政诉讼法第十二条第（三）项规定的"对行政机关工作人员的奖惩、任免等决定"，是指行政机关作出的涉及该行政机关公务员权利义务的决定。

（4）终局行政行为。终局行政行为是指法律规定由行政机关最终裁决的具体行政行为。

（5）公安、国家安全等机关依照刑事诉讼法的明确授权实施的行为。

（6）民事调解行为和民事仲裁行为。

（7）行政指导行为。

（8）重复处理行为。

（9）对行政相对人的权利义务不产生实际影响的行为。

（六）行政诉讼制度管辖

行政诉讼的管辖是指人民法院之间受理第一审行政案件的分工。《最高人民法院关于执行〈中华人民共和国行政诉讼法〉若干问题的解释》第6条规定："各级人民法院行政审判庭审理行政案件和审查行政机关申请执行其具体行政行为的案件。专门人民法院、人民法庭不审理行政案件，也不审查和执行行政机关申请执行其具体行政行为的案件。"这些规定都表明行政案件只能由普通人民法院管辖。

1. 行政诉讼管辖遵循的基本原则

（1）便于当事人参加诉讼，特别是便于作为原告的行政管理相对人参加诉讼。

（2）有利于人民法院对案件的审理、判决和执行。

(3) 有利于保障行政诉讼的公正、准确。
(4) 有利于人民法院之间工作量的合理分担。

2. 级别管辖

级别管辖是指按照法院的组织系统来划分上下级人民法院之间受理第一审案件的分工和权限。《行政诉讼法》第十三条至第十六条对级别管辖作了明确具体的规定。

(1) 基层人民法院管辖第一审行政案件。

(2) 中级人民法院管辖下列第一审行政案件。《行政诉讼法》第十四条对此作了具体规定：

①海关处理案件；

②对国务院各部门或者省、自治区、直辖市人民政府所作的具体行政行为提起诉讼的案件；

③本辖区内重大、复杂的案件。这里的"本辖区内重大、复杂的案件"，根据《中华人民共和国最高人民法院关于执行若干问题的解释》第八条的规定，有下列几种情形：

a. 被告为县级以上人民政府，基层人民法院不适宜审理的案件；

b. 社会影响重大的共同诉讼、集团诉讼案件；

c. 重大涉外或者涉及香港特别行政区、澳门特别行政区、台湾地区的案件；

d. 其他重大、复杂案件。

④其他法律规定由中级人民法院管辖的案件。

(3) 高级人民法院管辖本辖区内重大、复杂的第一审行政案件。

(4) 最高人民法院管辖中国范围内重大、复杂的第一审行政案件。

3. 地域管辖

地域管辖又称区域管辖，是指同级法院之间在各自辖区内受理第一审案件的分工和权限。

(1) 一般地域管辖。在行政诉讼中按照最初作出具体行政行为的行政机关所在地划分案件管辖称作一般地域管辖，有时也称普遍地域管辖。《行政诉讼法》第十八条规定："行政案件由最初作出具体行政行为的行政机关所在地人民法院管辖，经复议的案件，复议机关改变原具体行政行为的，也可以由复议机关所在地人民法院管辖。"

(2) 特殊地域管辖。特殊地域管辖是指法律针对特别案件所列举规定的特别管辖。《行政诉讼法》规定了两种具体情形：

①对限制人身自由的行政强制措施不服提起的诉讼，由被告所在地或者原告所在地人民法院管辖。

②因不动产提起的诉讼，由不动产所在地人民法院管辖。

(3) 共同地域管辖。共同地域管辖是指两个以上人民法院对同一案件都有管辖权的情况下，原告可以选择其中一个法院起诉。共同地域管辖是由一般地域管辖和特殊地域管辖派生的一种补充管辖方式。

（七）行政诉讼制度参加人员

行政诉讼参加人是指参加行政诉讼的当事人以及与当事人诉讼地位相似的人，包括当事人和具有类似诉讼地位的诉讼代理人。

根据中国《行政诉讼法》第四章关于参加人的规定，行政诉讼参加人的范围：原告、被告、第三人和诉讼代理人。

行政诉讼参加人与参与人不同,后者的范围比前者宽。参与人包括参加人和证人、鉴定人、翻译人、勘验人等。后一类参与人与前一类参加人不同,他们在法律上与本案没有利害关系。当然,他们在诉讼中也享有相应的权利和义务。

(八)行政诉讼制度法律适用

1. 行政诉讼法律适用的规则

法律、法规是行政审判的依据,规章的参照适用,其他规范性文件在行政诉讼中的地位,人民法院对司法解释的援引。

2. 行政诉讼法律规范冲突规则

(1)特别法优于普通法;

(2)新法优于旧法;

(3)上位法优于下位法;

(4)行政法规、地方性法规、自治条例和单行条例同宪法或法律相抵触的,最高人民法院向中国人大常务委员会提出审查要求;

(5)规章同法律、行政法规或其他上位法相抵触的,人民法院向国务院或省、自治区人民政府提出审查建议;

(6)地方政府规章同部委规章不一致,或部委规章不一致,最高人民法院向国务院申请解释或裁决。

(九)行政诉讼制度权利义务

在行政诉讼中,当事人依法享有广泛的、平等的诉讼权利,同时也承担必要的诉讼义务。当事人享有诉讼权利,是为了维护其合法权益,当事人履行诉讼义务,是为了维护诉讼秩序,保障诉讼的顺利进行。

根据《行政诉讼法》及有关法律、法规的规定,当事人的诉讼权利主要有:

(1)原告有向人民法院提起行政诉讼的权利,在诉讼中还有放弃、变更和增加诉讼请求的权利;

(2)被告对原告的起诉,有应诉答辩的权利;

(3)申请审判人员、书记员、鉴定人回避的权利;

(4)委托诉讼代理人进行诉讼的权利;

(5)使用本民族语言文字进行诉讼的权利;

(6)经人民法院许可,向证人、鉴定人和勘验人员发问的权利;

(7)经人民法院许可,查阅、复制本案庭审材料及有关法律文件的权利,但涉及国家秘密或个人隐私的除外;

(8)查阅、改正庭审笔录的权利;

(9)在审判前,原告有撤诉的权利,被告有发迹其所作的具体行政行为的权利;

(10)在诉讼过程中有申请人民法院采取财产保全措施的权利。

[例8-4] 2018年12月28日上午9时9分左右,郭某(牛某之夫)向110报警称有人私闯民宅,不认识对方,已经上了房顶。当地派出所经了解,是村委会实施的"帮拆"行为,称已电话反馈报警人,未到现场出警。同日,派出所对郭某报警被打伤一事作为行政案件立案,后根据轻伤二级的鉴定意见,转为刑事案件立案侦查。牛某诉至某区法院,请

求判决确认某公安分局对 2018 年 12 月 28 日的报警未依法履行保护其人身财产安全法定职责的行为违法。某区法院判决驳回牛某的诉讼请求。牛某上诉、申请再审均被法院驳回。

牛某向北京市检察院某分院申请监督。某分院向北京市公安局调取郭某拨打 110 报警电话录音。经审查认为，某公安分局接到报警后应当到现场进行处置。根据《中华人民共和国人民警察法》《中华人民共和国 110 接处警工作规则》的相关规定，对危及人身或财产安全迫切需要处置的紧急报警，处警民警接到指令后应当迅速前往现场开展处置工作。本案中，郭某的报警反映其人身财产安全正面临危险，需要公安机关出警帮助，属于迫切需要处置的紧急报警。"帮拆"行为的理由不能免除某分局的法定职责。虽然公安机关称通过电话告知报警人情况，但该告知行为不能免除公安机关前往现场处置的法定职责。据此，提请上级检察院抗诉。上级检察院提出抗诉，该案发回重审并得到改判，最终确认了某公安分局对 2018 年 12 月 28 日报警未到现场处置行为违法。

解： 在涉及村委会"帮拆"的案件中，公安机关应当根据报警、求助事项的紧急程度依法处理。对紧急报警、求助，公安机关以不属于公安机关管辖范围为由而未到现场处置的，应当认定为不履行法定职责。人民法院在审查"帮拆"背景下公安机关履责类案件中，对公安机关是否履行法定职责，应当依据《110 接处警工作规则》等规定对公安机关履责情况进行实质性全面审查，并保持不同诉讼中的审查立场协调统一。对生效判决错误认定公安机关履责标准的，检察机关应通过抗诉方式，监督人民法院依法再审，以更加刚性的司法判决促进公安机关接处警工作规范化、法治化，更好保护公民、法人或者其他组织的人身、财产安全。

小试牛刀

1. 行政机关为了实现行政管理或者公共服务目标，与公民、法人或者其他组织协商订立的具有（　　）上权利义务内容的协议，既具有行政管理活动"行政性"的一般属性，也具有"协议性"的特别属性。
   A. 宪法　　　　B. 行政法　　　　C. 刑法　　　　D. 商法

2. 公民、法人或者其他组织提出行政复议申请后，并不意味着必然导致行政复议程序的继续往下进行，还需要经过（　　）的环节以后，才能进入下一步的行政复议程序。而行政复议机关受理行政复议申请，并不是有申请即受理。
   A. 申请　　　　B. 报告　　　　C. 受理　　　　D. 起诉

3. （　　）是规范行政诉讼活动和诉讼法律关系的法律规范的总称，它是规定人民法院、诉讼当事人以及其他诉讼参与人进行诉讼活动，及其在诉讼活动中形成的诉讼法律关系的法律规范。
   A. 民法典　　　B. 刑法　　　　C. 商法　　　　D. 行政诉讼法

考场练兵

一、单项选择题

1. 关于行政行为特征的说法，下列正确的是（　　）。

A. 行政行为的主体是法定的 B. 实施行政行为具有自愿性
C. 行政行为多属于有偿行为 D. 行政行为具有不可裁量性

2. 仲裁的保密性特点体现在它以（　　）为原则。
   A. 不开庭审理 B. 不允许代理人参加
   C. 不公开审理 D. 不允许证人参加

3. 根据《中华人民共和国仲裁法》规定，可以进行仲裁的是（　　）。
   A. 行政不作为纠纷 B. 涉外婚姻纠纷
   C. 施工企业工资纠纷 D. 工程质量纠纷

4. 关于民事诉讼的当事人说法，下列正确的是（　　）。
   A. 民事诉讼的当事人就是本案的原告和被告
   B. 当事人一方为两人以上，其诉讼标的是相同的，称之为共同诉讼人
   C. 有独立请求权的第三人可以自知道或者应当知道其民事权益受到损害之日起3个月内，向作出该判决、裁定、调解书的人民法院提起诉讼
   D. 未参加诉讼的第三人，不可以就作出的判决向人民法院提起诉讼

5. 关于民事诉讼代理制度说法，下列正确的是（　　）。
   A. 当事人可以委托1～3名诉讼代理人
   B. 诉讼代理人必须具备律师资格
   C. 诉讼代理人提出管辖权异议，必须有委托人的特别授权
   D. 授权委托书注明全权代理的，诉讼代理人没有进行和解的权利

6. 关于民事诉讼举证期限的说法，下列正确的是（　　）。
   A. 人民法院根据案件复杂程度，确定当事人应当提供的证据及其期限
   B. 当事人在该期限内提供证据确有困难的，不得向人民法院申请延长期限
   C. 人民法院指定举证期限，第一审普通程序案件不得少于15日
   D. 适用简易程序审理的案件不得少于10日

7. 根据《民法典》规定，当事人对债权请求权提出的诉讼时效抗辩，法院予以支持的是（　　）。
   A. 兑付国债本息请求权
   B. 支付存款本金及利息请求权
   C. 基于合同的违约金请求权
   D. 基于投资关系产生的缴付出资请求权

8. 关于民事诉讼中简易程序的说法，下列正确的是（　　）。
   A. 第一审民事案件和第二审民事案件的审理均可适用简易程序
   B. 适用普通程序审理的案件，应当在立案之日起6个月内审结
   C. 简易程序应当在立案之日起6个月内审结
   D. 小额诉讼程序是简易程序的一种，应当在立案之日起3个月内审结

9. 关于民事诉讼的审判程序的说法，下列正确的是（　　）。
   A. 人民法院对不公开审理的案件，不得公开宣告判决
   B. 超过上诉期没有上诉的一审的判决、裁定，是发生法律效力的判决裁定
   C. 当事人不服一审判决的，有权在判决书送达之日起10日内上诉

D. 上诉状应当向第二审人民法院提出

10. 甲公司根据生效判决书向法院申请强制执行。执行中与乙公司达成和解协议。和解协议约定：将乙所欠 220 万元债务减少为 200 万元，乙自协议生效之日起 2 个月内还清。协议生效 2 个月后，乙并未履行协议的约定。下列说法中正确的是（　　）。
    A. 甲可向法院申请恢复原判决的执行
    B. 甲应当向乙住所地法院提起民事诉讼
    C. 由法院执行和解协议
    D. 由法院依职权恢复原判决的执行

二、多项选择题

1. 下列关于行政复议的说法中，下列正确的有（　　）。
    A. 行政复议机关只审查具体行政行为的合法性
    B. 行政机关尚未做出决定之前，可以对其倾向性意见提请复议
    C. 行政复议以书面审查为主，以不调解为原则
    D. 对于正确的处罚决定不得提请复议
    E. 复议决定一般不为终局裁决

2. 符合《民事诉讼法》关于级别管辖和专属管辖规定的情况下，合同当事人可以书面协议选择的管辖法院有（　　）。
    A. 合同签订地人民法院　　　　B. 被告住所地人民法院
    C. 合同履行地人民法院　　　　D. 合同纠纷发生地人民法院
    E. 标的物所在地人民法院

3. 下列（　　）案件不公开审理。
    A. 涉及国家机密　　　　　　　B. 涉及个人隐私
    C. 离婚　　　　　　　　　　　D. 涉及国际贷款
    E. 涉及商业秘密

4. 关于仲裁协议的说法，下列正确的有（　　）。
    A. 仲裁协议应当是书面形式
    B. 仲裁协议可以是口头订立的，但需双方认可
    C. 仲裁协议必须在纠纷发生前达成
    D. 没有仲裁协议，也就无法进行仲裁
    E. 有效的仲裁协议可以排除人民法院对案件的司法管辖权

5. 下列行为不属于人民法院行政诉讼的受案范围的有（　　）。
    A. 法律规定的仲裁行为
    B. 行政指导行为
    C. 行政机关针对信访事项作出的复查、复核意见
    D. 对征收、征用决定及其补偿决定不服的
    E. 认为行政机关滥用行政权力排除或者限制竞争力的

学习笔记

重难点归纳

参 考 文 献

[1] 陈会玲,郭海虹. 建设工程法规 [M]. 3版. 北京:北京理工大学出版社,2022.

[2] 顾永才. 建设法规 [M]. 6版. 武汉:华中科技大学出版社,2021.

[3] 朱宏亮. 建设法规教程 [M]. 2版. 北京:中国建筑工业出版社,2019.

[4] 马凤玲,李敏,王德东. 工程建设法规概论 [M]. 2版. 北京:中国建筑工业出版社,2018.

[5] 全国一级建造师执业资格考试用书编写委员会. 建设工程法规及相关知识 [M]. 北京:中国建筑工业出版社,2022.

[6] 全国监理工程师资格考试研究中心. 建设工程监理基本理论与相关法规 [M]. 3版. 北京:中国建筑工业出版社,2020.

[7] 全国中级注册安全工程师职业资格考试辅导教材委员会. 安全生产法律法规 [M]. 北京:中国建筑工业出版社,2022.

[8] 全国二级造价工程师职业资格考试培训教材编审委员会. 建设工程造价管理基础知识 [M]. 北京:中国建筑工业出版社,2022.

[9] 傅慈英,屈振伟. 施工员通用与基础知识 [M]. 北京:中国建筑工业出版社,2023.

[10] 胡兴福,赵研. 质量员通用与基础知识(土建方向) [M]. 3版. 北京:中国建筑工业出版社,2023.

[11] 胡兴福,宋岩丽. 材料员通用与基础知识 [M]. 3版. 北京:中国建筑工业出版社,2023.